ACCESO GRATIS a la Lectura en la Nube

Para visualizar el libro electrónico en la nube de lectura envíe junto a su nombre y apellidos una fotografía del código de barras situado en la contraportada del libro y otra del ticket de compra a la dirección:

ebooktirant@tirant.com

En un máximo de 72 horas laborables le enviaremos el código de acceso con sus instrucciones.

La visualización del libro en **NUBE DE LECTURA** excluye los usos bibliotecarios y públicos que puedan poner el archivo electrónico a disposición de unacomunidad de lectores. Se permite tan solo un uso individual y privado.

LA NUEVA MOVILIDAD INTERNACIONAL

LA NUEVA MOVILIDAD INTERNACIONAL

CÁTEDRA
DELOITTE LEGAL
DE TRIBUTACIÓN
EMPRESARIAL

Deloitte.
Legal

tirant lo blanch
Valencia, 2024

© TIRANT LO BLANCH
EDITA: TIRANT LO BLANCH
C/ Artes Gráficas, 14 - 46010 - Valencia
TELFS.: 96/361 00 48 - 50
FAX: 96/369 41 51
Email: tlb@tirant.com
www.tirant.com
Librería virtual: www.tirant.es
DEPÓSITO LEGAL: V-4409-2024
ISBN: 978-84-1095-284-3

Obra Colectiva

AUTORES:

Aida Ordoñez Riaño, Deloitte

Alberto Sanz Serrano, ICEX

Ana Matorras Díaz-Caneja, Universidad Pontificia Comillas

Ana Nuevo López, Banco Santander

Ana Zarazaga, Deloitte

Ángela Galán Sánchez, Deloitte

Ángeles González-Vigil, Asociación Española de Movilidad Laboral Internacional-FEEX

Angélica Vivas, Deloitte

Arancha Redondo Saiz, Financiera El Corte Inglés

Borja Álvaro, Deloitte

Carlos Mora Almudí, Instituto Nacional de la Seguridad Social

Clara Mª Lallana Fernández, NTT Data

Clare Fazal, Deloitte UK

Covadonga Roldán Moralejo, Deloitte

Davide Fabrizio, Deloitte

Debbie Wardle, Deloitte UK

Dolores Carrascosa Bermejo, Universidad Pontificia Comillas

Fernando López Olcoz, Deloitte

Gerard Sanz, Deloitte

Iñaki Hernández Rivas, NTT Data

Jaime Moreno Martínez-Cubells, Deloitte

Javier Pedro González Piñal, Deloitte

Javier Sanz González, Deloitte

Jon Díaz de Durana, Deloitte

Jorge Domínguez, Deloitte

Jorge Martín Martín, Iberdrola

Jose Luis Donoso Moreno, MAPFRE

José María Monge, BBVA

Laura Cavero Guillén, Deloitte

Luis Carlos Moya Rebate, Deloitte

Macarena Estévez, Socia emérita Deloitte

Manuel de Miguel Monterrubio, Dirección General de Tributos

Manuel Velázquez Fernández, Organismo Estatal Inspección de Trabajo y Seguridad Social

Mar Morales Carmona, BBVA

María Jesús Esteban Baos, Tesorería General de la Seguridad Social

María José López Álvarez, Universidad Pontificia Comillas

María Ollero Casquero, MAPFRE

Maria Villanueva Ortiz, Deloitte

Marta Isarria Vidal, Deloitte

Marta Jimeno Hierro, Siemens Energy

Marta Machicot, Telefónica

Pablo Álvarez Arranz, Deloitte

Patricia Jones Mallada, Banco Santander

Patricia Ruiz Ramos, Deloitte

Rodrigo González Ruiz, Deloitte

Sara Fragua Sobrino, Deloitte

Sergio Bescós Rubio, Autoridad Laboral Europea

Susana Burgueño, Deloitte

A Diego y a Álex.

Esta iniciativa surge en memoria a vuestro trabajo
y a la profunda huella que dejasteis
en vuestros compañeros de Deloitte.

Héctor Flórez | Presidente de Deloitte España

Índice

Prólogo

Queridos Diego y Álex:

¡La que habéis liado! El poder de convocatoria que tenéis es extraordinario.

Si os contamos cómo surgió este Proyecto, alucinaríais.

Hace más de un año, en una reunión por *teams*, un compañero propuso hacer alguna iniciativa especial en vuestro nombre, otra compañera sugirió la posibilidad de complementar esa iniciativa con la publicación de un artículo de eminencia y de repente una tercera dijo… no, no vamos a hacer algo grande, una obra homenaje que continúe con su trayectoria profesional, personas y movilidad internacional, y en la que puedan participar todos los expertos en la materia que quieran.

Y así fue, contactamos con clientes, universidades, autoridades fiscales, laborales, compañeros de todas las líneas de Deloitte. Su respuesta fue inmediata cuando les contamos qué pretendíamos y a quién iba dedicada esta obra, "Sí Quiero".

Sólo vosotros podíais conseguir reunir tanto talento y buena gente compartiendo vivencias, testimonios, experiencias, conocimientos y reflexiones desde puntos de vista muy diferentes.

Y así fue como decidimos embarcamos en un viaje hacia el Futuro de la movilidad internacional. Escribiendo un libro que aborda temas clásicos con un enfoque transformador y materias innovadoras que impactan cada vez más en los procesos de asignación global. Esperamos que su contenido ayude a navegar en el apasionante mundo de la movilidad internacional, a enfrentar los retos y desafíos que se presenten y a aprovechar las oportunidades que surjan en el camino.

Queridos Diego y Álex, está claro que hay personas que dejan huella, sonrisas que nunca se olvidan y momentos que quedan grabados en el recuerdo, y sobre todo en nuestros corazones para siempre.

Gracias por Todo, Gracias por Tanto.

Ana Zarazaga

PD.–Aprovechamos la postdata de esta carta para mostrar nuestro más sincero agradecimiento a todos los que lo habéis hecho posible, no sólo por el trabajazo y las horas invertidas, sino por el compromiso, generosidad y el cariño con el que lo habéis hecho.

Capítulo 1.
Inquietudes y retos actuales de la movilidad internacional

EL GRAN DESAFÍO, ¿CÓMO CONQUISTAMOS Y FIDELIZAMOS AL TALENTO GLOBAL?

ANA ZARAZAGA
Socia, Tax & Legal, Mobility & Compensation
Deloitte

Las empresas españolas siguen apostando por la expansión y consolidación de su posicionamiento internacional pese a estar inmersas en un mundo en plena ebullición, con una previsión de crecimiento mundial estable, pero con tasas decepcionantes; soportando brotes repentinos de volatilidad en los mercados financieros y lidiando en un entorno geopolítico realmente complejo debido a la expansión del conflicto de Oriente Próximo y la prolongada guerra de Ucrania.

La internalización es en estos momentos una de las principales palancas de recuperación de la economía. En este proceso las empresas se enfrentan a numerosos retos y desafíos, siendo la atracción y retención de talento de calidad uno de ellos. La escasez de talento cualificado es una de las principales dificultades pues la demanda de habilidades específicas, especialmente en sectores como la tecnología, la salud y la ingeniería, ha superado la oferta.

La competencia es feroz y las empresas han tenido que adaptarse a un entorno laboral en constante cambio.

La potente digitalización de las compañías, el acceso a las nuevas tecnologías, así como el vertiginoso ascenso de la IA generativa ha transformado el panorama empresarial mejorando, no sólo la eficiencia operativa, sino también la naturaleza del trabajo y las interacciones laborales. Ejemplos claros son la automatización de procesos, la toma de decisiones basadas en datos, la posibilidad de personalizar la experiencia cliente adaptándonos a sus necesidades concretas, la creación de nuevas áreas de trabajo como pueden ser el análisis de datos, la ciberseguridad y la gestión de la IA, el desarrollo de herramientas de colaboración y comunicación que han producido una transformación radical de las expectativas laborales en relación con la flexibilidad y la posibilidad de poder optar por trabajar en remoto desde cualquier sitio del mundo, pese a las distancias geográficas y los distintos usos horarios. Esto se ha convertido en un requisito para muchos profesionales a la hora de acceder a un puesto de trabajo y es objeto de numerosos debates internos en las compañías donde se sigue luchando por encontrar un equilibrio híbrido con el que se sientan cómodos tanto los empresarios como los trabajadores.

La parte positiva de esta situación es que la búsqueda del talento ya no tiene fronteras, sino que se mueve en un marco global y el reto que tenemos por delante en estos casos, es salvar las diferencias culturales las distancias geográficas y los diferentes usos horarios y aprovechar todas las oportunidades de enriquecimiento que están surgiendo.

Para ello las empresas están creando entornos de trabajo que valoran y aprovechan las diferentes perspectivas y experiencias de los empleados. La diversidad e inclusión, la capacidad para trabajar en proyectos transversales, la colaboración, los comportamientos flexibles e integradores dentro y fuera de la organización, el equilibrio entre trabajo y vida personal, compromiso y lealtad, son componentes esenciales en la gestión del talento con una visión global.

Nuestra realidad nada tiene que ver con la que vivíamos hace apenas cuatro años, nuestro día a día, el funcionamiento de las empresas, las relaciones laborales y la forma en qué, dónde o cómo trabajamos ha cambiado radicalmente.

Y en ese proceso de profunda transformación los departamentos de Talento y Cultura de las compañías se han convertido en centros de excelencia, que actúan totalmente alineados con la estrategia de la Compañía y el negocio y asumen el mandato de atraer, seleccionar, y retener a los mejores profesionales contribuyendo a su desarrollo en un mundo global intensamente competitivo.

El proceso de selección del profesional es clave para garantizar el éxito de una contratación. Por ello es importante que se tengan en consideración no sólo su experiencia, logros, capacidades, y competencias, sino también su motivación, estilo de trabajo y liderazgo, iniciativa, colaboración y capacidad relacional pues no sólo ha de enfrentarse a un nuevo reto profesional sino muy probablemente tenga que adaptarse a un nuevo país, con una cultura, un idioma y un ritmo de vida muy diferente.

Asimismo, en plena revisión de las estrategias de talento vemos como muchas compañías están adoptando una arquitectura de talento más inclusiva denominada skills-first, con un enfoque que da prioridad a las habilidades sobre las credenciales de titulación a la hora de especificar los requisitos del puesto y evaluar a los candidatos.

Está claro que las empresas han de ser capaces de definir una estrategia efectiva de la gestión del talento local y global alineada con los objetivos estratégicos de la empresa y las necesidades del negocio.

Centrándonos en este apartado en la selección del mejor candidato, dentro o fuera de nuestra organización, con la finalidad de que se cubra una necesidad en otro país ¿qué aspectos adicionales deberemos tener en cuenta para garantizar el éxito de la contratación o asignación internacional?

Llegamos en este instante al apasionante mundo jurídico fiscal. La formalización de la relación es crucial cuando entran en juego dos jurisdicciones y por lo tanto distintas normativas laborales, fiscales, migratorias, regulatorias que pueden ser de aplicación, así que por favor, tengamos muy presentes en este momento a nuestros queridos expertos en la materia, pues es esencial definir la fórmula de contratación internacional que se adapte al caso concreto dependiendo de si se trata de una asignación internacional, una contratación global o local en otra jurisdicción, una asignación virtual, un commuter o viajero frecuente, o un caso de teletrabajo internacional; analizar si es necesario solicitar un visado o permiso de trabajo, definir la normativa de Seguridad Social que resulta de aplicación y el impacto fiscal de la contratación en materia del Impuesto sobre la Renta o de Sociedades tanto en origen como en destino o el impacto que pueda tener de acuerdo con la Política de Precios de Transferencia o en el ámbito regulatorio.

Si el proceso de selección es complicado, retener y fidelizar al talento más capacitado se ha convertido en un desafío crucial para las empresas pues no sólo contribuye al crecimiento de la compañía, sino que también mejora la cultura empresarial y la satisfacción y experiencia del cliente, que es nuestro empleado.

Para ello ha sido necesario diseñar estrategias efectivas que se adapten al entorno actual y a las demandas de los "clientes", nuestros empleados, creando entornos laborales con un ambiente positivo, saludable y colaborativo; creando una cultura inclusiva donde se fomente un ambiente que valore las diferencias y promueva la diversidad y el bienestar físico y mental de los empleados; contribuyendo al crecimiento y desarrollo profesional de sus carreras ofreciendo programas de formación y capacitación continua y asesorándoles a lo largo de su carrera sobre su desarrollo profesional y oportunidades en la organización; reconociendo su trabajo y celebrando sus logros individuales y del equipo; revisando su compensación o retribución de acuerdo con su desempeño y el del negocio; fomentando una cultura de comunicación abierta y honesta dando feedback regularmente y estableciendo canales de comunicación abiertos; fomentando la innovación y la creatividad y el trabajo en equipo.

Y si hablamos de un empleado que es seleccionado para un puesto internacional deberemos tener en cuenta no sólo la estrategia definida a nivel corporativo, sino que resulta esencial definir un proceso de acompañamiento a lo largo de esta nueva etapa, desde el onboarding hasta el fin de su asignación internacional si fuera una expatriación, perfectamente calendarizado y en el que participen tanto los responsables de Talento y Cultura del país de origen y de destino, como el negocio o el área al que pertenezca, que será quien identifique sus nuevas funciones, rol y responsabilidad.

No hay duda alguna de que la retención del mejor talento requiere una implicación y participación activa no sólo de las Áreas de Talento y Cultura, sino de toda la capa directiva de la compañía y que toda inversión que hagamos en ello redundará en beneficio tanto de los propios empleados, como de la compañía y la sociedad.

EL FUTURO DE LA MOVILIDAD INTERNACIONAL: RETOS Y OPORTUNIDADES

MARTA MACHICOT
Directora Global de Personas
Telefónica

1. Movilidad en Telefónica como palanca para la construcción de capacidades

Telefónica es una de las principales empresas de telecomunicaciones en el mundo, ofreciendo servicios de conectividad fija y móvil, así como una gran variedad de servicios digitales a los más de 380 millones de clientes particulares y empresas. Opera en Europa y Latinoamérica y cuenta con un equipo diverso con más 100.000 empleados a nivel global.

Telefónica es el resultado de 100 años de Historia (1924 2024), una compañía que ha sabido transformarse continuamente innovando y siendo pionera y referente en su sector a través de dos vectores fundamentales, maximizar la tecnología e impulsar el mejor talento.

En un mundo en el que la tecnología está más presente que nunca en nuestras vidas, la misión de Telefónica desde su origen, “hacer nuestro mundo más humano conectando la vida de las personas” cobra más relevancia que nunca porque son las personas las que deben dar sentido a la tecnología y no al revés.

Somos una compañía de personas para personas, enfocada en potenciar nuestro talento, porque sabemos que sólo si crece nuestro equipo, crecerá Telefónica. Por ello nuestro modelo de gestión de personas gira en torno a impulsar y desarrollar las capacidades de futuro que nos permitan seguir ofreciendo las mejores soluciones de comunicación a nuestros clientes, y que doten de opcionalidad de carrera a nuestros profesionales, en un momento en el que las profesiones están cambiando radicalmente.

La movilidad es, sin duda, una de nuestras principales palancas de construcción de capacidades. Entendemos la movilidad en su sentido más amplio, considerando como movilidad los movimientos entre áreas, entre empresas del Grupo o cambios de rol, ya sea dentro de un mismo país o entre distintos países. La movilidad es el principal impulsor del crecimiento profesional y, por tanto, uno de los factores clave para atraer y fidelizar al mejor talento.

La movilidad geográfica ha sido crucial a lo largo de nuestra historia para impulsar nuestro crecimiento, tanto a nivel nacional, asegurando desde nuestro origen las operaciones en toda la geografía española, como apoyando posteriormente la expansión internacional.

A lo largo de los 100 años de Historia de Telefónica, las políticas de movilidad internacional han estado en constante evolución y adaptación a los cambios de la sociedad en la que vivimos evolucionando tanto en la motivación de nuestros desplazados, como en la finalidad de los propios movimientos. Así, mientras que hace algunos años el motivo de la mayoría de los desplazamientos internacionales era cubrir las necesidades de nuestros negocios con perfiles de alto nivel, en la actualidad, contamos con programas de movilidad internacional flexibles y segmentados que contemplan todo tipo de perfiles y que cubren también necesidades puntuales de proyectos.

En esa línea, ya en el año 2016, realizamos una profunda revisión de nuestras políticas de movilidad internacional para adaptarlas tanto a las necesidades de los negocios, como a las necesidades de nuestros profesionales, incorporando además del formato de expatriación de larga duración, asignaciones y rotaciones temporales ligadas más a participación en proyectos de corta duración y no solo a posiciones organizativas.

Hoy en día, los nuevos modelos de trabajo y colaboración nos están permitiendo dar un paso más en flexibilidad organizativa, ya que nos dan la opción de formar equipos internacionales minimizando el tiempo de desplazamiento y adaptándolo mejor a las realidades personales y familiares.

Estamos viviendo un momento apasionante con la mayor transformación de la historia impulsada por la rápida evolución y convergencia de nuevas tecnologías que implica profundos cambios a todos los niveles a nivel social y empresarial en un entorno marcado por la escasez de talento.

Este proceso implica reflexionar sobre la dinámica de las trayectorias profesionales. Las carreras ya no son lineales ni estables, la definición de éxito profesional ha evolucionado. Las generaciones más jóvenes buscan mayor equilibrio entre su vida laboral y personal, anhelan conexión con los valores y propósito de la empresa y desean participar en proyectos que les resulten atractivos y significativos. En este sentido, Telefónica está comprometida con la creación de trayectorias profesionales flexibles que se adapten a estas expectativas al tiempo que construimos y aseguramos las capacidades para el crecimiento y transformación del negocio.

Bajo nuestro punto de vista, el desarrollo profesional debe ser visto como un viaje personal en el que cada profesional tiene el papel protagonista para convertirse en la mejor versión de sí mismo. En un mundo en constante y acelerada transformación en el que la tecnología avanza a pasos agigantados, es esencial que cada persona se comprometa con su formación continua, la llave que abrirá todas las puertas, que permitirá adaptarse a las nuevas realidades que vayan surgiendo. Este enfoque no solo beneficia a cada persona, sino que también potencia la capacidad de la organización para innovar y responder a los desafíos del mercado. La formación continua se convierte así en un imperativo para mantener la competitividad y relevancia en un entorno laboral dinámico.

Es por todo ello que impulsar la movilidad interna es un eje esencial en nuestra estrategia de personas, ya que además de acelerar el desarrollo de nuevas habilidades con el cambio de rol y la exposición a nuevas realidades y desafíos, potencia la diversidad con la incorporación de nuevos perfiles en los equipos y promueve una cultura organizacional más ágil e innovadora, facilitando esa liquidez organizacional necesaria para adaptarse a las necesidades cambiantes del negocio. Porque la capacidad de adaptación es esencial para la sostenibilidad y éxito de las organizaciones en un entorno empresarial en constante cambio tanto desde el punto de los profesionales como del de las compañías.

2. *La movilidad internacional: un futuro lleno de desafíos y oportunidades*

Cuando miramos a futuro visualizamos grandes transformaciones en el ámbito del trabajo, por la combinación de factores tecnológicos, económicos, sociales y culturales, que están interconectados y van a redefinir cómo, dónde y por qué trabajamos. La movilidad internacional, por tanto, seguirá en constante evolución, marcada por todos esos factores que influirán en configurar seguro nuevos modelos a futuro. Analicemos algunos de ellos:

i) Los cambios generacionales nos han llevado a que, por primera vez en la historia, cuatro generaciones estén conviviendo en el lugar de trabajo, impactando significativamente en la dinámica laboral. Los Millenials y la Generación Z van a representar en breve la mayoría de la fuerza laboral y consolidarán en las compañías la filosofía y nuevas demandas de estas generaciones en materia de sostenibilidad, diversidad e inclusión. Las nuevas generaciones demandan gran flexibilidad en localización y horarios. Vivimos ya un incremento del volumen de trabajo híbrido y en remoto, que seguirá creciendo al tiempo que se van generalizando figuras todavía incipientes como los nómadas digitales, que combinan el trabajo 100% en remoto con la movilidad geográfica como forma de vida. A nivel personal este modelo les da la flexibilidad de moverse periódicamente por distintos lugares del mundo mientras trabajan. A nivel empresarial, modelos de este tipo nos abrirán la oportunidad para acceder a perfiles muy cualificados en un mercado global de talento de una manera muy dinámica.

ii) El envejecimiento de la población en las economías desarrolladas reducirá la disponibilidad de mano de obra, lo que impulsará mayores movimientos migratorios y que el talento se globalice todavía más. Requerirá repensar la legislación y políticas migratorias para asegurar dinamismo, flexibilidad y seguridad jurídica. Es el momento de diseñar normativas que aceleren el movimiento de profesionales entre regiones y modelos que permitan formatos de trabajo deslocalizado o en remoto, así como esquemas que apoyen la economía gig. Será necesaria la colaboración público privada y alinear las regulaciones de los diferentes países para dar respuesta a las necesidades empresariales. Porque cuando hablamos de movimientos internacionales, las implicaciones jurídicas son enormes y es necesaria la consistencia entre países. Aspectos fiscales, de seguridad tecnológica, laborales o migratorios condicionarán las nuevas políticas de movilidad internacional.

iii) Estamos viviendo una explosión de tecnologías que se retroalimentan entre sí y que cada vez son más accesibles. El mayor exponente de este movimiento es la inteligencia artificial generativa, sabemos ya que su impacto va a ser mucho mayor, más profundo y más rápido que el de tecnologías anteriores. Los estudios en la materia estiman que la gran mayoría de los empleos van a estar impactados de una u otra forma por la inteligencia artificial, que va a poder realizar gran parte de las actividades profesionales actuales de una forma más rápida y con más calidad. La opinión pública se polariza entre los riesgos de eliminación de millones de empleos y la oportunidad de aumentar el potencial humano, pero existe un camino intermedio, centrado en enfocarse en el uso estratégico y productivo de las herramientas de IA y en preparar a los profesionales acelerando la incorporación de nuevas capacidades. Actualmente el talento más preparado está ampliando la brecha con la fuerza laboral promedio y, por tanto, se está intensificando la competencia por el talento en el ámbito tecnológico. Democratizar el aprendizaje a futuro, especialmente en las regiones más desfavorecidas en las que hay más población ocupacional evitará que nadie se quede atrás e incrementará la disponibilidad de talento a nivel internacional contribuyendo a erradicar la escasez de talento actual.

iv) Conjugar el uso de nuevas tecnologías en el trabajo, como la realidad aumentada y virtual, y soluciones de conectividad de nueva generación permiten una colaboración eficaz y una integración fluida entre equipos totalmente deslocalizados con la presencialidad. El metaverso nos abrirá a futuro nuevas maneras de interactuar de una manera cercana y efectiva impulsando la colaboración y el trabajo en equipo. Y todo ello abrirá, sin duda, la puerta a nuevos modelos de trabajo rompiendo las barreras físicas que tenemos hoy en día.

v) A medida que los desafíos ambientales se vuelven más relevantes, las empresas y los empleados están adaptándose para integrar principios de sostenibilidad en sus operaciones y en su forma de trabajar. La sostenibilidad está cambiando el mundo del trabajo en muchos aspectos, desde cómo se vive la cultura organizacional hasta lo que los empleados esperan de sus empresas, pasando por los modelos de negocio y la competitividad. Las empresas que hacen de la sostenibilidad parte de su esencia no solo cuidan mejor del medio ambiente, sino que también se vuelven más atractivas para el talento, más innovadoras y están mejor preparadas para los desafíos de futuro. La lucha contra el cambio climático está teniendo un impacto creciente en la movilidad internacional. Los esfuerzos globales para combatir el cambio climático y reducir las emisiones de carbono están transformando las políticas y comportamientos sobre cómo nos movemos y pueden condicionar y limitar a futuro la movilidad internacional.

Sabemos que en los próximos años vamos a seguir viviendo grandes disrupciones que van a hacer que los modelos de movilidad internacional cambien drásticamente. Por eso, en Telefónica imaginamos la movilidad del futuro como un modelo dinámico y adaptativo que aproveche la tecnología avanzada para potenciar el desarrollo y bienestar de nuestros profesionales. En nuestra visión hay tres aspectos que deben ser nucleares en el modelo de futuro para garantizar que las nuevas formas de movilidad internacional sean efectivas y sostenibles:

i) Flexibilidad: la tecnología nos permitirá tener una visión mucho más granular de las capacidades y las necesidades de la organización y, por tanto, impulsar modelos dinámicos de asignación de capacidades sin limitación geográfica u organizativa.

ii) Personalización: podremos poner a disposición de todos los profesionales las oportunidades de proyectos más allá de su geografía para que cada uno pueda diseñar su camino en función de sus intereses y marcar el ritmo de carrera en cada momento de acuerdo con sus circunstancias personales.

iii) Acelerar el desarrollo de capacidades: la movilidad seguirá integrada dentro de la estrategia de talento, asegurando que los movimientos no sólo respondan a necesidades operativas, sino que contribuyan al desarrollo de capacidades clave. El alineamiento eficaz entre movilidad internacional y desarrollo de talento asegurará que contamos con un equipo diverso y adaptable, capaz de enfrentar los desafíos globales de manera más efectiva.

En definitiva, estamos convencidos de que la movilidad internacional seguirá siendo muy relevante por tres razones:

i) Aspiramos a tener el mejor talento más allá de nuestra huella. Vivimos en un entorno en el que la competencia por el talento se ha vuelto más global que nunca, y ofrecer entornos de trabajo y equipos internacionales es esencial para atraerlo.

ii) Promover la diversidad a todos los niveles es estratégico para nosotros. La exposición a diversas culturas y experiencias no solo ayuda a desarrollar nuevas capacidades, sino que impulsa una mentalidad abierta y una mayor capacidad de adaptabilidad.

iii) Nuestra propuesta de valor se basa en dar a cada persona las herramientas y el apoyo para que pueda construir su futuro profesional y la movilidad internacional nos ayuda a multiplicar las oportunidades, incrementando así la retención de nuestro talento.

El nuevo mundo digital trae retos significativos, pero nos abre también enormes oportunidades para aprovechar el poder transformador de la tecnología y construir un mundo mucho mejor cimentado en valores sólidos y reglas equitativas.

Somos afortunados de vivir un momento tan relevante de la historia, un momento en el que tenemos más preguntas que respuestas y en el que todas las miradas suman para construir el camino a seguir.

INQUIETUDES Y RETOS ACTUALES DE LA MOVILIDAD INTERNACIONAL EN UN CONTEXTO DE IA GENERATIVA

JOSÉ MARÍA MONGE
Head Global Talent Solutions & South América
BBVA

La movilidad internacional de trabajadores se ha convertido en un pilar esencial para las grandes empresas globales. En un mundo cada vez más interconectado, la capacidad de movilizar nuestro talento a través de fronteras no solo optimiza nuestra operación empresarial, sino que también fomenta la innovación y la competitividad. Sin embargo, este fenómeno también trae consigo una serie de inquietudes y retos que las empresas debemos enfrentar para gestionar eficazmente nuestros programas de movilidad internacional. Y en este campo, tenemos un aliado estratégico con el que no contábamos antes, qué es la inteligencia artificial (IA) generativa.

En noviembre de 2022 OpenAI lanza ChatGPT. Con toda seguridad, la curiosidad de Diego y Álex les permitió conocer e ilusionarse con este lanzamiento de OpenAI y reflexionar como esto le podría cambiar la vida a toda la humanidad. Probablemente durante ese mes de coexistencia exploraron alguna versión de ChatGPT, le hicieron alguna pregunta, imaginaron cómo impactaría en su trabajo y cómo les podría afectar a ellos.

Si Diego y Álex preguntaran ahora a ChatGPT cómo cree que la inteligencia artificial generativa puede ayudar a la movilidad internacional, seguro que diría: "*La IA generativa tiene el potencial de transformar significativamente la movilidad internacional, haciendo los procesos más eficientes, reduciendo costos, y mejorando la experiencia tanto para los empleados como para las empresas. Al aprovechar estas tecnologías, las organizaciones pueden gestionar mejor sus talentos globales y adaptarse rápidamente a un entorno global en constante cambio*". Y los hermanos Ruiz de los Ríos tratarían de resolver estos retos, viéndolos como una oportunidad.

Desde el punto de vista de procesos más eficientes:

i) La movilidad internacional está sujeta a un entramado complejo de leyes y regulaciones que varían significativamente entre los distintos países. Cada jurisdicción tiene sus propios requisitos en materia de visados, permisos de trabajo y residencia, seguridad social, normas fiscales distintas, lo cual puede generar un entorno legal, cuanto menos, desafiante para las empresas que buscamos movilizar a nuestros empleados internacionalmente cumpliendo con todos los requisitos que el país de destino nos exija, pero siempre con la mayor celeridad posible. La falta de armonización entre las políticas de diferentes países añade un nivel de incertidumbre que puede obstaculizar la planificación estratégica de la movilidad.

En este sentido, la IA generativa puede ofrecernos un asesoramiento previo a empleados y empresas sobre temas de movilidad internacional, como requisitos de visados, leyes laborales locales, y regulaciones fiscales. Pueden también proporcionar información específica y actualizada basada en la situación particular de cada persona o empresa. Y ello nos dará una primera aproximación que nos ayude a valorar la complejidad del movimiento internacional que pretendemos abordar. Pero es responsabilidad de las empresas y de sus partners, cómo conectar todo ese asesoramiento en distintos campos (inmigración, seguridad social, fiscalidad con doble imposición tributaria y riesgos de establecimientos permanentes, cumplimiento regulatorio, etc.) con nuestra estrategia en movilidad internacional y cómo usar las soluciones o plataformas de IA para la gestión de la movilidad internacional y el asesoramiento en el cumplimiento de todas las regulaciones aplicables.

ii) Adicionalmente, la IA nos puede ayudar a automatizar y optimizar procesos administrativos relacionados con la movilidad internacional lo cual reduce significativamente el tiempo y los recursos necesarios para manejar estas tareas, permitiendo que los equipos de recursos humanos nos concentremos en actividades más estratégicas.

iii) Otro de nuestros grandes retos en la consecución de estos procesos más eficientes es, mediante el análisis de feedback, cómo las empresas somos capaces de evaluar y mejorar continuamente nuestros programas de movilidad internacional. Esto incluye identificar áreas de mejora, medir el retorno de la inversión de las asignaciones internacionales que mencionábamos anteriormente y asegurar que los objetivos de negocio se estén cumpliendo. Sin duda alguna, la IA nos podría ayudar en esta importante tarea.

Desde el punto de vista de la mejor Gestión del talento Global, tenemos que pensar, yendo un poco más allá, en tres dimensiones muy destacadas:

i) Alineación Estratégica: La movilidad internacional no debe ser una actividad aislada, sino que debe estar estrechamente alineada con la estrategia global de nuestras empresas. Identificar los roles críticos que requieren movilidad internacional y planificar la carrera de los empleados a largo plazo es fundamental. Esto implica una evaluación constante de las necesidades de talento y la identificación de oportunidades estratégicas donde la movilidad puede agregar valor.

ii) Uso de Big Data y Analítica: La analítica avanzada y el uso de big data están transformando la movilidad internacional. Las empresas podemos utilizar datos para predecir las necesidades de movilidad, identificar tendencias y optimizar la gestión del talento. Las herramientas de analítica que comentábamos nos pueden ayudar a determinar cuáles son las asignaciones más efectivas y cómo ajustar nuestras estrategias de movilidad para responder a cambios rápidos en el entorno global en el que nos movemos.

iii) Medición del Retorno de Inversión: Evaluar el retorno de inversión (ROI) de los programas de movilidad internacional es crucial para justificar la inversión y mejorar la toma de decisiones. La analítica nos permite medir el impacto de las asignaciones internacionales en términos de desarrollo de habilidades, desempeño laboral y retención/fuga del talento. Esto nos proporciona una base sólida para ajustar las estrategias de movilidad y asegurar que estén alineadas con los objetivos de negocio.

Y si Diego y Álex volvieran a preguntar a ChatGPT qué cree que puede aportar como novedad en la gestión de la movilidad internacional de las empresas, contestaría: "*La inteligencia artificial generativa está transformando la gestión de la movilidad internacional, aportando innovaciones que permiten a las empresas ser más proactivas, eficientes y centradas en el empleado. Al adoptar estas tecnologías, las empresas pueden optimizar recursos y asegurar el cumplimiento con las regulaciones globales*".

Desde el punto de vista de la innovación y con una mirada más estratégica, podemos mencionar varios retos muy destacables:

i) Nuevas formas de movilidad internacional: La innovación en tecnologías de comunicación y colaboración está cambiando la forma en que las empresas gestionamos la movilidad. Las asignaciones virtuales y el trabajo remoto son cada vez más viables, reduciendo la necesidad de desplazamientos físicos y los costes asociados. Sin embargo, estamos sólo empezando ya que, primero, tenemos que asegurar el cumplimiento de las normativas (algunas veces inexistentes o no suficientes) en este tipo de movilidad internacional y mantener un equilibrio entre las asignaciones virtuales/teletrabajo internacional y las asignaciones presenciales, también necesarias, e incluso resolver retos como el mantenimiento del compromiso de nuestros empleados que tanto nos preocupa y que en situaciones de trabajo remoto internacional, se acentúan aún más.

ii) Transferencia de Conocimientos: La movilidad internacional facilita la transferencia de conocimientos y habilidades entre diferentes partes de nuestra organización. Esto no solo mejora la competencia operativa, sino que también fomenta una cultura corporativa más global. Las empresas debemos promover la colaboración y el intercambio de conocimientos a través de iniciativas como programas de mentoring, proyectos transnacionales, y comunidades de práctica internacionales.

iii) Rediseño estratégico de los paquetes de compensación: El control de costes es un aspecto crucial en la gestión de la movilidad internacional. Los paquetes de compensación deben ser competitivos para atraer y retener talento, pero también sostenibles para la empresa. Las empresas debemos diseñar estructuras de compensación que maximicen el valor para el empleado mientras minimizan el costo para la organización.

iv) Impacto Ambiental: La sostenibilidad es un aspecto cada vez más importante en la movilidad internacional. Las empresas debemos considerar el impacto ambiental de los desplazamientos y buscar alternativas más sostenibles.

v) Responsabilidad Social Corporativa: La responsabilidad social corporativa implica asegurar que los empleados en movilidad reciban un trato justo y ético, respetando las leyes laborales locales y promoviendo la diversidad y la inclusión. Las empresas debemos garantizar condiciones de trabajo justas y seguras, proporcionar igualdad de oportunidades, y apoyar el desarrollo en los países de destino.

Desde el punto de vista del cumplimiento de las regulaciones globales:

i) Riesgos de Seguridad: La movilidad internacional aumenta los riesgos relacionados con la protección de datos y la ciberseguridad. Los empleados en movilidad manejan grandes cantidades de información sensible, que pueden ser un objetivo atractivo para los ciberataques. Las empresas debemos ser proactivas en identificar y mitigar estos riesgos para proteger tanto los datos personales de los empleados como la información corporativa.

ii) Cumplimiento Normativo: El cumplimiento con las regulaciones de protección de datos, como el Reglamento General de Protección de Datos (GDPR) en Europa, es esencial para evitar sanciones y proteger la reputación de nuestras empresas. Debemos implementar políticas robustas de protección de datos y asegurar que todos los empleados estén capacitados en prácticas seguras de manejo de información. Aquí la formación a nuestros empleados es esencial.

iii) Tecnologías de Seguridad: La adopción de tecnologías avanzadas de seguridad esté donde esté el empleado en asignación internacional, como la encriptación de datos, las VPN, y las soluciones de gestión de identidad y acceso, es crucial para proteger la información. Las empresas también debemos realizar auditorías regulares de nuestros sistemas de seguridad y actualizar continuamente nuestros protocolos para responder a nuevas amenazas.

Y si finalmente, Diego y Álex preguntaran a ChatGPT, cómo cree que puede mejorar la experiencia del empleado en movilidad internacional, la contestación sería: "*La IA generativa puede transformar la experiencia del empleado en movilidad internacional, haciendo el proceso más fluido, menos estresante y más satisfactorio. Al proporcionar soporte personalizado, optimizar la logística, y ofrecer recursos continuos de bienestar y adaptación cultural, la IA puede ayudar a los empleados a tener una experiencia más positiva y exitosa en sus asignaciones internacionales*".

Y no puedo estar más de acuerdo, ya que nunca debemos olvidar que la gestión de nuestro talento global y la experiencia del empleado en movilidad internacional es donde las empresas nos encontramos con retos muy relevantes:

i) Desafíos de Adaptación: Nuestros empleados en movilidad internacional se enfrentan a desafíos únicos, desde la adaptación a nuevas culturas y entornos laborales, hasta la separación de su red de apoyo familiar y social. Estos factores pueden afectar significativamente su bienestar y desempeño, algo en lo que las empresas estamos poniendo mucho foco. La adaptación cultural es uno de los mayores retos, ya que los empleados deben aprender a manejarse en contextos que pueden ser muy diferentes de los que están acostumbrados. No podemos olvidar que una falta de adaptación (no solo del empleado sino también de su familia) puede suponer el fracaso de ese movimiento internacional.

ii) Apoyo Integral: Las empresas debemos proporcionar un apoyo integral que facilite la transición de los empleados. Esto puede incluir programas de orientación cultural, servicios de reubicación, asistencia en la búsqueda de vivienda, y apoyo en la integración familiar, como la escolarización de los hijos y la búsqueda de empleo para la pareja.

Más allá de lo anterior, no debemos olvidar que el empleado y su familia se enfrentan a uno de sus momentos más vitales e importantes en su vida, el traslado a otro país, y por ello es crucial mantener una comunicación constante y abierta para que el empleado sienta que sigue siendo parte integral de la empresa. Mantener la conexión con su unidad de origen a través de un partner en su Unidad de origen y contar con un equipo de Global Mobility como su referente hará que el empleado mantenga ese sentimiento de pertenencia a una gran empresa que se preocupa y ocupa de sus empleados.

iii) Desarrollo Profesional: Para maximizar el valor de las asignaciones internacionales, las empresas deben asegurar que estas oportunidades estén alineadas con el desarrollo profesional a largo plazo de sus empleados. Esto incluye proporcionar oportunidades de formación y desarrollo, establecer mentores y redes de apoyo en el país de destino y planificar la carrera del empleado post-asignación con el fin de garantizar una transición lo más suave posible de regreso a su país de origen. Y ese retorno ha sido, es y seguirá siendo la asignatura pendiente de todas las empresas que tenemos movilidad internacional y sobre la que tenemos que seguir trabajando.

* * * * * * * *

La movilidad internacional de trabajadores se ha convertido en una palanca estratégica muy relevante para las empresas globales, pero también plantea desafíos significativos. La gestión efectiva de estos programas requiere un enfoque integral que considere aspectos regulatorios, fiscales, de gestión del talento, innovación, ciberseguridad, y sostenibilidad. Las empresas que logremos abordar estas inquietudes con éxito estaremos mejor posicionadas para competir en el mercado global y aprovechar las oportunidades que ofrece la movilidad internacional.

El futuro de la movilidad internacional dependerá de nuestra capacidad para adaptarnos a un entorno dinámico y complejo, implementando soluciones innovadoras y flexibles que respondan a las necesidades de nuestros empleados y del negocio. Si podemos equilibrar estos aspectos estaremos mejor preparados para enfrentar los retos y aprovechar las oportunidades que presenta la movilidad internacional en los próximos años.

Y en este entorno, y tal y como Diego y Álex preguntaban a ChatGPT, la IA generativa nos da y nos dará un apoyo muy relevante, dependiendo de nosotros, eso sí, el uso que le demos para que más allá de las inquietudes y retos que nos encontramos en la movilidad internacional, ésta pueda ser uno de los pilares estratégicos de nuestras empresas.

Y sobre todo, hay que tener en cuenta que a medida que avanzamos en la era digital, se da la paradoja que entramos en una época más humanista. En un mundo dominado por la Inteligencia Artificial, lo que va a marcar la diferencia en empresas de servicios es conectar personas de una manera más humana y empática. Y en este campo, la Movilidad Internacional es imprescindible, ya que nos permite construir un mundo laboral más inclusivo, diverso y empático.

Seguro que Diego y Álex abrazarían este nuevo contexto que se abre ante nosotros. Y aunque ellos no lo puedan disfrutar, estamos nosotros para contárselo.

Va por vosotros.

Capítulo 2.
Estrategia

IMPACTO DEL PLAN ESTRATÉGICO

EL PAPEL DE LA MOVILIDAD INTERNACIONAL DE LOS TRABAJADORES DENTRO DE LA ESTRATEGIA CORPORATIVA

GERARD SANZ
Socio, Strategy, Risk & Transactions, Monitor
Deloitte

JAVIER PEDRO GONZÁLEZ PIÑAL
Socio, Strategy, Risk & Transactions, Monitor
Deloitte

JORGE DOMÍNGUEZ
Socio, Talento
Deloitte

ANGÉLICA VIVAS
Senior Manager, Talento
Deloitte

1. Introducción

En el entorno empresarial actual, caracterizado por una creciente globalización y la interconexión de mercados, la movilidad internacional de los trabajadores se ha convertido en un componente clave de las estrategias corporativas. Este artículo aborda la relevancia de la movilidad internacional desde la perspectiva de su integración en la planificación estratégica de las empresas. Exploraremos cómo las empresas están utilizando actualmente la movilidad internacional para impulsar su crecimiento y competitividad global, analizaremos las tendencias emergentes en este ámbito y ofreceremos una previsión sobre su evolución futura. También se incluirán estudios de casos de empresas que han apostado por la movilidad internacional y los beneficios obtenidos, así como una discusión sobre los riesgos asociados y las posibles soluciones para mitigarlos. Finalmente, se elaborarán unas conclusiones que resumirán los puntos clave discutidos.

La movilidad internacional puede definirse como el traslado temporal o permanente de empleados de una empresa a otros países con el objetivo de desempeñar roles específicos, adquirir habilidades o gestionar operaciones en mercados extranjeros. Este fenómeno no solo abarca el aspecto logístico de mover empleados de un lugar a otro, sino que también incluye la gestión del talento, el desarrollo organizacional y la estrategia de recursos humanos en un contexto global. Desde la perspectiva estratégica, la movilidad internacional se considera una herramienta poderosa para la expansión global, la transferencia de conocimiento y la creación de una cultura organizacional cohesiva en mercados diversos.

La movilidad internacional surgió como una necesidad para poder soportar la expansión internacional, pasando a convertirse hoy en una palanca estratégica de muchas compañías en su misión global.

2. Situación actual de la movilidad internacional en la estrategia corporativa

En la actualidad, la movilidad internacional está integrada en las estrategias corporativas de múltiples formas. Las empresas utilizan la movilidad internacional para cumplir con una variedad de objetivos estratégicos, desarrollando a continuación algunos de ellos.

i) Acceso al Talento Global

Competitive Edge y Skill Diversification: Las empresas con programas de movilidad internacional efectivos son capaces de acceder a un grupo más amplio de talento global. Esto no solo permite contratar a los mejores profesionales, sino también diversificar las habilidades dentro de sus equipos.

Deloitte emplea una estrategia de movilidad/captación internacional para atraer expertos en ciberseguridad y tecnología de datos de todo el mundo al EMEA Cybersphere Center (ECC), impulsando así su ventaja competitiva en materia de seguridad de la información, privacidad e integridad. Esto maximiza el intercambio y la polinización de ideas y mejores prácticas.

ii) Desarrollo del Liderazgo

Global Perspective y Cultural Diversity: La movilidad internacional permite a las empresas desarrollar líderes con una perspectiva global, capacidad de adaptación y habilidades interculturales.

Deloitte utiliza asignaciones internacionales para que sus futuros líderes comprendan diferentes mercados y culturas, lo cual es fundamental para la toma de decisiones estratégicas en el negocio y las sinergias entre la red global.

iii) Conocimiento Específico del Mercado

Localized Knowledge y Adaptability: Las asignaciones internacionales permiten a los empleados adquirir conocimientos específicos sobre mercados locales, lo que a su vez ayuda a las empresas a adaptarse rápidamente a las dinámicas de mercado cambiantes.

En empresas del sector consumo encontramos claros ejemplos de esto: su enfoque en la movilidad internacional ha permitido a sus empleados conocer en profundidad mercados como India y China, adaptando productos y estrategias comerciales de manera efectiva.

iv) Innovación y Colaboración

Cross-Cultural Innovation y Enhanced Collaboration: La exposición a diferentes culturas y modos de pensar puede ser un gran impulsor de la innovación, pues impulsa a los directivos a salir de su zona de confort y a considerar maneras de trabajar distintas a las habituales / tradicionales.

Deloitte, en calidad de Worldwide Management Consulting Partner del Comité Olímpico Internacional, ha inaugurado el Sports Innovation Hub en Madrid, un pilar de la estrategia de crecimiento de la práctica de sports a nivel mundial.

Iniciativas como esta permiten el desarrollo de una red de relaciones personales que facilita e impulsa la colaboración entre directivos.

v) Retención y Compromiso del Empleado

Career Growth Opportunities y Employee Satisfaction: Las oportunidades de movilidad internacional pueden ser un factor clave para la retención de empleados y su compromiso con la empresa. En un mercado del talento en el que las carreras de largo plazo son cada vez menos frecuentes, y los profesionales buscan nuevos retos en su desarrollo profesional cada cierto tiempo, la movilidad internacional representa para estos profesionales inquietos una experiencia similar a la de cambiar de trabajo sin interrumpir su carrera dentro de la compañía que le emplea, y con un nivel de riesgo percibido más limitado.

Deloitte tiene desarrollada toda una estrategia de movilidad internacional a través de un Global Mobility Framework, que combina la estrategia del negocio con las inquietudes de sus profesionales, acompañándolos en la evolución de su carrera dentro de un entorno global.

vi) Flexibilidad Operativa y Gestión del Riesgo

Resource Flexibility y Risk Diversification: La movilidad internacional también proporciona flexibilidad operativa al permitir a las empresas desplazar recursos según las necesidades del mercado.

Empresas del sector de la banca han utilizado esta estrategia para gestionar riesgos de manera efectiva, trasladando talento a mercados menos volátiles durante períodos de incertidumbre financiera.

vii) Eficiencia de Costes

Cost-Effective Expansion y Standardizing Best Practices: Aunque la movilidad internacional puede ser costosa, la expansión a corto plazo puede ser más rentable que establecer una nueva entidad en un mercado desconocido. Por ello hay empresas que utilizan las asignaciones a corto plazo para evaluar la viabilidad de nuevos mercados antes de hacer inversiones significativas.

La movilidad internacional mitiga el coste y el riesgo inherente a la captación de talento local sin afiliación ni experiencia en la compañía.

3. Evolución futura de la movilidad internacional en estrategias corporativas

Mirando hacia el futuro, se prevé que la movilidad internacional de los trabajadores se transforme significativamente debido a factores como la digitalización, el auge del trabajo remoto y cambios en las expectativas de los empleados.

Las tendencias emergentes sugieren que la movilidad internacional continuará desempeñando un papel importante en las estrategias corporativas, aunque adoptando nuevas formas y enfoques.

La pandemia de COVID-19 aceleró la adopción de tecnologías digitales y abrió la puerta a nuevas formas de trabajo remoto. Este cambio ha llevado a las empresas a considerar "movilidad virtual", donde los empleados pueden participar en proyectos internacionales sin necesidad de desplazarse físicamente. Este modelo híbrido permite a las empresas mantener la colaboración global y la transferencia de conocimientos a un costo reducido

En lugar de largas asignaciones internacionales que pueden implicar costes significativos y desafíos logísticos, las empresas están adoptando cada vez más asignaciones a corto plazo o basadas en proyectos.

Este enfoque ofrece flexibilidad tanto para la empresa como para los empleados, permitiendo una mayor agilidad en la gestión del talento global y la rápida respuesta a las necesidades del mercado.

Deloitte ha reducido drásticamente el nivel de desplazamientos internacionales relacionados con la entrega de proyectos internacionales para sus clientes. Pero en situaciones donde el foco reside en la creación o el mantenimiento de una presencia y un negocio local fuera del mercado de headquarters, la movilidad internacional de empleados y directivos es insustituible

El enfoque en la diversidad, equidad e inclusión (DEI) está transformando la forma en que las empresas abordan la movilidad internacional. Las compañías están revisando sus políticas de movilidad para garantizar que todos los empleados tengan igual acceso a oportunidades de asignaciones internacionales.

Otra tendencia emergente es el mayor enfoque en el bienestar del empleado durante las asignaciones internacionales. Las empresas están reevaluando sus políticas de movilidad para incluir apoyo en áreas como la salud mental, la adaptación cultural y el bienestar familiar.

4. Conclusiones

La movilidad internacional de los trabajadores se ha establecido como un componente vital de las estrategias corporativas de las empresas que operan en un mundo cada vez más globalizado.

Desde la expansión hacia nuevos mercados hasta el desarrollo de liderazgo global y la transferencia de conocimientos, la movilidad internacional ofrece múltiples beneficios estratégicos. Sin embargo, también presenta retos significativos que deben ser gestionados cuidadosamente. En el futuro, se espera que la movilidad internacional evolucione hacia modelos más flexibles y digitalizados, que integren consideraciones de diversidad, equidad, inclusión y bienestar del empleado. Las empresas que logren adaptar sus estrategias de movilidad internacional a estas nuevas realidades estarán mejor posicionadas para atraer y retener talento global, impulsar su competitividad y responder ágilmente a las demandas de un mercado en constante cambio.

CÓMO PUEDE SER LA MOVILIDAD INTERNACIONAL DE LOS TRABAJADORES UNA PALANCA CLAVE EN LA ESTRATEGIA. MOVILIDAD INTERNACIONAL 2.0.

CLARA Mª LALLANA FERNÁNDEZ
Senior Manager, People Compliance & Ethics–International Mobility
NTT Data Europe & LATAM

Han pasado más de 25 años desde que la movilidad internacional se implantó en las áreas de Recursos Humanos como un partner estratégico del Negocio. Hoy en día disponemos de un vocabulario propio en el área de Recursos Humanos Internacional, plenamente implantado, con términos como nómadas digitales, asignado, o teletrabajador internacional entre otros.

La movilidad internacional de los trabajadores puede ser una herramienta estratégica poderosa para las empresas que buscan crecer y competir en un mercado globalizado. Sin embargo, requiere una planificación cuidadosa y una gestión efectiva para maximizar sus beneficios y minimizar los riesgos potenciales.

La movilidad internacional no sólo implica el traslado físico de empleados, sino también la adaptación de la estrategia empresarial a las dinámicas cambiantes del mercado global, las regulaciones locales, y las expectativas de los empleados. Para alinear las políticas de movilidad internacional a la estrategia de una compañía, es fundamental adoptar un enfoque integral y holístico que considere múltiples aspectos de la organización y su entorno global.

A lo largo de este capítulo abordaremos como la movilidad, como palanca, y todos los agentes que giran en torno a la misma, ayudan en la estrategia empresarial y cuál sería la mejor forma de contribuir a su propósito en el futuro.

1. Contexto

1.1. Escasez de talento

La escasez de talento es un hándicap para cualquier compañía en el mundo actual, donde cada vez se demanda una mayor presencia de perfiles con habilidades específicas.

Algunos de los motivos por los que se da esta escasez de talento puede ser:

i) Cambios rápidos en la tecnología: La tecnología está avanzando a un ritmo acelerado, y las habilidades necesarias para mantenerse al día están cambiando constantemente. Esto puede llevar a una brecha entre las habilidades que los empleados tienen y las que las empresas necesitan.

ii) Demografía: El envejecimiento de la población en muchos países desarrollados está llevando a una disminución en la fuerza laboral. Al mismo tiempo, no siempre hay suficientes jóvenes entrando en la fuerza laboral para reemplazar a los que se retiran.

iii) Expectativas de los empleados: Las expectativas de los empleados están cambiando. Muchos trabajadores buscan más que un salario competitivo, quieren un buen equilibrio entre el trabajo y la vida personal, oportunidades de desarrollo profesional y un trabajo significativo. Las empresas que no pueden ofrecer esto pueden tener dificultades para atraer y retener talento.

iv) Educación y Formación: En algunos casos, el sistema educativo no está proporcionando a los estudiantes las habilidades que necesitan para los trabajos del futuro. Esto puede ser especialmente cierto en áreas como la ciencia, la tecnología, la ingeniería y las matemáticas.

v) Movilidad Laboral: Las barreras a la movilidad laboral, como las restricciones de inmigración, pueden dificultar la capacidad de las empresas para atraer talento de otros países.

Por tanto, las empresas tendrán que revisar sus estrategias de movilidad para hacer frente a la escasez de talento. Esto podría incluir desde la expansión de la búsqueda de talento a nuevos mercados geográficos, la inversión en host country, en planes de transferencia de conocimiento por parte de los asignados para desarrollar y para mejorar las habilidades de los empleados locales así como la implementación de programas de retención de empleados retornados, para evitar desperdiciar el coste de la inversión realizada.

1.2. Tendencias

La movilidad internacional de las empresas está evolucionando rápidamente y se espera que continúe haciéndolo en el futuro. Algunas tendencias clave que podrían dar forma a la movilidad empresarial internacional serían:

i) Sostenibilidad: Es crucial que las políticas de movilidad internacional se alineen con los objetivos medioambientales, sociales y de gobernanza (ESG) de la empresa. Conocer y entender el propósito y las prioridades ESG permite actuar con agilidad para que las políticas de movilidad contribuyan a su consecución. Las empresas están cada vez más enfocadas en reducir su huella medioambiental y promover prácticas sostenibles. Esto incluye la adopción e implementación de políticas de movilidad sostenible, sobre todo en lo que respecta a los medios de transporte utilizados en los desplazamientos por los asignados.

ii) Tecnología: La digitalización y las tecnologías emergentes como la inteligencia artificial y la automatización están transformando la forma en que las empresas operan a nivel global, permitiendo una colaboración más eficiente y la optimización de operaciones.

iii) Flexibilidad y Trabajo Remoto: El teletrabajo y los horarios flexibles están cambiando las expectativas de los empleados respecto a la movilidad y la forma de trabajar. Las empresas pueden ofrecer más opciones de movilidad y trabajo remoto, lo que puede atraer talento global y mejorar la satisfacción y retención de empleados si se realiza de forma combinada.

Estas tendencias indican un futuro en el que la movilidad internacional de las empresas será más integrada, flexible y alineada con los valores de sostenibilidad y eficiencia. Se busca por tanto una movilidad que no solo sea eficiente y cómoda, sino que también contribuya a la sostenibilidad global y al bienestar de las poblaciones.

1.3. Alto contexto regulatorio y normativo

El alto contexto normativo y regulatorio puede tener un impacto significativo en la movilidad internacional de las empresas. Algunos de los efectos en los que las áreas de movilidad deben estar pensando y anticipando son:

i) Complejidad en la gestión: Las regulaciones y normativas pueden variar significativamente de un país a otro. Esto puede hacer que la gestión de la movilidad internacional sea un proceso complejo que requiere un conocimiento profundo de las leyes y regulaciones locales.

ii) Costes adicionales: para evitar enfrentarse a multas y sanciones es necesario contar con un equipo de expertos en cada una de las materias que integran una asignación internacional (ámbito fiscal, migratorio, laboral y seguridad social).

iii) Retrasos y obstáculos en las operaciones: las regulaciones y su falta de armonización y sincronización entre el host y el home country puede conllevar retrasos en la reubicación de los profesionales en sus nuevos destinos, lo que tendrá un alto impacto en los acuerdos comerciales firmados por parte de las áreas de operaciones.

iv) Impacto en el talento: como hemos mencionado en el apartado superior de talento, el alto contexto normativo y regulatorio puede afectar a su capacidad de atracción. Algunos profesionales pueden ser reacios a aceptar asignaciones internacionales si perciben que las regulaciones son demasiado restrictivas o complicadas.

Por tanto, aquellas compañías que dispongan de una red de expertos en el área y cuenten con una red de Partners como Deloitte, doctos en cada una de las materias, serán capaces de anticipar el impacto regulatorio en la toma de las decisiones y por tanto contarán con una ventaja competitiva frente aquellas compañías que actúen de forma reactiva o a cada paso, ante los requerimientos legales.

1.4. Sistema geopolítico convulso

El alto impacto de la geopolítica en el ámbito regulatorio y normativo hace que las áreas de movilidad internacional junto con sus áreas de operaciones deban proveer en el medio y largo plazo todos aquellos movimientos así como planes de evacuación inmediata para sus empleados y cláusulas de recisión de contratos lo más ajustadas ante determinadas circunstancias.

2. Evolucionando y ampliando el Rol del área: vinculando operación con la estrategia

2.1. Transformación organizacional

Si queremos ayudar a la organización a navegar en un entorno de movilidad internacional y empresarial complejo como el que hemos descrito en el apartado de antecedentes, debemos ser capaces de proporcionar una serie de servicios de asesoramiento que garanticen un plus de aporte de valor junto a la de gestión del compliance de movilidad a la que tanto tradicionalmente nos venimos enfrentando.

Ambos roles, compliance y advisory, son complementarios en lo que un área de movilidad debe aportar a su negocio y uno sin el otro, carecen de sentido en un entorno VUCA[1]*.

No es baladí tampoco el rol del área de movilidad internacional en la parte de compliance, ya que su principal misión es velar por la mitigación de los riesgos y su correcta y adecuada implantación en todos los procesos que integran el scope de sus servicios (fiscales, migratorios, laborales y de seguridad social) en aquellos países donde el asignado internacional se encuentre vinculado.

El rol de advisory, sin embargo, analiza, diseña y anticipa los cambios regulatorios que están por llegar, ayudando a tomar decisiones a las operaciones en los momentos decisivos, con independencia de su implantación o llegada a término dentro de la organización. Esta función debe proporcionar un asesoramiento continuo y constante para prevenir situaciones complejas o de riesgo para una compañía, guiando a la capa

---

1 Vivimos en un mundo VUCA: Volatility, Uncertainty, Complexity y Ambiguity

ejecutiva para que sus acciones no se salgan del marco legal establecido, tanto interno como externo.

Aportará además soluciones integrales ejerciendo de facilitador entre los diferentes impactos que pueden conllevar los movimientos a nivel de otras disciplinas de RRHH así como de palanca entre RRHH y otras áreas estructurales (financiero, compras, IT,...) con negocio.

Para ello, se debe contar con perfiles que además de ejercer de advisor en sus correspondientes disciplinas de conocimiento, ejerzan también un rol de consultores en movilidad internacional, donde ofrezcan servicios puntuales y no constantes, cuando emerja un problema específico que requiera de un análisis a fondo. Será este equipo, quien apoyado en una red de Partners externa encargados de actuar como socios estratégicos más allá de la relación proveedor-cliente, se encargue de encontrar las causas y proponer soluciones que puedan poner remedio a la situación generada. Con posterioridad el equipo de compliance será quien dictamine la viabilidad y el plazo de dicha solución.

2.2. Modelo de gobierno y gestión

La movilidad del futuro va a requerir de un modelo de gobierno y gestión claro y definido, que facilite la experiencia de todos aquellos que aborden la necesidad de obtener información en este ámbito con roles y responsabilidades bien delimitados. La restructuración de procesos y la flexibilidad estructurada es uno de los grandes retos en materia de movilidad global.

3. Optimización, tecnología y cumplimiento legal

3.1. Optimización

A medida que las organizaciones amplían sus operaciones abriendo nuevos mercados, sus equipos buscan aprovechar las oportunidades internacionales que nacen al abrigo de esa expansión. En un mundo globalizado, la movilidad internacional está en constante evolución y todos sus procesos cada vez serán más complejos, más cambiantes, más costosos y estrictos para las empresas. Por ello la optimización de estos es un paso clave.

Las organizaciones y el mercado se han dado cuenta de que ya no es un lujo contar con las políticas adecuadas, sino una necesidad para seguir siendo atractivas y competitivas en la lucha por la atracción del talento. Estas políticas deben ser claras, multidisciplinares e integradas en las normas internas de gestión del resto de disciplinas de RRHH y tener la trazabilidad de todos sus procesos para un mayor y mejor control de costes y de eficiencia en tiempos. Esto nos permitirá disponer de un cuadro de mando donde podamos obtener KPI´s y sustentar la toma de nuestras decisiones en base a datos.

Estos indicadores pueden ir desde nuestra propia gestión como área, hasta la medición del ROI de la inversión que realizamos en cada una de las políticas aplicadas.

Nuestros indicadores de cumplimiento no deben girar sólo entorno al servicio que nuestros Partners nos prestan para medir el grado de servicio de estos, sino que suponen un compromiso de la organización con nuestros profesionales ante el reto internacional que les hemos brindado.

Todo lo anterior nos ayudará a contribuir al proceso de mejora continua.

3.2. Tecnología

La dinámica del mercado laboral ha experimentado cambios radicales en los últimos años, impulsada por los avances tecnológicos y el cambio forzado al trabajo remoto debido a la pandemia. Un modelo de gobernanza diverso, centralizado y plenamente integrado nos permitirán una mejor automatización y digitalización de procesos permitiendo a nuestros colaboradores poner foco en donde más valor aporten. Se digitalizará las tareas de máxima reiteración y recurrencia agilizando aquellos procesos que en otros momentos podían tardar días.

Existen en el mercado herramientas que conducen a eficiencias de proceso valiosas. Es cuestión de explorarlas y vincularlas al resto de herramientas de gestión de la organización (finanzas, compras, gestión de proyectos...) de forma que nos sirva de aprendizaje a través de fuentes de datos mejoradas, combinación de datos y la posibilidad de disponer públicamente de reportes por todas las partes interesadas.

3.3. Visión del compliance

Las empresas pueden mitigar los riesgos asociados con la movilidad internacional de varias maneras. Para ello es fundamental disponer interna o externamente de un equipo de advisors y consultores capacitados que junto con el área de negocio involucrada podrá proporcionar un assessment sobre la viabilidad o no de dichos desplazamientos.

i) Identificación de riesgos: Es necesario identificar todos los posibles riesgos asociados al proceso de internacionalización. Algunos de los posibles riesgos a tener en cuenta pueden ser: riesgos económicos, políticos y legales, culturales, competitivos y operativos.

ii) Realizar un análisis de riesgos: Antes de emprender el proceso de internacionalización, es fundamental realizar un análisis de riesgos de forma conjunta con el área de operaciones, para identificar y evaluar los posibles peligros y tomar medidas preventivas para mitigarlos.

iii) Evaluación de la probabilidad materialidad e impacto: Una vez identificados los posibles riesgos, es necesario analizar su probabilidad de ocurrencia y su impacto en la empresa. Esto permitirá priorizar los riesgos y establecer estrategias para su gestión y mitigación.

iv) Contratación de servicios/informes de consultoría especializados: Los servicios de consultoría pueden ayudar a las empresas a navegar por las complejidades de la movilidad internacional y a desarrollar estrategias efectivas para mitigar los riesgos.

Monitorización constante de los procesos y flujos financieros: gestión proactiva ante el riesgo.

Estas palancas, incluyendo la seguridad y el bienestar de los empleados desplazados, pueden ayudar a las empresas a reducir los riesgos asociados con la movilidad internacional. Una alineación efectiva entre la estrategia de Recursos Humanos y la política de movilidad internacional es esencial para garantizar movimientos seguros y efectivos.

Sin embargo, cada empresa debe considerar su propio contexto y objetivos al implementar estas estrategias alineadas con las estrategias de Compliance de la Organización.

4. Mejorar la experiencia del asignado internacional

La sintonía entre talento y movilidad permite a las organizaciones aprovechar la experiencia internacional de sus empleados, facilitándoles el crecimiento profesional y en paralelo atender las necesidades del negocio.

En un contexto en que el empleado es el centro de cualquier decisión empresarial, es importante aunar las motivaciones de negocio para el desplazamiento, con las de nuestros empleados si queremos obtener una movilidad exitosa.

Algunas de las motivaciones:

i) Disponer de una estrategia de movilidad global sólida, lo que permitirá a los profesionales trasladarse de un lugar a otro con mínimas interrupciones y complicaciones en materia de Compliance internacional.

ii) Sponsorización y Liderazgo en Programas de Movilidad Global desde la escala más alta de la Organización, no solo es responsabilidad del área de RRHH sino que existe un empowerment que emana del propio Comité de Dirección

iii) "International Mobility Path" dentro del modelo de Talento: ofrecer trayectorias de carrera que involucren diferentes ubicaciones o unidades de negocio o combinen periodos de presencialidad con trabajo en remoto, con el objetivo de ampliar en skills multiculturales nuestro modelo de talento así como disponer de profesionales resilientes, globales y ambiciosos (querer salir de su zona de confort). Esto nos permitirá seguir siendo competitivos en la guerra del talento.

(iv) Vincular la movilidad al Ciclo de Vida del profesional: atendiendo a sus diferentes y múltiples necesidades en función de la línea de la vida donde se encuentra. Un colectivo importante a tener en cuenta es el del talento senior, sin cargas familiares y con una madurez profesional más estabilizada. Es dicho talento el que nos aporta un profundo entendimiento de las operaciones de negocio, capacidad para navegar en culturas diversas, habilidad para interactuar en entornos diferentes y de incertidumbre. La movilidad internacional se beneficia de la perspectiva estratégica, la red de contactos y la madurez y solvencia personal que el talento senior ofrece.

(v) Diversidad (cultural/empresarial/generacional/intelectual), Flexibilidad, Bienestar emocional y Seguridad Física: Son prioridades y máximas de los empleados hoy en día. El encuentro de diferentes culturas (incluida la empresarial) dentro de la organización fomenta la colaboración y el intercambio de conocimientos entre personas con diferentes perspectivas, lo que incrementa el potencial de innovación y desarrolla líderes más completos. Se demanda trabajo ágil y flexible.

LA IMPORTANCIA DEL DATO

IMPORTANCIA DEL DATO EN LA MOVILIDAD INTERNACIONAL DE TRABAJADORES

MACARENA ESTÉVEZ
Socia emérita
Deloitte
PABLO ÁLVAREZ ARRANZ
Socio Tax & Legal, Mobility & Compensation
Deloitte

La toma de decisiones informadas, basadas en hechos concretos, conocimientos y experiencias pasadas -tanto propias como ajenas- ha supuesto históricamente una gran ventaja competitiva para las compañías, lo que les permitía establecer estrategias y adoptar decisiones potencialmente ganadoras.

Nos embarcamos a través del presente capítulo en un viaje al futuro, un futuro que está muy próximo, un futuro que se puede considerar ya -si no presente- inminente y en el que los datos cobran un absoluto protagonismo y relevancia por la capacidad que tenemos de interpretarlos -con la ayuda de la tecnología como la IA- y de obtener conclusiones asombrosas en muchos ámbitos. También en el de la movilidad internacional.

En la movilidad internacional del futuro, la que verían nuestros Diego y Alejandro, los datos no sólo seguirán siendo un elemento relevante, sino que cada vez cobrarán más importancia hasta convertirse en algo imprescindible para tomar decisiones por parte de las compañías y los diferentes actores del sector.

En este contexto, exploraremos a continuación cómo la recopilación y el análisis de datos puede ofrecer perspectivas clave en la gestión del personal en movilidad internacional, el cumplimento normativo y la optimización de estrategias de reubicación, y cómo la tecnología puede ayudar a este fin, dado su, cada vez, más relevante papel.

En el ámbito de la movilidad internacional, una adecuada gestión e interpretación de los datos permite planificar los movimientos del talento en base a las necesidades corporativas particulares de las distintas ubicaciones, a la experiencia y a los datos empíricos que la misma arroja.

Así, las conclusiones obtenidas a través del análisis e interpretación de los datos pueden revelar aspectos clave como qué empleados o empleadas son más adecuados para las asignaciones al extranjero -considerando factores clave como el país de destino y sus circunstancias-, el tipo de proyecto y su duración, la modalidad del desplazamiento más eficaz, el paquete retributivo idóneo y, en general, anticipar y conocer los costes -y el retorno de la inversión- y maximizar los ratios de éxito de las asignaciones internacionales.

1. La importancia de las fuentes de datos

En un mundo cada vez más interconectado, cada vez más competitivo, es muy frecuente -a veces imprescindible- que las compañías traspasen las fronteras locales con el fin de crecer y prosperar, expandir su negocio a nuevos mercados, desarrollar su talento para la adquisición de nuevas habilidades, trasladar su cultura de compañía a otras empresas del grupo establecidas en otras jurisdicciones, etc…

En este contexto, la movilidad internacional de trabajadores es un elemento de vital importancia y, el nivel de éxito de cada movimiento puede tener un gran impacto en los resultados y objetivos de cada compañía, así como en su competitividad a medio y largo plazo.

No hay que olvidar que detrás de cada desplazamiento se encuentra, al menos, un individuo -la persona trabajadora- pero también puede haber otros que se desplacen o en los que el movimiento tenga impacto, los miembros de su familia. Por ello, el éxito de cada desplazamiento trasciende lo puramente relacionado con el negocio de la compañía o incluso su cultura; existen elementos muy relevantes que hay que entender y contemplar para tratar de asegurarlo y que pueden depender tanto del propio candidato y de sus allegados, del país de destino, así como de estrategias y políticas corporativas tales como, a modo de ejemplo, el paquete retributivo elegido y la política en materia de movilidad internacional que le resulte de aplicación.

En síntesis, hay que entender a fondo las necesidades, experiencias y desafíos a los que se enfrentan los trabajadores que se desplazan por motivos laborales. ¿Cómo logramos esa comprensión profunda? Aquí es donde entran en juego los datos y sus fuentes.

El mundo está lleno de datos. Se puede decir que, allá donde miremos, hay datos y la movilidad internacional no es, ni mucho menos, una excepción.

Las capacidades que las compañías puedan desarrollar en el uso e interpretación de los datos que están o pueden estar a su disposición, lo que exige tenerlos bien ordenados para su rápido acceso y que sean datos de calidad -que la fuente sea fiable y los datos objetivos-, ya marcan la diferencia en cuanto al éxito de los movimientos y no es complicado llegar a la conclusión de que aún tendrá un mayor impacto en el futuro.

En la línea de lo comentado anteriormente, datos relacionados con la movilidad internacional hay muchos -es una fuente inagotable- pero en aras de simplificar su análisis actualmente los podemos clasificar en tres grupos: i) datos en materia de recursos humanos, ii) datos relativos a los países de destino y, iii) datos vinculados con los viajes y medios de transporte. No obstante, todos estos grupos están íntimamente correlacionados lo que exige que, para realizar una correcta interpretación de los mismos y llegar así a conclusiones acertadas y de calidad, sean analizados de forma conjunta.

1.1. Datos en materia de recursos humanos

Dentro del primer grupo -datos en materia de recursos humanos- las compañías pueden aprender del pasado sobre la base de hechos relacionados con los perfiles que ya han emprendido un movimiento internacional. Analizar y determinar por qué hay casos en los que un movimiento fue un éxito mientras que hay otros, en aparentemente idénticas o parecidas circunstancias, en los que no ha sido así es muy relevante para poder modificar y adaptar estrategias, ejercicio que puede hacerse con información muy valiosa construida sobre los datos a disposición de las propias compañías.

El momento profesional de las personas elegidas, su rol dentro de la compañía, sus expectativas de futuro, experiencias previas en otros movimientos internacionales, perfil del país de destino, nivel retributivo, antigüedad en la compañía y sentimiento de pertenencia, nivel de desempeño, resultados de las evaluaciones 360 en cuanto a determinadas habilidades, capacidad de adaptación a los cambios demostrada en proyectos anteriores, etc..., son sin duda alguna elementos que ayudan y pueden ayudar más aún en el futuro a las compañías a mejorar el proceso de selección de la persona concreta que protagonice el desplazamiento y, con ello, incrementar el porcentaje de éxito del mismo.

Los datos de preferencias del empleado son también esenciales para ofrecer experiencias de viaje y reubicación personalizadas. Estas preferencias incluyen información sobre elecciones de vivienda, necesidades escolares para los hijos, opciones de transporte y preferencias personales de viaje, como la elección de asientos y tipos de alojamiento. Al analizar estos datos, las empresas pueden diseñar paquetes que se ajusten a las necesidades individuales, mejorando la satisfacción del empleado y facilitando una transición más suave. La personalización basada en estas preferencias también ayuda a mejorar la retención y el bienestar general de los empleados durante sus desplazamientos internacionales y al éxito de las asignaciones.

1.2. Datos relativos a los países de destino

Por otro lado, por lo que se refiere a los datos relativos a los países de destino, nos podemos encontrar con información vinculada con los niveles de seguridad, diversidad cultural, calidad de vida, coste de vida y competitividad fiscal, lo que es tremendamente relevante, pero las posibilidades van aún más allá; esta categoría nos permite analizar cuestiones más casuísticas si cabe como la duración de los desplazamientos que se producen en uno u otro país, si los mismos han finalizado con carácter anticipado a lo previsto inicialmente y lo que ha podido motivar una eventual finalización -lo que puede tener como causa consideraciones relativas con el propio país, con el negocio, así como con las personas-, el nivel de satisfacción personal durante el movimiento, la permanencia de las personas trabajadoras en la compañía tras la finalización de la asignación internacional o el proyecto para el que se trasladaron a destino, la evolución o desarrollo de dichas personas en la compañía, la disponibilidad para protagonizar nuestros movimientos, etc...

1.3. Datos vinculados con los viajes y medios de transporte

Por último, en un tercer grupo, se encuentran los datos vinculados con los viajes y medios de transporte en los que podemos identificar una importante variedad de fuentes de datos:

i) Las aerolíneas y aeropuertos son una fuente inagotable de información valiosa para planificar y gestionar viajes internacionales. Horarios de vuelos, tiempos de espera, retrasos, cancelaciones y otras circunstancias tienen gran impacto en las personas que se desplazan y es información a la que las compañías pueden acceder a través de acuerdos de colaboración o servicios de terceros para, con su análisis, optimizar la toma de decisiones, así como mejorar la experiencia de sus empleados. Las aerolíneas también recopilan datos sobre las preferencias de los pasajeros, como asientos favoritos o menús preferidos. Las empresas pueden acceder a esta información a través de acuerdos de colaboración o también mediante servicios de terceros (empresas especializadas que ya tienen integraciones con aerolíneas y aeropuertos, facilitando el acceso a la información), optimizando su propia toma de decisiones.

Esta posibilidad no está limitada exclusivamente a los viajes en avión. Cada medio de transporte tiene sus propios datos y pueden ser obtenidos por las compañías para mejorar y hacer más eficientes sus procesos.

ii) Los datos históricos de viajes son fundamentales para anticipar las necesidades futuras y optimizar la movilidad internacional de trabajadores. Estos incluyen registros de itinerarios pasados, patrones de viaje y tendencias de demanda. Con estos datos las empresas pueden anticipar cuándo habrá más viajeros, qué tipo de transporte y alojamiento necesitarán y así tomar decisiones más informadas. Esto no solo mejora la planificación y reduce costes, sino que también garantiza una experiencia de viaje más fluida y eficiente para los empleados, anticipando y mitigando posibles problemas antes de que ocurran.

iii) Las aplicaciones móviles y los dispositivos "wearables" son fuentes de datos sobre la experiencia de los empleados durante sus viajes. Estas tecnologías pueden rastrear tiempos de espera, niveles de confort, y proporcionar alertas en tiempo real sobre cambios en el itinerario o condiciones locales. Cada vez es más sencillo acceder a una aplicación en tu teléfono móvil donde vas a tener recomendaciones personalizadas y actualizaciones sobre el estado de tu viaje.

iv) Los sensores del Internet de las Cosas (IoT) instalados en aeropuertos, estaciones de tren y puertos marítimos recopilan datos en tiempo real sobre una variedad de factores, desde las condiciones climáticas hasta el flujo de tráfico. Estos datos son fundamentales para gestionar la seguridad y la eficiencia de los traslados de los empleados, permitiendo una respuesta rápida a cualquier incidente o cambio en las condiciones.

La integración y análisis de estos datos permiten a las empresas no solo mejorar la logística y la eficiencia de los viajes internacionales, sino también garantizar una experiencia más segura y cómoda para sus empleados. Esto, a su vez, contribuye a una mayor satisfacción y productividad del empleado, beneficiando tanto al trabajador como a la organización en su conjunto.

2. Ejemplos de análisis de datos en la movilidad internacional de trabajadores

2.1. Predecir para anticipar necesidades

En el dinámico mundo de la movilidad internacional, la capacidad de anticiparse a las necesidades de los empleados en constante movimiento es clave para el éxito de las empresas. Una herramienta fundamental para este propósito es el análisis predictivo, poder usar los datos del pasado para saber qué va a pasar en el futuro. Esto permite a las organizaciones ser más eficaces y también más eficientes.

Mediante el uso de metodologías avanzadas de análisis de datos, las empresas pueden integrar información histórica y en tiempo real para prever con precisión la demanda de vuelos, alojamientos y otros servicios asociados a los viajes de trabajo. Esta información permite ajustar itinerarios y realizar reservas de manera proactiva, evitando contratiempos y optimizando la gestión de recursos. Al anticipar patrones de viaje, las empresas pueden planificar con mayor precisión, evitando sobre costes asociados a reservas de última hora o cambios inesperados en los itinerarios.

La anticipación no se limita a la planificación de viajes. La simulación de escenarios también juega un papel crucial en la gestión de los viajes de negocios y desplazamientos en general. Esta técnica permite a las empresas prever posibles interrupciones en los viajes, como retrasos, cancelaciones o eventos climáticos adversos. Al identificar y mitigar estos riesgos de manera preventiva, las empresas pueden asegurar un traslado eficiente y seguro de sus trabajadores, minimizando los tiempos de espera y el impacto en la productividad. Al ofrecer itinerarios confiables y adaptables a cambios inesperados, las empresas mejoran significativamente la experiencia del empleado, fomentando la satisfacción y el compromiso.

2.2. Optimizar la reubicación

En línea de lo comentado antes con ocasión de las fuentes de datos, las empresas pueden recopilar y analizar datos demográficos y de preferencias personales para ofrecer paquetes de reubicación personalizados. Este análisis incluye información sobre la elección de vivienda, necesidades escolares para los hijos y preferencias de ubicación. Utilizando técnicas avanzadas de análisis de datos, las empresas pueden diseñar paquetes de reubicación que se ajusten a las necesidades individuales de los empleados y sus familias. Esto no solo asegura que las necesidades específicas de cada empleado sean satisfechas, sino que también mejora la satisfacción y la adaptación del empleado a su nuevo entorno.

2.3. Mejores paquetes de compensación

La evaluación de costes es fundamental para diseñar paquetes de compensación competitivos y justos para la movilidad internacional de trabajadores. Este análisis implica examinar los costes de vida, impuestos, y otros factores económicos en diversas ubicaciones. Gracias a herramientas inteligentes, las empresas pueden analizar a fondo los datos y comparar distintos factores. Así, se aseguran de ofrecer paquetes de compensación justos y acordes a las condiciones de cada lugar, en cualquier parte del mundo. Esto asegura que los empleados reciban una compensación adecuada que cubra sus necesidades y mantenga su nivel de vida, lo que resulta en una mayor satisfacción y retención del talento.

2.4. Mayor seguridad

Utilizando datos de dispositivos móviles, las empresas monitorizan la ubicación y seguridad de sus empleados en tiempo real, especialmente en zonas de alto riesgo. Estos dispositivos recopilan información sobre la posición geográfica y el entorno del empleado, permitiendo a las empresas reaccionar rápidamente ante posibles amenazas o incidentes. Además, las alertas en tiempo real pueden informar a los empleados sobre condiciones locales adversas, mejorando su seguridad y bienestar durante los desplazamientos. Este enfoque no solo protege a los trabajadores, sino que también incrementa la confianza y la tranquilidad de los empleados y sus familias.

Además, esto se complementa con la implementación de sistemas que envían alertas personalizadas, crucial para mejorar la seguridad y la preparación de los empleados. Estos sistemas utilizan datos en tiempo real para informar a los empleados sobre riesgos locales, condiciones climáticas adversas y cambios en la normativa local. Las alertas se envían directamente a los dispositivos móviles de los empleados, permitiéndoles tomar decisiones informadas y rápidas en situaciones potencialmente peligrosas. Este enfoque no solo aumenta la seguridad de los trabajadores, sino que también proporciona tranquilidad tanto a los empleados como a sus familias, asegurando una movilidad internacional más segura y eficiente.

2.5. Facilitar las gestiones migratorias

Ya en el viaje, el análisis de flujos migratorios utiliza datos históricos y en tiempo real para mejorar la gestión de la movilidad de los empleados y anticipar necesidades futuras. Al examinar patrones migratorios y tendencias de movimiento, las empresas pueden prever picos de demanda y ajustar sus recursos en consecuencia. Este análisis permite planificar de manera más efectiva, asegurando que los empleados puedan desplazarse de manera eficiente y sin contratiempos. Además, facilita la identificación de posibles desafíos migratorios y la implementación de estrategias proactivas para abordarlos, mejorando la experiencia general del trabajador.

2.6. Optimización de costes

Se han desarrollado softwares de presupuestación de movilidad global. Estas herramientas permiten a las organizaciones gestionar y prever los costes asociados con la movilidad de los empleados de manera más eficiente. Facilitan la planificación presupuestaria, mejoran la precisión de las estimaciones de costes y proporcionan una mayor transparencia en los gastos relacionados con las asignaciones internacionales.

2.7. Retos y consideraciones éticas

Cuando hablamos de datos en general, pero en la movilidad internacional de trabajadores, en particular, la privacidad y la protección de datos personales son fundamentales. La recolección y el uso de datos a nivel internacional presentan grandes desafíos debido a las distintas normativas en cada país. Las empresas deben adoptar mejores prácticas y cumplir con regulaciones internacionales, como la GDPR en Europa, para proteger la privacidad de los empleados.

Aunque el uso de datos en la movilidad internacional de trabajadores ofrece numerosas ventajas para mejorar la eficiencia, seguridad y experiencia de los empleados, es fundamental abordar los desafíos éticos relacionados con la privacidad, protección de datos y equidad. Las empresas deben implementar estrategias integrales que no solo optimicen la movilidad, sino que también protejan y respeten los derechos de todos los empleados. Promover una movilidad internacional segura, eficiente y equitativa contribuirá a una mayor satisfacción y productividad del trabajador, así como al éxito a largo plazo de la organización.

2.8. La IA y el futuro de la movilidad internacional de los trabajadores

También en el entorno de la movilidad laboral, la inteligencia artificial (IA) está revolucionándolo todo, ofreciendo nuevas oportunidades para optimizar la gestión y mejorar la experiencia del empleado. Continuar invirtiendo en tecnologías de recolección y análisis de datos es crucial para aprovechar al máximo estas oportunidades. Según Deloitte, la integración de

IA puede mejorar la precisión en la previsión de demandas de viaje y necesidades de reubicación, así como en la personalización de servicios para los empleados.

La IA permite analizar grandes volúmenes de datos para identificar patrones y tendencias, facilitando la toma de decisiones más informadas y eficientes. Las empresas que adoptan la IA para la movilidad internacional no solo mejoran la eficiencia operativa, sino que también ofrecen una experiencia más fluida y personalizada para sus empleados. Al ritmo que crece la IA, crecerá y mejorará la movilidad de los empleados en las empresas. La IA tiene el potencial de revolucionar la movilidad internacional de los trabajadores, mejorando tanto la eficiencia como la satisfacción del empleado. La inversión continua en estas tecnologías será clave para aprovechar todo su potencial y mantenerse competitivo en el mercado global.

MEDICIÓN DEL ROI EN LA MOVILIDAD INTERNACIONAL

DAVIDE FABRIZIO
Socio SRT, Advanced Analytics
Deloitte
MARIA VILLANUEVA ORTIZ
Analyst SRT, Advanced Analytics
Deloitte

En el entorno empresarial actual, mencionado anteriormente, la necesidad de una fuerza laboral global y la movilidad internacional son más críticas que nunca. La globalización y la interconexión son esenciales en un mundo cada vez más interdependiente. Las empresas envían anualmente a un número creciente de empleados al extranjero para cumplir una amplia gama de funciones, desde promover la investigación y desarrollo hasta fomentar la innovación, el servicio al cliente y el crecimiento. Sin embargo, la presión de costes derivada de la incertidumbre del mercado global exige que los líderes empresariales gestionen de manera eficiente sus inversiones en movilidad internacional y aseguren un retorno adecuado.

1. Estado actual de la gestión de movilidad internacional

A pesar de los cambios en el entorno empresarial, muchas empresas siguen gestionando las asignaciones internacionales de manera similar a como se hacía décadas atrás. Tradicionalmente, estas asignaciones se reservaban para altos ejecutivos enviados desde la matriz para realizar operaciones en nuevos mercados, y se trataban como eventos excepcionales con servicios personalizados. En la actualidad, los programas de movilidad internacional a menudo ofrecen solo unos pocos tipos de asignaciones, sin reflejar la creciente diversidad de necesidades de talento global.

Además, algunas compañías aún no alinean adecuadamente la inversión en asignaciones internacionales con los beneficios esperados, ni consideran el impacto en el desarrollo de la carrera profesional de los empleados. A nivel operativo, el diseño y la llevanza interna de estas asignaciones recae en personal especializado en movilidad globa que, con carácter general, dependen orgánicamente -o están muy vinculados- de los departamentos de recursos humanos o talento de las empresas.

2. Diseño de un programa de movilidad internacional efectivo

Un programa de movilidad global eficaz debe ayudar a las empresas a tomar decisiones alineadas con los objetivos empresariales y de talento. Debe ofrecer una gama de servicios de recursos humanos, coordinar traslados, asegurar el cumplimiento normativo y atender a los empleados asignados. Además, es esencial que combine la movilidad global con la gestión del talento, ubicando a los empleados en roles adecuados cuando regresen a sus países de origen. Para proporcionar un servicio de alta calidad y eficiente en términos de costes, es fundamental utilizar una combinación adecuada de recursos internos, proveedores externos y herramientas tecnológicas.

La alineación de la estrategia de movilidad con los objetivos empresariales y de desarrollo de talento implica diseñar un programa que respalde tanto las metas comerciales de la organización como los objetivos de desarrollo de talento a nivel mundial. Esta alineación convierte a la movilidad internacional en un componente esencial de la estrategia empresarial, por lo que establecer un marco -un programa global efectivo- es muy útil para lograr esta alineación, permitiendo a los líderes categorizar las asignaciones y obtener beneficios claros tanto para la empresa como para los empleados.

Por otro lado, la tecnología desempeña un papel crucial en la reducción de costes y en la mejora de la calidad y el cumplimiento de los servicios de movilidad. Un programa efectivo necesita una plataforma tecnológica que facilite el autoservicio, apoye el cumplimiento, proporcione informes y ofrezca una visión integral de la demanda de talento global. Esto permite un análisis detallado de los datos de expatriados y contribuye a una mejor gestión de la movilidad.

3. Estructura para medir el ROI en movilidad global

Para medir el retorno de la inversión (ROI) en movilidad global, se siguen en dos fases:

Fase 1: Preparación y recolección de datos

i) Mapeo de prioridades: el primer paso es identificar el valor empresarial esperado de la movilidad global, definiendo claramente qué retornos se anticipan y vinculando estos valores a los datos disponibles. Es crucial que el valor empresarial esté alineado con los datos que se pueden obtener para garantizar una medición efectiva.

ii) Identificación de fuentes de datos: determinar las métricas a utilizar. Realizar una auditoría de las fuentes de datos existentes y potenciales es fundamental para asegurar que la información disponible sea precisa y completa. También se deben considerar las implicaciones de privacidad de los datos para garantizar su manejo adecuado.

iii) Inicio de la medición: recopilar los datos necesarios, realizar una revisión histórica para identificar qué aspectos medir, y establecer una evaluación del progreso. Medir los indicadores actuales en áreas prioritarias y proporcionar esta información a los interesados es vital para el seguimiento efectivo del ROI.

Fase 2: Evaluación e integración

i) Prueba de medidas: revisar los datos para encontrar vínculos entre las métricas y las inversiones realizadas. Asegurar una relación causal entre las prioridades empresariales y las inversiones efectuadas es clave. Clasificar las métricas con mayor impacto junto con las inversiones que generan los mayores retornos ayudará a optimizar el enfoque.

ii) Integración en el proceso: determinar la mejor manera de integrar las medidas de ROI en las prácticas empresariales existentes. Esto asegura que la medición del ROI sea efectiva y se convierta en una parte integral de los procesos y decisiones empresariales.

4. Medición del ROI desde la perspectiva del empleador

Para evaluar eficazmente el ROI en movilidad global, los empleadores deben centrarse en las siguientes prioridades estratégicas:

4.1. Desempeño

Asegurar que los empleados asignados cumplan con los objetivos empresariales es fundamental. Medir el desempeño, implica evaluar en qué medida los empleados alcanzan los objetivos de sus asignaciones internacionales y comparar sus calificaciones de desempeño con las de sus compañeros locales. Datos relevantes incluyen fechas de contratación, razones de terminación, y calificaciones del Plan de Desarrollo Personal (PDP).

4.2. Permanencia

La retención de talento es crucial. Analizar la permanencia histórica de los empleados con asignaciones internacionales en comparación con la fuerza laboral general ayuda a medir la eficacia en la retención. También es útil rastrear el tiempo que los asignados permanecen en el mismo puesto y asignar un valor monetario al impacto de la retención. Los datos para ello incluirían los necesarios para evaluar el desempeño, con especial atención en las fechas de contratación y terminación, así como el inicio y fin de cada asignación.

4.3. Inclusión y diversidad

Evaluar si el programa de movilidad aumenta la conectividad global y la diversidad dentro de la empresa. Recopilar estadísticas de diversidad y medir el impacto de los empleados internacionales en la fuerza laboral local a través de encuestas periódicas es esencial. Además, de los datos mencionados anteriormente, se incluyen datos de género, etnicidad, edad, estado civil y nivel del trabajo (en el caso de que se encuentren disponibles).

4.4. Coste

Medir el coste total del programa de movilidad implica rastrear todos los gastos asociados, incluidos beneficios, de terceros e impuestos. Evaluar los datos de costes totales y costes incrementales por asignado por año ayuda a obtener una visión completa de la inversión. Los datos necesarios para calcular el coste total incluyen: tipo de movimiento, nivel del trabajo, coste total por asignado por año (incluyendo salario, bonos, beneficios, impuestos, pensión y costes de terceros), coste incremental de la asignación internacional por empleado por año, gastos relacionados con el negocio, como viajes de negocios.

Este enfoque integral asegura que cada aspecto de la movilidad global sea evaluado de manera efectiva, permitiendo a los empleadores medir el ROI de sus programas de movilidad con precisión y optimizar sus inversiones en función de los resultados obtenidos.

5. Obstáculos en la implementación del seguimiento del ROI

Implementar un sistema de seguimiento del ROI en movilidad global presenta varios desafíos importantes.

En primer lugar, definir qué significa el ROI para cada grupo dentro de la organización y para los usuarios de movilidad puede resultar complejo. Existen distintas percepciones de lo que constituye el éxito y de cómo debería calcularse el mismo. Es importante ya que estas percepciones pueden variar considerablemente. Además, la falta de una demanda clara por parte del negocio para obtener datos sobre ROI puede mitigar la motivación para recopilar y analizar esta información. Esta falta de demanda puede deberse a una falta de claridad sobre qué datos serían significativos o a un desinterés general en explorarlos.

Otro gran desafío es la diversidad de fuentes de datos. La existencia de múltiples sistemas y fuentes de información complica la tarea de encontrar una única fuente confiable, dificultando así la consolidación de la información y la obtención de una visión clara y coherente del ROI. Además, puede ser difícil identificar qué datos son realmente relevantes para medir el ROI. Existe incertidumbre sobre qué estadísticas reflejan de manera adecuada la experiencia de las asignaciones internacionales, tales como las tasas de retención o las promociones.

Superar estos obstáculos requiere una comprensión detallada de las expectativas y necesidades de la medición de cada tipo de ROI. Asimismo, es fundamental desarrollar una estrategia efectiva para consolidar y analizar datos provenientes de diversas fuentes. Fomentar un interés proactivo y una demanda clara por parte del negocio también es crucial para garantizar que el seguimiento del ROI se convierta en una prioridad efectiva, contribuyendo así a la mejora continua de la movilidad global.

En definitiva, la movilidad internacional se ha convertido en un componente esencial de la estrategia global de las empresas. La capacidad para gestionar de manera efectiva las asignaciones internacionales y medir el Retorno de la Inversión asociado, es crucial para garantizar que estas inversiones aporten el máximo valor, tanto a nivel organizacional como individual. A través de un enfoque estructurado que incluye la identificación de prioridades estratégicas, la recolección y análisis de datos relevantes, y la integración de medidas de ROI en las prácticas empresariales diarias, las empresas pueden optimizar sus programas de movilidad global. Superar los obstáculos inherentes a esta tarea, desde la definición del ROI hasta la consolidación de los datos, requiere un compromiso claro y un análisis continuo.

Tras esta medición, las organizaciones no solo mejorarán su gestión de talento y reducirán costes, sino que también promoverán una fuerza laboral más diversa y globalmente conectada. Así, una estrategia de movilidad global bien gestionada y medida se convierte en un pilar fundamental para el éxito en el dinámico panorama empresarial internacional.

Tabla Resumen del capítulo

La importancia de las fuentes de datos	En el mundo actual, cada vez más interconectado, las empresas necesitan ir **más allá de sus fronteras** para crecer y prosperar. Ahí es donde entra en juego la movilidad internacional de trabajadores, una herramienta crucial para acceder a talento global y expandirse a nuevos mercados.
Fuentes de datos en la movilidad internacional	**Datos de Transporte:** Información de aerolíneas y otros medios de transporte para planificar y gestionar viajes internacionales eficientemente.
	Datos Históricos de Viajes: Registros de itinerarios pasados y patrones de viaje para anticipar necesidades futuras.
	Datos de Aplicaciones Móviles y Dispositivos Wearables: Información sobre la experiencia del empleado durante sus viajes, proporcionando alertas en tiempo real.
	Datos de Sensores IoT: Datos en tiempo real de aeropuertos y otros puntos clave para gestionar la seguridad y eficiencia.
	Datos de Información Financiera y Local: Información sobre tasas de cambio, políticas locales y recomendaciones de seguridad para la preparación del empleado.
	Datos de Preferencias del Empleado: Información sobre las preferencias de viaje y reubicación para ofrecer experiencias personalizadas.

Ejemplos de análisis de datos en la movilidad internacional	**Predecir para Anticipar Necesidades:** Uso del análisis predictivo para prever demanda de vuelos y servicios, optimizando recursos.
	Optimizar la Reubicación: Análisis de datos demográficos y preferencias personales para ofrecer paquetes de reubicación personalizados.
	Mejores Paquetes de Compensación: Evaluación de costes de vida y otros factores para diseñar paquetes de compensación justos.
	Mayor Seguridad: Uso de datos móviles para monitorear la seguridad de los empleados en tiempo real.
	Facilitar las Gestiones Migratorias: Automatización de procesos para agilizar trámites de visados y permisos de trabajo.
	Optimización de Costes: Uso de software de presupuestación para gestionar y prever costes asociados con la movilidad de empleados.
Retos y Consideraciones Éticas	La **privacidad y la protección de datos personales** son fundamentales en la movilidad internacional de trabajadores. Las empresas deben cumplir con normativas internacionales y asegurar la equidad y accesibilidad en la movilidad internacional
La IA y el futuro de la movilidad internacional de los trabajadores	La **inteligencia artificial** (IA) ofrece nuevas oportunidades para **optimizar la gestión y mejorar la experiencia del empleado**. Invertir en tecnologías de recolección y análisis de datos es crucial para aprovechar al máximo estas oportunidades y mantenerse competitivo en el mercado global.
Estado Actual de la Gestión de Movilidad Internacional	La movilidad internacional es crucial para el **crecimiento global**, pero es **necesario gestionar y medir eficientemente las inversiones para asegurar un retorno adecuado**. Muchas empresas gestionan asignaciones internacionales de manera tradicional, sin alinearlas adecuadamente con beneficios comerciales ni considerar el desarrollo de carrera de los empleados.
Diseño de un Programa de Movilidad Global Efectivo	Un programa efectivo debe alinearse con los objetivos empresariales y de talento, utilizando recursos internos, proveedores externos y tecnología para ofrecer un servicio de alta calidad y costo-efectivo.

<table>
<tr><td rowspan="2">Estructura para Medir el ROI en Movilidad Global</td><td>Fase 1: Preparación y Recolección de Datos
Mapeo de Prioridades: Identificar el valor empresarial esperado.
Identificación de Fuentes de Datos: Determinar métricas y realizar auditorías de datos.
Inicio de la Medición: Recopilar y revisar datos históricos y actuales.</td></tr>
<tr><td>Fase 2: Evaluación e Integración
Prueba de Medidas: Encontrar vínculos entre métricas e inversiones.
Integración en el Proceso: Integrar las medidas de ROI en las prácticas empresariales.</td></tr>
<tr><td rowspan="4">Medición del ROI desde la Perspectiva del Empleador en base a cuatro prioridades estratégicas</td><td>Desempeño: Medir el cumplimiento de los objetivos empresariales por parte de los empleados asignados.</td></tr>
<tr><td>Permanencia: Analizar la retención de talento en comparación con la fuerza laboral general.</td></tr>
<tr><td>Inclusión y Diversidad: Evaluar el impacto de la movilidad en la diversidad y conectividad global de la empresa.</td></tr>
<tr><td>Coste: Medir el coste total e incremental del programa de movilidad.</td></tr>
<tr><td rowspan="4">Obstáculos en la Implementación del Seguimiento del ROI</td><td>Definición del ROI: Complejidad en definir qué significa el ROI para diferentes grupos.</td></tr>
<tr><td>Falta de Demanda: Ausencia de una demanda clara por datos de ROI.</td></tr>
<tr><td>Diversidad de Fuentes de Datos: Múltiples sistemas y fuentes complican la consolidación de datos.</td></tr>
<tr><td>Relevancia de los Datos: Dificultad en identificar estadísticas relevantes para el ROI.</td></tr>
</table>

En definitiva, la movilidad internacional bien gestionada y medida, optimiza la gestión del talento, reduce costes y promueve una fuerza laboral más diversa y conectada, siendo crucial para el éxito empresarial global.

Capítulo 3.
Movilidad internacional y personas

ASPECTOS MIGRATORIOS

CUMPLIMIENTO NORMATIVO EN MATERIA DE EXTRANJERÍA: ¿NECESITAMOS LA TECNOLOGÍA?

ÁNGELA GALÁN SÁNCHEZ
Asociada Principal, Tax & Legal, Mobility & Compensation
Deloitte

El primer trimestre del año, el INE dio a conocer su informe trimestral de extranjeros y mercado de trabajo oficial. De acuerdo con el mencionado informe, el total de la población extranjera en España aumentó un 6,5% respecto al primer trimestre del año anterior.

Además, el último informe del Ministerio de Inclusión, Seguridad Social y Migraciones indica que, en septiembre de este año, la Seguridad Social registró 2.849.998 afiliados extranjeros en agosto, continuando esta cifra en máximos históricos.

Estos datos ponen de manifiesto la importancia y necesidad de los trabajadores nacionales de terceros países en el desarrollo de la economía española para cubrir puestos en ciertos sectores económicos como construcción, hoteles, y servicios donde las empresas se enfrentan al reto de la escasez de talento.

Bajo este escenario tan complejo, el reto del cumplimiento normativo en materia de extranjería para las empresas españolas cada vez es mayor al tratarse de una normativa que, por su especial complejidad y la necesidad de conocer las especialidades de su práctica habitual, podría poner en peligro su cumplimiento.

Esto hace indispensable que la empresa, como sujeto responsable, tome todas las medidas necesarias para asegurar la contratación de trabajadores que posean una autorización de trabajo válida para prestar servicios y que se asegure de controlar si los trabajadores mantienen los requisitos por los que se concedieron dichas autorizaciones y que son necesarios para mantener su validez durante todo el periodo de prestación de servicios.

Para ello, en primer lugar, es necesario tomar conciencia de los riesgos y establecer los controles y procesos necesarios para minimizarlos, no solo en los procesos de contratación sino durante todo el periodo de prestación de servicios del trabajador en la empresa.

En materia de sanciones es importante tener en cuenta que, tal y como ha indicado recientemente el Director General de Trabajo del Gobierno de Aragón, la Inspección de Trabajo dentro de su plan de choque está poniendo el foco en determinados sectores económicos con el fin de garantizar los derechos laborales de los trabajadores. Esto podría traducirse en el aumento considerable del número de inspecciones de trabajo donde entre otros aspectos, puedan verificar que los trabajadores de la empresa cuentan con la correspondiente autorización de trabajo para prestar servicios.

En España existen diferentes tipos de permisos de residencia y no todos ellos autorizan a trabajar. Esto significa, que es preciso conocimiento especializado en materia de extranjería para determinar si una autorización de residencia es válida para prestar servicios. En ocasiones, aun disponiendo de una autorización de residencia y trabajo que indique específicamente que dicho documento autoriza a trabajar, es necesario tener en cuenta que pueden existir limitaciones geográficas, de actividad y de compañía empleadora para la que prestar servicios.

Adicionalmente, las autorizaciones de residencia expedidas sobre la base de la Ley de Emprendedores no permiten prestar servicios para otra empresa que no sea la que inicialmente solicitó el permiso. En estos escenarios, la tarjeta física indica que la autorización tiene validez, sin embargo, en el momento que se extingue la relación laboral que dio lugar al derecho dicha autorización se extingue el derecho y, por lo tanto, la autorización deja de ser válida para prestar servicios en otra empresa.

Adicionalmente a lo anterior, estos riesgos no solo surgen en el momento de la contratación con la determinación correcta de si el empleado tiene o no autorización para trabajar, sino la empresa es responsable de asegurar el cumplimiento normativo en materia de extranjería durante todo el periodo de prestación de servicios, incluso aunque parte de los condicionantes para mantener la vigencia dependan del trabajador y de su situación personal.

Por ejemplo, circunstancias de hecho como que cualquier trabajador extranjero no cumpla con las obligaciones fiscales, cometa algún delito que dé lugar a antecedentes penales o que se divorcie, separe o deje de convivir con la pareja que le otorgó el derecho, influyen de manera determinante en el mantenimiento de la validez de los permisos de trabajo.

Es necesario tener en cuenta que las empresas no solo se enfrentan a riesgos en materia de sanciones, sino también riesgos reputacionales, donde cualquier experiencia negativa en este aspecto se publica en prensa o redes sociales rápidamente, produciendo un daño importante en la imagen de la compañía que puede conllevar la pérdida de confianza en el mercado.

También el hecho de controlar el cumplimiento en materia de extranjería refuerza la competitividad frente a otras empresas en entornos tanto nacionales como internacionales, como por ejemplo el acceso a un concurso público si uno de los requisitos es demostrar que la empresa cumple con la norma en materia de extranjería.

Esta materia del cumplimiento normativo en materia de extranjería está en el foco del legislador europeo, tanto es así, que en abril de 2024 se publicó la directiva 2024/1233 del Parlamento Europeo y del Consejo de 24 de abril de 2024 por la que se establece un procedimiento único que autoriza a los nacionales de terceros países a residir y trabajar en territorio de un Estado miembro y por la que se establece un conjunto común de derechos para los trabajadores de terceros países que residen legalmente en un Estado miembro.

En este sentido, el espíritu de la Directiva, entre otros, es procurar el respeto de los derechos de los empleados nacionales de terceros países, punto que está totalmente alineado con la Directiva de Diligencia Debida 2024/1760 del Parlamento Europeo y del Consejo, de 13 de junio de 2024, sobre diligencia debida de las empresas en materia de sostenibilidad cuyo objetivo es tratar de que establezcan procesos de identificación y prevención de impactos adversos sobre los derechos humanos.

En esta labor del control de los riesgos, la directiva 2024/1233 del Parlamento Europeo y del Consejo de 24 de abril de 2024 ha dado el primer paso en materia de establecer "instrumento facilitador" para el cumplimiento normativo de las empresas en materia de extranjería, quizá sin ser la intención del legislador.

En este sentido, la Directiva establece que el permiso único debe tener un modelo uniforme que incluirá la información sobre el permiso de residencia en los términos de si el trabajador está autorizado a trabajar o no. De hecho, establece la posibilidad de que sea en formato papel o formato electrónico.

Sobre la base de lo anterior y con el objetivo de apoyar o dar soluciones a las empresas para facilitar el cumplimiento normativo, lo que tendría sentido en un futuro es evolucionar este formato previsto para el permiso único, estableciéndolo para toda la tipología de permisos de residencia y trabajo regulados por la normativa española, no solo para los incluidos en esta directiva, y que a través del formato electrónico, tipo código QR, las empresas contratantes puedan verificar que los candidatos que van a contratar tengan las autorizaciones de trabajo correspondientes y en vigor.

En este formato electrónico se podría visualizar la vida "migratoria" del candidato, indicando entre otros detalles, el tipo de permiso de trabajo, el área geográfica en el que está autorizado a prestar servicios, la validez de la autorización, la normativa especificando el artículo sobre el cual se concedió dicha autorización y la pérdida de la condición que le dio lugar al derecho.

Desde luego, este mecanismo minimizaría los riesgos en el momento de la contratación de que las empresas formalicen contratos de trabajo con nacionales de terceros países que no tienen la autorización correspondiente y, adicionalmente, ayudaría a detectar situaciones de pérdida de autorizaciones de trabajo durante el periodo de prestación de servicios de los trabajadores.

UNA REFLEXIÓN SOBRE LA ÚLTIMA MODIFICACIÓN NORMATIVA DE LOS TRASLADOS DE TRABAJADORES ENTRE EMPRESAS

CARLOS MORA ALMUDÍ
Funcionario del Cuerpo Superior de Técnicos de la Administración de la Seguridad Social
Instituto Nacional de la Seguridad Social

1. Evolución normativa

1.1. La Ley 14/2013, de 27 de septiembre, de apoyo a los emprendedores y su internacionalización

En la exposición de motivos de la Ley 14/2013, de 27 de septiembre, se indica que "la Sección 2.ª –«Movilidad internacional»– del título V, regula determinados supuestos en los que, por razones de interés económico, se facilita y agiliza la concesión de visados y autorizaciones de residencia, al objeto de atraer inversión y talento a España. La medida se dirige a los inversores, emprendedores, trabajadores que efectúen movimientos intraempresariales, profesionales altamente cualificados e investigadores, así como a los cónyuges e hijos mayores, a través de un procedimiento ágil y rápido ante una única autoridad, y por un plazo variable en función de los distintos casos contemplados."

Esto es, por motivos de interés económico se facilita y agiliza la atracción de talento a España, entre otras vías, por la de incorporar trabajadores que efectúen movimientos entre empresas, incorporándose en el título V de la Ley, la Sección 2ª de la movilidad internacional, que incluye en su capítulo V el traslado intraempresarial.

Concretamente, en el artículo 73 de dicha Ley se establecía que "aquellos extranjeros que se desplacen a España en el marco de una relación laboral, profesional o por motivos de formación profesional, con una empresa o grupo de empresas establecida en España o en otro país deberán estar provistos del correspondiente visado de acuerdo con la duración del traslado y de una autorización de residencia por traslado intraempresarial, que tendrá validez en todo el territorio nacional, debiendo quedar acreditados, además de los requisitos generales, entre otros, titulación superior o equivalente o, en su caso, experiencia mínima profesional de 3 años (apartado 2.b)".

1.2. La Directiva 2014/66/UE del Parlamento Europeo y del Consejo de 15 de mayo de 2014 relativa a las condiciones de entrada y residencia de nacionales de terceros países en el marco de traslados intraempresariales

En la exposición de motivos de esta Directiva se señala que "estos traslados intraempresariales de personal clave generan nuevas cualificaciones y conocimientos, innovación y mejores oportunidades económicas para las compañías de destino, haciendo avanzar así la economía basada en el conocimiento en la Unión, al tiempo que estimulan los flujos de inversión en toda la Unión. Los traslados intraempresariales desde terceros países encierran asimismo el potencial de facilitar este tipo de traslados desde la Unión hacia empresas situadas en terceros países y de colocar a la Unión en una posición más fuerte en sus relaciones con socios internacionales. La facilitación de los traslados intraempresariales permite a los grupos multinacionales aprovechar mejor sus recursos humanos.

A los efectos de la presente Directiva, el traslado interempresarial debería englobar a directivos, especialistas y trabajadores en formación. Esta definición debería sustentarse en los compromisos específicos asumidos por la Unión con arreglo al Acuerdo General sobre el Comercio de Servicios (AGCS) y en los acuerdos comerciales bilaterales. Estos compromisos asumidos en el marco del AGCS no abarcan las condiciones de entrada, residencia y trabajo. Por consiguiente, la presente Directiva complementa y facilita la aplicación de esos compromisos. Sin embargo, el ámbito de los traslados intraempresariales cubierto por la presente Directiva debería ser más amplio que el que implican los compromisos comerciales, ya que dichos traslados no necesariamente tienen lugar en el sector de los servicios y pueden originarse en un tercer país que no sea parte de un acuerdo comercial.

Como los traslados intraempresariales constituyen desplazamientos temporales, el solicitante debería acreditar, dentro del contrato o de la carta de desplazamiento, que el nacional de un tercer país podrá ser trasladado de nuevo a una entidad perteneciente al mismo grupo y establecida en un tercer país al término de la misión. El solicitante debería acreditar que el directivo o especialista nacional de un tercer país posee las cualificaciones y la experiencia profesional adecuada, necesarias en la entidad receptora donde va a ser trasladado".

En su parte dispositiva, la Directiva, en su artículo 3, establece las correspondientes definiciones de «directivo», «especialista» y «trabajador en formación».

Y define como «especialista», cualquier persona que trabaje dentro de un grupo de empresas y posea conocimientos especializados esenciales para los ámbitos de actividad, las técnicas o la gestión de la entidad receptora. Para valorar estos conocimientos, se tendrán en cuenta no solo los conocimientos propios de la entidad receptora, sino también nivel de competencias de la persona, especialmente la experiencia profesional adecuada para un tipo de trabajo o actividad que requiera conocimientos técnicos específicos incluida su posible pertenencia a una profesión acreditada.

En su artículo 5, relativo a los criterios de admisión, la directiva preceptúa, entre otros, que "cualquier nacional de un tercer país que solicite la admisión en virtud de la presente Directiva o la entidad receptora deberá: a) acreditar que la entidad receptora y la empresa establecida en un tercer país pertenecen a la misma empresa o grupo de empresas; b) acreditar un empleo dentro de una misma empresa o grupo de empresas durante un período de al menos tres a doce meses ininterrumpidos inmediatamente anteriores a la fecha del desplazamiento, en lo que respecta a directivos y especialistas, c) presentar un contrato de trabajo y, en su caso, una carta de desplazamiento del empresario... d) acreditar que el nacional de un tercer país tiene las cualificaciones y la experiencia profesionales necesarias en la entidad receptora a la que haya sido trasladado como directivo o especialista..."

1.3. La reforma de la Ley 14/2013 por la disposición final undécima de la Ley 25/2015, de mecanismo de segunda oportunidad, reducción de la carga financiera y otras medidas de orden social

La directiva 2014/66/UE se transpuso a través de esta reforma por la Ley 25/2015, manteniéndose la redacción inicial descrita del artículo 73.2, en cuyo apartado b) se continuaba exigiendo titulación superior o equivalente o, en su caso, experiencia mínima profesional de 3 años, añadiéndose que "la autorización de residencia por traslado intraempresarial tendrá dos modalidades:

a) Autorización de residencia por traslado intraempresarial ICT UE: Procederá esta autorización en el supuesto de desplazamientos temporales para trabajar como directivo, especialista o para formación, desde una empresa establecida fuera de la Unión Europea a una entidad perteneciente a la misma empresa o grupo de empresas establecida en España.

A estos efectos se entenderá por:

i) Directivo, aquel que tenga entre sus funciones la dirección de la empresa o de un departamento o subdivisión de la misma.

ii) Especialista, quien posea conocimientos especializados relacionados con las actividades, técnicas o la gestión de la entidad.

iii) Trabajador en formación, aquel titulado universitario que es desplazado con el fin de que obtenga una formación en las técnicas o métodos de la entidad y que perciba una retribución por ello.

b) Autorización nacional de residencia por traslado intraempresarial. Procederá esta autorización en los supuestos no contemplados en la letra a) o una vez haya transcurrido la duración máxima del traslado prevista en el apartado anterior".

1.4. Reforma de la Ley 14/2013 por la Ley 28/2022, de 21 de diciembre, de fomento del ecosistema de las empresas emergentes

Dicha Ley, en su disposición final quinta, modifica la Ley 14/2013, y, concretamente en lo que hace referencia a los traslados intraempresariales, la letra b) del artículo 73.3, queda redactada del siguiente modo:

«b) Autorización nacional de residencia por traslado intraempresarial: procederá esta autorización en los supuestos no contemplados en la letra a) o una vez haya transcurrido la duración máxima del traslado prevista en el apartado anterior. El período de validez de la autorización de residencia será de tres años o igual a la duración del traslado.»

Sin que existan cambios en la exigencia de título o experiencia respecto de la redacción anterior, del referido artículo 73.2.b).

1.5. La reforma por la Ley 11/2023, de 8 de mayo, de trasposición de Directivas de la Unión Europea en materia de accesibilidad de determinados productos y servicios, migración de personas altamente cualificadas, tributaria y digitalización de actuaciones notariales y registrales; y por la que se modifica la Ley 12/2011, de 27 de mayo, sobre responsabilidad civil por daños nucleares o producidos por materiales radiactivos

La redacción vigente de la Ley 14/2013 es la establecida en la modificación operada por la Ley 11/2023 que, en su exposición de motivos, señala que "en España, la Ley 14/2013, de 27 de septiembre, de apoyo a los emprendedores y su internacionalización, aprobada en un contexto de medidas de recuperación de la crisis económica y social, introdujo medidas adicionales de atracción de inversión y talento, así como procedimientos ágiles y cauces específicos para la tramitación de autorizaciones de residencia de profesionales altamente cualificados bajo el régimen nacional...

El 28 de octubre de 2021 se publicó la Directiva (UE) 2021/1883 del Parlamento Europeo y del Consejo, de 20 de octubre de 2021, relativa a las condiciones de entrada y residencia de nacionales de terceros países con fines de empleo de alta cualificación, y por la que se deroga la Directiva 2009/50/CE del Consejo. La directiva mantiene los regímenes nacionales paralelos de atracción de talento e incorpora varios elementos orientados a mejorar la efectividad del régimen europeo de Tarjeta azul-UE frente a la anterior directiva y favorecer, globalmente, el atractivo de la Unión Europea en la carrera internacional por el talento...

De forma adicional a la inclusión en el ordenamiento jurídico español de los nuevos elementos del régimen de Tarjeta azul-UE, el título II de esta ley introduce mejoras en el régimen nacional de autorización de entrada y residencia de profesionales altamente cualificados regulados en la Ley 14/2013, de 27 de septiembre, complementario al régimen de la Unión Europea, y destinado a atraer profesionales y especialistas no incluidos en el ámbito subjetivo de la Directiva (UE) 2021/1883, de 20 de octubre de 2021. Entre los principales avances en el marco nacional se encuentran la ampliación del marco subjetivo a titulados de formación profesional de grado superior, la eliminación de requisitos de tamaño y facturación de los empleadores, ampliando su alcance a pequeñas y medianas empresas, y la ampliación de la vigencia de todas las autorizaciones de residencia reguladas en la ley a tres años renovables por dos más".

Por tanto, con esta reforma de 2023 se transpone la Directiva de Tarjeta Azul 2021/1883/UE reorganizándose el régimen de las autorizaciones de los profesionales altamente cualificados.

Sin embargo, el legislador ha ido mucho más lejos ya que sin tener nada que ver con la referida Directiva de Tarjeta Azul, modificó también lo referente a los traslados intraempresariales, incluyendo una nueva redacción de la letra b) del artículo 73.2.

2. Redacción vigente de las autorizaciones para traslados

Conforme a la última modificación de la Ley 14/2013 operada por la Ley 11/2023, se exige para el traslado intraempresarial, entre otros requisitos, (artículo 73.2.b) que se trate de un titulado superior equiparable al menos al nivel 1 del Marco Español de Cualificaciones para la Educación Superior, correspondiente al nivel 5A del Marco Español de Cualificaciones para el Aprendizaje Permanente, o que acredite conocimientos, capacidades y competencias avaladas por una experiencia profesional de al menos 3 años que pueda considerarse equiparable a dicha cualificación.

La nueva exigencia se aplica tanto a las autorizaciones de residencia por traslado intraempresarial ICT UE, como a las autorizaciones nacionales de residencia por traslado intraempresarial.

El texto anterior del señalado precepto (73.2.b) solamente estipulaba que debían quedar acreditados, además de los requisitos generales, entre otros, titulación superior o equivalente o, en su caso, experiencia mínima profesional de 3 años.

3. Comentarios a la nueva redacción del artículo 73

Por tanto, con la nueva regulación se ha restringido notablemente la posibilidad de realizar traslados intraempresariales al tener que someterse a unas exigencia de titulación y de experiencia equiparables a los profesionales altamente cualificados.

¿Es la intención del legislador de 2023 poner nuevos límites a los movimientos de traslados de trabajadores entre empresas, aprovechando la transposición de la Directiva de Tarjeta Azul? La respuesta es afirmativa, teniendo en cuenta la redacción vigente de la norma.

Se ha efectuado una modificación que afecta al colectivo regulado en la Directiva de traslados intraempresariales que incluye directivos, especialistas y trabajadores en formación. Para los directivos, era ya una exigencia la acreditación de cierta titulación o de una experiencia equiparable, dadas sus funciones de dirección de una división o departamento de la empresa; y para los trabajadores en formación, disponer de titulación universitaria. Sin embargo, esas acreditaciones no figuraban para los especialistas en las normas comunitarias.

Así es, en efecto, la nueva regulación no está recogida en la Directiva 2014/66/UE que es la norma comunitaria que rige las condiciones de entrada y residencia de nacionales de terceros países en el marco de traslados intraempresariales. Esto es, el legislador español ha modificado la normativa en contra de dicha Directiva.

Se podían haber impuesto restricciones a las autorizaciones nacionales de residencia por traslado intraempresarial, que son competencia de los gobiernos de los Estados pero no a las autorizaciones de residencia por traslado intraempresarial ICT UE porque significa legislar limitando las disposiciones de la norma de la Unión que es lo que ha sucedido en realidad.

En conclusión, se ha producido una vulneración del derecho comunitario al haberse restringido la aplicación de la Directiva 2014/66/UE y sería conveniente que, lo antes posible, se realizara la modificación del apartado 2.b) del artículo 73 de la Ley 14/2013, volviendo a su redacción original para que los traslados intraempresariales acrediten "titulación superior o equivalente o, en su caso, experiencia mínima profesional de 3 años".

Porque la titulación superior ya se estaba requiriendo, lo que parece acertado, pero, en su caso, cuando no se dispusiera de ella, podían trasladarse trabajadores con una experiencia mínima profesional de 3 años. Se trataba de poder incorporar talento al mercado de trabajo español acreditado con la necesaria experiencia.

Sin embargo, con la nueva redacción se limita dicha experiencia ya que se exige "que acredite conocimientos, capacidades y competencias avaladas por una experiencia profesional de al menos 3 años que pueda considerarse equiparable a dicha cualificación". Lo que en la práctica conlleva a verificar si el trabajo desarrollado, para valorar la experiencia, se corresponde con el desarrollo de una titulación superior, cuando lo que se busca en realidad, lo que pretende la regulación comunitaria, es atraer a trabajadores que hayan demostrado suficiente experiencia en las funciones que se quiere lleven a cabo también en nuestro país. Porque esa circunstancia y no otra es lo que demandan las empresas.

Como explicita la Directiva 2014/66/UE, que es la aplicable a las autorizaciones de traslado de trabajadores intra-empresas, y no la que regula la Tarjeta Azul, "son especialistas quienes posean conocimientos especializados relacionados con las actividades, técnicas o la gestión de la entidad". Y ¿cómo se adquieren esos conocimientos? Fundamentalmente, a través de la acreditación de la experiencia suficiente. Trabajadores que necesitan las empresas, a las que se las ha puesto nuevas trabas con esta regulación.

MODIFICACIONES NORMATIVAS QUE NECESITARÍAN LAS EMPRESAS EN MATERIA DE INMIGRACIÓN

MAR MORALES CARMONA
Talento y Cultura / Head of Global Mobility
BBVA

La movilidad internacional del talento es fundamental para las empresas globales, ya que les permite acceder a talento global especializado, fomentar la innovación y competir en un mercado global. Sin embargo, las normativas de inmigración actuales en casi todos los países del mundo, a veces, pueden ser, para las empresas, un reto importante para la fluidez y efectividad de estos movimientos en todo el mundo.

Y ¿qué necesitarían las empresas para facilitar la movilidad internacional del talento global? Sin duda, una flexibilización de los requisitos de visados y permisos de residencia y trabajo.

En un mundo globalizado, las empresas requieren la capacidad de movilizar a su talento de manera rápida y eficiente para responder a las demandas del mercado, proyectos estratégicos y oportunidades emergentes. Sin embargo, los procedimientos actuales en casi todas las legislaciones migratorias para la obtención de visados y permisos de trabajo y residencia suelen ser engorrosos, costosos y prolongados, generando retrasos significativos en la incorporación de talento crucial. Esta situación no solo afecta la competitividad de las empresas, sino que también desincentiva a los profesionales altamente cualificados a aceptar oportunidades en el extranjero.

Y ¿cómo se podrían mitigar estas consecuencias? Desde el ámbito empresarial se proponen varias medidas que podrían ayudar en esta tarea y que si bien, algunas están desarrollándose actualmente (en unos países más que en otros), queda recorrido de mejora:

i) Implementación de sistemas de solicitud y procesos de visados y permisos de trabajo completamente digitales.

Esto incluiría la presentación de documentos, el seguimiento del estado de las solicitudes y la recepción de notificaciones electrónicas, reduciendo los tiempos de proceso y minimizando errores administrativos.

Y en este apartado, parece que la IA generativa puede, debe ayudar a los organismos públicos a que estos sistemas de solicitud y proceso de visados, permisos de trabajo y residencia sean mucho más ágiles y automáticos, de cara a la incorporación del empleado en asignación internacional lo antes posible.

ii) Reducción significativa de la burocracia con una simplificación importante de la documentación que se necesita en estos procesos y permitiendo copias digitales certificadas para evitar la necesidad de múltiples trámites. Esto tiene mucho que ver con el punto anterior de implementación de sistemas totalmente digitales.

También, creando oficinas de ventanilla única donde los solicitantes puedan gestionar todos los aspectos de su visado y permisos de trabajo y residencia en un solo lugar, facilitando el acceso a la información y acelerando los procesos con una comunicación constante entre los diversos organismos que pueden estar involucrados en este proceso migratorio, incluyendo a los Consulados donde esta oficina de ventanilla única tendría acceso directo.

(iii) Creación de categorías de visado rápido para profesionales altamente cualificados, especialmente en sectores estratégicos como tecnología, salud, ingeniería y finanzas.

Estos procesos deberían garantizar la emisión de permisos en un plazo reducido, como de 10 a 15 días hábiles.

En algunos países, existen permisos de trabajo temporales que se obtienen en 2-3 días y que habilitan al trabajador para poder realizar su actividad mientras está esperando su permiso de trabajo definitivo. ¿Por qué no tener algo parecido en el mayor número de países? Esto ayudaría muchísimo a las empresas con movilidad internacional de trabajadores.

(iv) Ampliación de los permisos de trabajo para dependientes: sería necesario facilitar el acceso al mercado laboral para los cónyuges y dependientes de trabajadores extranjeros altamente cualificados en todo el mundo ya que esto siempre ha sido una demanda muy recurrente.

Y, si bien, en algunos países, esto está ya regulado, quedan muchos otros donde los familiares acompañan al asignado/a internacional pero no pueden trabajar.

Adicionalmente, deberían flexibilizase los requisitos para poder acreditar el vínculo, sobre todo, en temas de dependientes menores de edad.

(v) Introducción de categorías específicas de visado para profesionales en sectores de alta demanda y habilidades críticas.

Estos visados deben tener requisitos flexibles y ofrecer procesos de aprobación acelerados.

Deberían, asimismo, contemplar la posibilidad de poder prestar esos servicios desde otro país en donde no esté radicada la empresa para la cual se prestan los servicios. Esto es una demanda creciente entre estos profesionales con habilidades críticas y por el que las empresas entramos en una guerra del talento. Pensemos en sectores relacionados con la tecnología.

(vi) Creación de visados específicos para empleados de multinacionales que sean trasladados dentro de la misma empresa.

Estos visados deberían tener un proceso mucho más simplificado de los que actualmente existen, dado que los empleados ya están verificados y respaldados por una entidad corporativa, de tal forma que el periodo de obtención de esta autorización/visado sea muy corto y no dependa siempre de la acreditación de determinadas circunstancias, como puede ser la cobertura de seguridad social en el país de origen, cuando hay muchas trabas administrativas para la obtención de determinados documentos (ie Certificado de Cobertura, el CoC del país de origen).

(vii) Firma de acuerdos bilaterales y multilaterales con otros países que permitan la libre circulación de profesionales cualificados entre los signatarios.

Estos acuerdos pueden incluir procesos de reconocimiento mutuo de visados y permisos de trabajo. E incluso el reconocimiento mutuo de calificaciones académicas y experiencia profesional (sin tener que pasar por los largos procesos de homologación de títulos) que facilitaría, sin duda, la integración de trabajadores en mercados extranjeros.

(viii) Establecimiento de programas de intercambio de talento que permitan a los profesionales cualificados trabajar temporalmente en países participantes sin necesidad de pasar por largos procedimientos de visado.

Se debería trabajar en la movilidad de jóvenes talentos y estudiantes internacionales, creando visados específicos y programas de intercambio que faciliten la movilidad de los estudiantes y recién graduados, permitiéndoles adquirir experiencia internacional y fomentando la transferencia de conocimientos tan necesaria. En este campo, las empresas necesitan una flexibilización de los requisitos salariales y económicos cuyos umbrales son, en muchas ocasiones, muy elevados para este colectivo que, si bien tiene un gran potencial, está empezando sus carreras profesionales.

(ix) Creación de comités permanentes compuestos por representantes gubernamentales y empresariales que revisen periódicamente las normativas de visado y permisos de trabajo, asegurando que estas se mantengan actualizadas y respondan a las necesidades cambiantes del mercado laboral global.

Es necesario armonizar procesos y requisitos que nos permitan esta movilización ágil de nuestro talento allá donde se necesite y en el momento oportuno.

(x) Implementación de mecanismos de feedback continuo donde las empresas y los profesionales puedan reportar dificultades y sugerir mejoras en los procesos de visado y permisos de trabajo y así contribuir a una mejor y más práctica visión de lo que las empresas necesitamos para mover el talento y ser, en definitiva, más competitivos.

Este feedback sería recogido y analizado precisamente en los comités permanentes del punto anterior.

(xi) Que exista una armonización entre las distintas materias que involucran a un movimiento internacional, como son la normativa migratoria, la relativa a la seguridad social y, finalmente, la laboral de cada país.

¿Cómo podríamos conseguir que estas tres materias/normativas tuvieran cierta armonía en lo relativo a la movilidad internacional?

¿Y qué conseguiríamos con todas estas medidas? En mi opinión, la implantación de estas medidas provocaría que las empresas podamos movilizar rápidamente nuestro talento, mejorando nuestra capacidad de respuesta ante oportunidades y desafíos globales que se nos presenten.

Adicionalmente y, focalizándonos en importar talento a España, al tener procesos de obtención de visados y de autorizaciones para residir y trabajar más simples y rápidos, estaríamos en una mejor posición para la atracción de este talento a nuestro país. Y esta movilidad internacional también nos permitiría una transferencia de conocimientos e innovación que redundaría en un crecimiento económico de nuestra fuerza empresarial en España e incrementaría nuestra competitividad frente a otras empresas de otros países.

Hagamos zoom en el panorama migratorio español. Sin duda, los que llevamos tiempo dedicándonos al mundo de la movilidad internacional, sabemos que, en España, las normativas de inmigración han evolucionado mucho. Todavía recordamos allá por el 2007, la creación de la Unidad de Grandes Empresas y Colectivos Estratégicos (UGE-CE) que nos proporcionó una respuesta ágil y un asesoramiento experto a las necesidades que planteamos todas las empresas para traer a España personal no comunitario cualificado. No obstante, tenemos todavía muchos retos a los que las empresas nos tenemos que enfrentar cuando queremos importar talento a España o movilizar a nuestro talento fuera de nuestras fronteras.

Pero sigamos con lo que hemos conseguido en materia migratoria en España en estos últimos años:

Ley de Emprendedores y su internacionalización (Ley 14/2013 de 27 de septiembre con sus posteriores reformas para ajustar y ampliar los beneficios y facilidades adaptándose a las necesidades cambiantes del mercado laboral y las empresas): esta ley introdujo mejoras significativas para atraer talento extranjero altamente cualificado. Se facilitaron los procesos y se redujeron los tiempos de consecución de las autorizaciones correspondientes. E incluso se facilitó la atracción de talento joven, de investigadores y se fomentó el emprendimiento y la inversión extranjera en España.

Adicionalmente, España ha lanzado iniciativas específicas para atraer talento en sectores innovadores y tecnológicos. Un ejemplo sería la Ley 28/2022, de 21 de diciembre, de fomento del ecosistema de las empresas emergentes, donde se establecen visados para emprendedores y startups y que son diseñados para fomentar la innovación y atraer profesionales cualificados a áreas estratégicas. Esta ley facilitó la llegada de expertos a nuestro país en áreas claves como la tecnología, la ciencia o la innovación, lo cual es crucial para la competitividad en un mercado tan globalizado. Adicionalmente, se favorece el establecimiento en España de los emprendedores y trabajadores de este tipo de empresas, así como de los trabajadores a distancia de todo tipo de sectores y empresas, conocidos como «nómadas digitales».

También se introdujeron visados para inversores (aunque desconocemos la duración de la vigencia de este tipo de visados en nuestro país, según las noticias más recientes y siguiendo la estela de otros países como Portugal que han eliminado este tipo de visados) y nos facilitó mucho la movilidad intraempresarial de empleados a las empresas con sede en distintos países.

Y, por supuesto, se han introducido distintas reformas en la normativa relativa a estas cuestiones como la Ley Orgánica 4/2000 de Derechos y Libertades de los extranjeros en España y su integración social y en su Reglamento, Real Decreto 557/2011, cuyas medidas, en su conjunto, representan un esfuerzo continuo por parte del gobierno español para crear un entorno más atractivo y accesible para el talento internacional, facilitando su integración en el mercado laboral y en la sociedad española.

En definitiva, España ha dado pasos importantes para mejorar su legislación migratoria y facilitar la movilidad internacional del talento, dando respuesta a parte de las medidas que señalábamos anteriormente. Sin embargo, aún queda un camino significativo por recorrer para alcanzar plenamente los beneficios deseados. La implementación de medidas adicionales para flexibilizar y agilizar los procesos de visado, el reconocimiento mutuo de cualificaciones, la mejora de las políticas fiscales y de seguridad social, y el apoyo integral a los asignados/as internacionales y a sus familias son esenciales. Con estas reformas, y aprovechando sus fortalezas existentes, España podría consolidarse como un destino atractivo para el talento internacional, impulsando su competitividad y crecimiento económico en el contexto global.

Pero las empresas españolas necesitan igualmente, modificaciones normativas en materia migratoria en el resto de los países en los que estamos presentes y que nos permita mover a nuestro talento allí donde se necesita y en el momento en el que lo necesitamos, sin las trabas burocráticas que en algunos casos nos encontramos y que no nos permiten mover a nuestro talento con la agilidad que requeriríamos para ser competitivos.

Vivimos en un mundo cada día más globalizado y competitivo y todos los países, como España está haciendo, tienen que desarrollar sus normativas migratorias y armonizarlas con el resto de normativas locales, de seguridad social y laborales, para conseguir atraer talento global, mejorar la competitividad de las empresas y seguir impulsando el crecimiento económico de los países y de sus empresas.

ASPECTOS LABORALES

CUMPLIMIENTO NORMATIVO SOCIOLABORAL

COVADONGA ROLDÁN MORALEJO
Socia, Tax & Legal, Legal
Deloitte
ÁNGELA GALÁN SÁNCHEZ
Asociada Principal, Tax & Legal, Mobility & Compensation
Deloitte

Las organizaciones son cada vez más conscientes del impacto que su actividad produce en la sociedad y en la necesidad de que ese impacto sea respetuoso con el medioambiente y los derechos humanos. Es ya una realidad, a punto de finalizar el primer cuarto del siglo XXI que, en lo que respecta a las relaciones laborales, los cambios normativos a nivel global (especialmente en Europa), tienen como una de sus preocupaciones principales el respeto a los derechos fundamentales de las personas, buscando crear entornos de trabajo más diversos, equitativos e inclusivos. Si tomamos como referencia a España, en los últimos años han entrado en vigor varias normas dirigidas a potenciar la igualdad, entre las que destacan, por citar algunas: el Real Decreto-ley 6/2019, de 1 de marzo de medidas urgentes para garantía de la igualdad de trato y de oportunidades entre mujeres y hombres en el empleo y la ocupación, el Real Decreto Real Decreto 901/2020, de 13 de octubre, por el que se regulan los planes de igualdad y su registro; el Real Decreto 902/2020, de 13 de octubre, de igualdad retributiva entre mujeres y hombres; la Ley Orgánica 10/2022, de 6 de septiembre, de garantía integral de la libertad sexual, Ley 15/2022, de 12 de julio, integral para la igualdad de trato y la no discriminación, la Ley 4/2023, de 28 de febrero, para la igualdad real y efectiva de las personas trans y para la garantía de los derechos de las personas LGTBI, etc.

Además, tenemos en el horizonte la Directiva 2023/970 de transparencia retributiva y la Directiva 2024/1760 de diligencia debida de las empresas en materia de sostenibilidad que, aunque están pendientes de transposición en España, previsiblemente van a ser de obligado cumplimiento antes de que finalice el año 2026, reforzando ese marco regulatorio que busca fomentar la igualdad, dignidad, equidad salarial y el respeto de los derechos laborales básicos para la prestación de servicios en condiciones justas y equitativas.

Esta preocupación por fomentar entornos en los que impere una mayor justicia social no se limita al ámbito regulatorio, sino que la sensibilidad hacia estas cuestiones de la propia sociedad, profesionales, consumidores y stakeholderes en general, ha evolucionado en los últimos años y éstos son mucho más conscientes de su importancia y menos tolerantes a situaciones en las que o no se respetan los derechos humanos o existen incoherencias entre lo que se publicita y la realidad (i.e. green washing, social washing, etc.), prácticas cada vez más perseguidas y cuyo daño a la reputación es muy difícil de revertir.

Por todo ello, la diversidad, equidad e igualdad, así como la sostenibilidad en general y, cada vez más, la sostenibilidad social, se han convertido en cuestiones estratégicas para las organizaciones y ocupan un lugar cada vez más preeminente en la agenda del CEO.

Es, por lo tanto, una necesidad básica de las organizaciones contar con herramientas que les ayuden a gestionar los riesgos existentes en materia laboral y a cambiar el enfoque reactivo a uno preventivo para lo que la implantación de un sistema de compliance socio-laboral dinámica y de mejora continua, suele ser muy eficaz.

En julio de 2023 se publicó la UNE 19604 de gestión de compliance socio laboral para, como la propia norma explica, ayudar a las organizaciones a desarrollar y difundir una cultura positiva de compliance socio laboral. La norma comprende prácticamente todos los ámbitos que inciden en las relaciones laborales, excepto prevención de riesgos laborales. Así, los ámbitos que se enumeran expresamente en la norma son (1) ejercicio de los derechos constitucionales (ej. igualdad y no discriminación o tutela de colectivos vulnerables, con especial atención a la discapacidad); (2) la relación individual de trabajo (ej. acceso al empleo, modalidades contractuales, salario, modificación de las condiciones de trabajo, etc.); (3) las relaciones colectivas de trabajo (ie. Libertad sindical, información y consulta, conflicto colectivo, etc.); (4) la protección social (i.e. prestaciones de la Seguridad Social, mejoras voluntarias y sistemas de previsión social complementaria) y (5) cualquier otra obligación socio laboral que la organización se obligue a cumplir.

Es, por tanto, un campo de aplicación muy amplio que debe adaptarse a cada organización, su contexto, estrategia, tipo de actividad y objetivos. Uno de los elementos, a mi juicio, más relevantes para el éxito de la implantación de este tipo de sistemas de cumplimiento es que contribuye a concienciar a toda la organización desde la dirección a la importancia de tener una cultura de cumplimiento normativo y mejora continua, para los que la prevención de los riesgos, el respeto de los derechos de las personas que las conforman y contribuir a que la organización sea sostenible son críticos.

Aunque quizás no sea la finalidad primordial para todas las organizaciones que abordan la implementación de este tipo de sistemas, el hecho de seguir una metodología regulada, que puede ser contrastable y certificable por terceros, también tiene ventajas en la medida en que cada vez más los proxy advisors, agencias de rating, clientes, etc. están exigiendo a las organizaciones mayor transparencia y control en sus relaciones laborales.

Asimismo, en materia de movilidad internacional, la importancia del cumplimiento normativo en todos y cada uno de los países en la gestión del talento internacional es un reto en las empresas en la actualidad.

Las compañías se están dando cuenta que el cumplimiento normativo impacta directamente en los costes, como consecuencia de la imposición de sanciones y en su reputación si alguna circunstancia relacionada con el cumplimiento se hace pública.

Adicionalmente, también es importante tener en cuenta que el cumplimiento normativo supone una ventaja competitiva frente al resto. En muchos países, las compañías deben demostrar su compromiso con el cumplimiento normativo para formalizar contratos de prestación de servicios con empresas extranjeras; como, por ejemplo; la exigencia por empresas alemanas de que los trabajadores de una empresa extranjera con la que hayan formalizado un acuerdo de prestación de servicios puedan acceder a sus instalaciones para la ejecución del contrato siempre y cuando tengan certificados de cobertura en materia de seguridad social en vigor.

Estas razones llevan a los equipos de movilidad internacional a procurar implantar procesos específicos para asegurar el cumplimiento normativo y minimizar riesgos migratorios, laborales y de seguridad social en cada país.

La realidad es que las diferencias en las legislaciones migratorias, laborales y de seguridad social de cada país supone un importante reto a la hora de garantizar dicho cumplimiento normativo. Por ello, los equipos de movilidad internacional tratan de establecer políticas de grupo que regulen, de alguna manera, un marco general, con unos procesos y guías básicas que homogeneicen desde la matriz el cumplimiento normativo para que cada país pueda adaptarlos de acuerdo con su legislación tanto en los escenarios de movilidad internacional como de contratación global en todos los países donde tengan presencia.

No obstante, aunque estas políticas o guías existan en la práctica, reforzaría el cumplimiento normativo el hecho de tener normativa específica que proporcione unas directrices oficiales para para mejorar dicho cumplimiento en los mencionados escenarios, por ejemplo, estableciendo las materias concretas en las que se debe centrar dicho cumplimiento normativo, como realizar auditorías internas para verificar el grado de cumplimiento, etc.

La norma UNE podría convertirse en un estándar internacional de conducta para las compañías si aplicasen tales guías en todos los países donde tienen presencia. No obstante, aunque tratara de aplicarse más allá de nuestras fronteras, la propia norma UNE no establece dentro de su ámbito de aplicación ninguna referencia a la movilidad internacional de trabajadores ni las contrataciones globales en ninguna de sus vertientes: migratoria, laboral y de seguridad social.

No obstante, hasta que no se publique una norma internacional (ISO) las organizaciones globales que quieran implantar este modelo de cumplimiento se pueden basar en esta norma UNE19604.

Sin embargo, como se ha mencionado, aunque dicha Norma UNE podría aplicarse por extensión a estos escenarios internacionales, se necesitarían directrices específicas, adaptadas y diferentes para la regulación del cumplimiento en dichos escenarios. Por ejemplo, el hecho de que existan diferentes legislaciones aplicables y jurisdicciones competentes en este tipo de supuestos aumenta la complejidad del grado de cumplimiento por lo que se necesitarían mecanismos diferentes a los establecidos en la norma UNE para determinar y evaluar el riesgo, entre otros.

No obstante, es probable que ante la presión de las organizaciones para asegurar el cumplimiento en esta materia se acabe estableciendo algún mecanismo/guías oficiales que ayuden a las organizaciones en este sentido. Al final, cada vez es más importante el "know your client" antes de establecer vínculos comerciales o jurídicos y el cumplimiento normativo proporciona una visión clara y precisa de las partes involucradas que evita un riesgo a nivel reputacional.

Como se anticipaba, en el ámbito de la Unión Europea se ha avanzado con la publicación de la Directiva Europea de Diligencia Debida, norma que incluye una dimensión laboral específica.

Esta Directiva obliga a las empresas europeas y sus filiales a que establezcan políticas de diligencia debida en materias específicas. De acuerdo con la definición de la OCDE la Diligencia Debida para una conducta empresarial responsable es un "marco de guías reconocidas internacionalmente que establecen medidas prácticas de diligencia debida para ayudar a las empresas a detectar, prevenir y mitigar las repercusiones reales y potenciales en sus operaciones, cadenas de suministro y otras relaciones comerciales y dar cuenta de cómo las afrontan"

En este sentido, dicha directiva se pronuncia sobre materias laborales que las empresas deben cumplir como, por ejemplo, la "limitación del tiempo de trabajo y el respeto a los tiempos de descanso", el "salario equitativo" y la "abolición del despido libre o no causa", que afectan a la movilidad internacional de trabajadores y a las contrataciones globales dentro de las organizaciones; no obstante, del contenido de la Directiva se desprende que no hay una finalidad de cubrir dichos escenarios y que, por lo tanto todavía tendremos que esperar por una regulación específica.

No obstante, mientras llegan estas normas específicas de cumplimiento normativo en la movilidad internacional y las contrataciones globales, las organizaciones internacionales tendrán que seguir apoyándose (i) en las herramientas tecnológicas y en (ii) los proveedores de servicios profesionales especializados, con red internacional que puedan dar soporte a la identificación de riesgo y establecimiento de procesos en materia migratoria, laboral y de seguridad social internacional en las jurisdicciones donde los grupos de empresas están establecidos.

En este sentido, las herramientas tecnológicas están teniendo un papel muy importante en el cumplimiento normativo no solo por la automatización de procesos que reducen la posibilidad de errores humanos, la posibilidad de establecer alertas que permitan hacer un seguimiento del vencimiento de permisos, etc. sino que algunas herramientas tecnologías permiten realizar un seguimiento del cumplimento normativo en tiempo real, asó como almacenar documentación de cara a auditorías. Asimismo, a medida que la inteligencia artificial continue evolucionando es muy probable que no se entienda el futuro del cumplimiento normativo sin la innovación tecnológica.

En segundo lugar, necesidad de contar con asesores en materia de compliance internacional, expertos en escenarios de movilidad internacional y contrataciones globales que sean capaces de realizar un diagnóstico inicial, que implique la revisión de sus políticas de movilidad internacional y contratación global, mediante el cual se pueda establecer la situación de los trabajadores y permita establecer un mapa de riesgos y parámetros de cumplimiento.

En definitiva, nos encontramos en un momento de transformación de la movilidad internacional y cada vez más de la utilización de fórmulas globales de contratación para la prestación de servicios en entonos internacionales donde el cumplimiento normativo se está convirtiendo en uno de los objetivos principales y las organizaciones están poniendo el foco.

LA MOVILIDAD INTERNACIONAL Y LA INTERNACIONALIZACIÓN DEL EMPLEO: RETOS REGULATORIOS

ANA MATORRAS DÍAZ-CANEJA
Profesora de Derecho del Trabajo y de la Seguridad Social
Universidad Pontificia Comillas

1. Introducción: el dilema en clave regulatoria

La movilidad internacional *en el empleo* protagonizada por personas trabajadoras al servicio de empresas establecidas en nuestro País viene experimentando un espectacular desarrollo desde hace ya más de dos décadas. Se trata, ante todo, de la inevitable consecuencia del imparable proceso de globalización económica y del correlativo incremento notable de la actividad empresarial en el exterior. Ciertamente la salida de nuestras empresas y de sus empleados al extranjero también se ha visto fuertemente impulsada por la necesidad de encontrar cauces de reacción ante sucesivas situaciones de crisis e incertidumbre y a remolque de su impacto adverso sobre nuestro tejido empresarial y las oportunidades de empleo. Pero resulta innegable que la movilidad internacional de empleados cuenta con una proyección y recorrido mucho más amplio que el descrito y que está fuertemente apuntalada por un visible cambio generalizado de inquietudes personales, así como de las prioridades y preferencias vitales de muchas personas trabajadoras. De hecho, cabe hablar de un cambio de cultura laboral y de enfoques de la vida profesional hacia patrones mucho más flexibles e internacionalizados; y ello va calando de manera particularmente intensa entre las personas más jóvenes, sobre todo las mejor formadas, dispuestas incluso a lanzarse a experiencias internacionales desde relaciones de trabajo autónomo.

A la par, es oportuno recordar que venimos asistiendo a un proceso sostenido de impulso de la movilidad por motivos económicos, bajo distintas fórmulas y esquemas promovidos de forma intensa no sólo desde el Derecho de la Unión Europea, sino también a través de nuestra reformada legislación interna migratoria. Y con esa cobertura normativa, interna y comunitaria, y con las facilidades y garantías que desde ella se articulan, se registran también relevantes movimientos de entrada a nuestro país, que son protagonizados por profesionales de perfiles muy variados, mediante la utilización de distintos cauces migratorios disponibles y bajo marcos normativos muy heterogéneos.

Esta movilidad transfronteriza en el marco de relaciones laborales preconstituidas, hacia y desde nuestro país, tradicionalmente estaba monopolizada por el personal directivo y por personal altamente cualificado. Sin embargo, progresivamente ha ido acogiendo a trabajadores de todos los niveles y perfiles profesionales que son movilizados al extranjero por sus empresas, bajo la figura del desplazamiento temporal, con el objetivo último de posibilitar su colaboración en tareas o proyectos en el extranjero en las que su perfil técnico, experiencia y/o conocimiento corporativo es necesario. Y abarca cada vez a más sectores productivos.

En paralelo, junto a las oportunidades de negocio y de expansión empresarial en el extranjero, ha ido cuajando la lógica empresarial de "optimización global del talento". De modo que la movilidad internacional en el empleo sigue en auge también como consecuencia de la tendencia cada vez más extendida a integrar las experiencias de trabajo internacional en las políticas corporativas de formación, desarrollo y promoción profesional (como elemento clave de los denominados planes de carrera internacional o de planes globales de carrera enfocados a facilitar la integración plena y armoniosa de las personas trabajadoras en grandes empresas y grupos empresariales multinacionales).

Aunque la movilidad en el empleo constituye el eje principal de las reflexiones que incorporamos a nuestra contribución a la presente obra, creemos que debe reservarse también el merecido espacio a algunas consideraciones en torno a las relaciones de empleo internacionales *ab origine,* constituidas o desarrolladas con la participación de empresas establecidas en nuestro país. Conforman una realidad jurídica que se encuentra también en expansión, que no debe desalentarse, y en cuyo marco se plantean problemas de envergadura desde la misma fase inicial de selección de la persona trabajadora y la correspondiente a la constitución de la relación de servicios, habida cuenta del auge de las empresas de servicios de captación y reclutamiento del denominado talento global que operan en un marco transnacional. Las empresas proveedoras de los indicados servicios se ofrecen para asumir el rol de empleadoras del personal que reclutan, bajo variopintos esquemas y denominaciones; y a veces con implicación de empresas de trabajo temporal. Pero en la medida en que empresas establecidas en nuestro país pueden ser las interesadas en último término en la prestación de servicios a desarrollar en el extranjero por dichos profesionales así como las beneficiadas de manera más inmediata por los frutos derivados de la misma, y teniendo en cuenta que normalmente se implicarán, tomando parte activa en estas prestaciones de servicios internacionalizadas, estaríamos ante situaciones de opacidad contractual o de interposición empresarial de las que razonablemente pueden derivar responsabilidades en el marco jurídico-laboral. Y ello, pese a la oscuridad del marco jurídico de referencia para estas cesiones internacionales (que, a falta de amparo normativo expreso, rozarían o incluso caerían de lleno en algunos supuestos en el terreno de la cesión ilegal prohibida *ex* art. 43 ET[2]).

---

[2] Real Decreto Legislativo 2/2015, de 23 de octubre, por el que se aprueba el texto refundido de la Ley del Estatuto de los Trabajadores.

Tomando una visión de conjunto resulta llamativo que el complejo e intenso proceso de internacionalización de las relaciones laborales individuales descrito no está respaldado por un marco normativo laboral interno claro, sistemático y adaptado en plenitud a la singularidad de las relaciones de trabajo internacionales o internacionalizadas; por el contrario, la normativa de referencia es parca, dispersa y fragmentaria, lo que plantea algunas dificultades a la hora de definir el estatuto jurídico aplicable a las personas trabajadoras mientras están movilizadas en el extranjero. Y es preciso reseñar que no está previsto a corto plazo ningún cambio normativo, interno o supranacional, focalizado en vertiente jurídico-laboral de la movilidad internacional.

Por todo ello, consideramos oportuno compartir aquí algunas reflexiones generales sobre las necesidades o, si se prefiere, sobre los principales retos regulatorios, que pueden identificarse en el marco de la movilidad al exterior desde nuestro país (que comprende la denominada movilidad internacional en el empleo, pero también la movilidad internacional para el empleo, como se ha indicado). Optamos, así, por un enfoque en clave de salidas internacionales, principalmente desde la perspectiva de una relación de trabajo ya constituida y en ejecución que se internacionaliza de forma sobrevenida, bajo sus distintas variantes (viajes de trabajo, asignaciones cortas, movilidad de larga duración o indefinida). Pero debe prestarse también atención singular a relaciones concebidas y desarrolladas como internacionales protagonizadas por empleados al servicio de empresas o grupos de empresas establecidos en nuestro país (que gestionan o cogestionan estos contratos de trabajo internacionales, junto a otras empresas del mismo grupo empresarial) en cuyo marco la movilidad o el hecho de trabajar en el extranjero deja de configurarse como una vicisitud singular y entra dentro de la normalidad contractual.

Finalmente haremos algún apunte también respecto del teletrabajo transnacional y el denominado nomadismo digital en clave jurídico-laboral, en tanto que la irrupción de las TIC en los procesos productivos y en las dinámicas de trabajo de las empresas (operen o no como proveedoras de servicios a través de plataformas) junto a la proliferación de las denominadas empresas virtuales, ha desembocado en una notoria expansión de estas nuevas formas de trabajo y de empleo sin fronteras, más flexibles y acordes con las opciones vitales de muchas personas trabajadoras; particularmente, en lo que respecta a aquellos perfiles o posiciones profesionales compatibles con la prestación de servicios desde lugares remotos, cambiantes, y con la incorporación de elementos transnacionales.

2. La insuficiencia de las reglas de Derecho Internacional privado y las garantías de igualdad de trato

En este contexto de internacionalización del empleo está muy extendida y arraigada la convicción de que, salvando los mínimos de obligado respeto a tenor de la normativa de Derecho Internacional Privado del Trabajo de referencia[3] y cumpliendo las obligaciones dispuestas por normas imperativas de otras ramas del Derecho (migratoria, fiscal, de Seguridad Social y preventiva), resulta preferible encauzar los episodios de movilidad internacional mediante acuerdos "a medida" sus-

---

3 Arts. 3.1 y 3.1 bis) de la Directiva 96/71/CE, de 16 de diciembre de 1996, sobre el desplazamiento de trabajadores efectuado en el marco de una prestación de servicios, que fue modificada por la Directiva 2018/957 del Parlamento Europeo y del Consejo, de 28 de junio de 2018. DA 1ª de la Ley 45/1999, de 29 de noviembre, sobre el desplazamiento de trabajadores en el marco de una prestación de servicios transnacional (modificada por el Real Decreto-ley 7/2021, de 27 de abril; y por el Real Decreto-ley 3/2022, de 1 de marzo). Arts. 8 y concordantes del Reglamento 593/2008 del Parlamento Europeo y del Consejo, de 17 de junio de 2008, sobre la ley aplicable a las obligaciones contractuales (Roma I). Art. 1.4 del ET.

critos con las personas trabajadoras afectadas. Y en consecuencia prácticamente toda la labor de determinación del estatuto jurídico-laboral del trabajador movilizado ha venido quedando sujeta al juego de la libertad de pactos y de la RSE, así como a la aplicación de criterios corporativos más o menos elaborados. Sin negar el loable esfuerzo que vienen realizando la mayoría de nuestras empresas en la línea descrita (y no tanto o no solo en lo que concierne a la información al trabajador sobre las condiciones y ventajas o beneficios singulares aplicables durante la misión internacional) lo cierto es que todavía se tiende a dejar muchos aspectos a la improvisación, buscando soluciones a medida que van planteándose los problemas o surgiendo las nuevas necesidades. En parte, ello podría considerarse razonable y justificado por la marcada heterogeneidad que caracteriza a cada episodio de movilidad y a la variada problemática que eventualmente puede ir asociada a sus distintas fases: preparación o planificación, salida al extranjero, inicio, desarrollo y terminación de la misión en el exterior -incluido el retorno y la reintegración en la sede de procedencia o, eventualmente, la reasignación a un nuevo destino internacional o la extinción contractual-. Sin embargo, la falta de previsión y/o una indeterminación excesiva puede comprometer seriamente los intereses de ambas partes (trabajadores y empresas que protagonizan cada concreto episodio de movilidad internacional). Y en ocasiones generará situaciones evitables de insuficiente protección o de inseguridad (personal y/o jurídica) para sus protagonistas, (personas trabajadoras, particularmente en el caso de movilización en interés de la empresa y de personas con escaso poder real de negociación; o empresas, en el caso de posiciones profesionales y destinos estratégicos).

No debe perderse de vista que la normativa de Derecho Internacional Privado aplicable (tanto a desplazamientos o expatriaciones, como a contratos de trabajo internacionales concebidos como tales) sólo conduce a la identificación del marco normativo de referencia para la identificación de las condiciones laborales mínimas básicas y a recordar la necesidad de respetar ciertas garantías de igualdad de trato de muy limitado recorrido y que en último término sólo sirven para determinar la protección laboral mínima de las personas trabajadoras movilizadas al extranjero. Es evidente que la determinación del estatuto jurídico-laboral aplicable en fase de preparación, arranque, desarrollo y terminación adaptado a la singularidad de cada episodio de movilidad requiere un trabajo mucho más complejo. Y el silencio de nuestra normativa jurídico-laboral, redactada en clave local, es prácticamente total.

Es sabido que por regla general[4], a tenor de las reglas establecidas en el art. 8 del Reglamento de Roma I, bajo las distintas variantes y subespecies de movilidad internacional seguirá siendo aplicable con carácter indisponible nuestra normativa laboral y preventiva, pese a desarrollarse temporalmente el trabajo en el extranjero (y sin un límite temporal máximo) prescindiendo de consideraciones sobre su mayor o menor favorabilidad respecto a la legislación del país de destino. Aunque esa regla general se rompe en el marco de los desplazamientos temporales intra-EEE ordenados por la Directiva 96/71, en cuyo caso habrá que integrar nuestra normativa con el núcleo duro del orden público laboral de la legislación laboral y preventiva del país de destino[5] o con el conjunto de disposiciones

---

4 Mientras pueda seguir considerándose que nuestro país se mantiene como el país de ejecución habitual de la prestación (y salvo que la relación pase a contar con vínculos más estrechos con otro país). Quedan fuera, pues, los supuestos de contratación local en destino *ab origine*, que no son propiamente relaciones internacionalizadas.

5 Igualmente, en contratos internacionales (concebidos y suscritos para dar cobertura a una *localización* o *plurilocalización* en el extranjero de la prestación de servicios) bien por pacto o por determinación de la normativa de conflictos puede producirse la fragmentación del contrato, con sujeción simultánea a diversos ordenamientos. Y en el caso de asignaciones multi-país o de contratos internacionales con

normativas aplicables en dicho país si el desplazamiento tuviera una duración superior a 12 o excepcionalmente 18 meses. Y es sabido, igualmente, que la movilidad transnacional no puede justificar en ningún caso, por sí misma, una regresión en condiciones de trabajo respecto de las que serían aplicables (de conformidad con la legislación, los convenios colectivos y los contratos individuales) si el trabajador hubiera permanecido sedentario en nuestro país[6].

Pero ello no exime al operador jurídico de realizar una relectura de la normativa laboral de referencia integrando el factor internacional (no sólo en términos de cumplimiento de la normativa legal y convencional de referencia, sino también de los compromisos asumidos en sede contractual antes, durante y después del episodio de movilidad internacional). Tampoco le dispensa de la necesidad de acometer complejas operaciones interpretativas y de integración con sofisticadas y singulares fuentes reguladoras extranormativas (eventualmente, con acuerdos marco internacionales[7] o con reglamentaciones internas o manuales corporativos más o menos desarrollados en

---

destinos múltiples alternos, esta tarea de integración de sistemas jurídico-laborales distintos, que cuentan con sistemas de fuentes jurídico-laborales diversos, plantea una complejidad extrema.

6 Y, como se sabe también, el proceso de determinación de condiciones laborales mínimas es dinámico, debiendo acomodarse el estatuto jurídico a los cambios que vayan sucediéndose en el orden normativo de referencia. Así y por lo que respecta a nuestra legislación, no hay que perder de vista que el notable fortalecimiento progresivo de la protección laboral legal mínima, así como las reformas que están por venir aprovechan y aprovecharan también a los trabajadores que están trabajando fuera.

7 Aunque estos instrumentos rara vez descienden al terreno de concretar derechos y condiciones aplicables a las relaciones laborales, tienen potencial para ello, con carácter general y en particular para los episodios de movilidad internacional. Cuestión distinta y delicada es la de su (falta de) eficacia jurídica y aplicabilidad directa.

el capítulo de movilidad internacional). Y todo ello, como bien es sabido, debe llevarse a cabo adoptando un obligado enfoque completo e integrador de todas las vertientes de esta compleja realidad (laboral, de Seguridad Social -incluyendo la dimensión sanitaria-, fiscal, preventiva de riesgos y migratoria, junto a las derivas en materia de protección consular y de protección de datos); y permaneciendo en alerta sobre las formalidades a cumplimentar y las cautelas a implementar en evitación de irregularidades y otros efectos colaterales no deseados, tanto desde la perspectiva de las personas trabajadoras, como desde la perspectiva de las empresas implicadas[8].

Habiendo identificado y estudiado en profundidad numerosos puntos críticos de nuestro sistema jurídico de referencia, cabe contribuir ahora a la mejora de estos singulares procesos de movilidad transfronteriza, señalando algunos focos de la intervención normativa que, en clave de mínimos, sería con veniente acometer en un corto plazo (para la identificación de principios y reglas básicas de referencia obligada; y para la regulación de aspectos verdaderamente críticos o nucleares, atendiendo a las necesidades-tipo de todos los implicados: empresas y personas trabajadoras movilizadas).

---

8 De todo ello tuvimos ocasión de ocuparnos en AAVV, Matorras Díaz-Caneja, A. (Dir.), *La expatriación de trabajadores*, Ed. Aranzadi, Cizur Menor, 2012; y en MATORRAS DÍAZ-CANEJA, A., "La expatriación de trabajadores: aproximación conceptual y aspectos jurídico-laborales críticos", Revista MEYSS nº 105, 2013, pp. 223-276. Véase también, entre los trabajos más recientes e ilustrativos sobre la nueva movilidad internacional y la movilidad internacional del futuro: RODRÍGUEZ-PIÑERO ROYO, M., "La movilidad internacional de trabajadores: aspectos generales y distinción de supuestos de movilidad internacional", Revista MEYSS nº 132, 2017, pp. 17-48; VILLA FOMBUENA, M. y RODRÍGUEZ-PIÑERO, M., "La nueva movilidad internacional de trabajadores de la libre circulación a las nuevas formas de empleo", Revista MTES nº 151, 2021, pp. 77-109.

3. *¿Un nuevo Estatuto básico regulador de la movilidad internacional de las personas trabajadoras?*

Reabrimos ahora un interrogante al que desde la Cátedra de Internacionalización, Diversidad y Desarrollo Profesional de la Universidad Pontificia Comillas ya dedicamos profusa atención hace más de una década; concretamente, la cuestión de la pertinencia o no de una intervención normativa ambiciosa: *¿Un nuevo Estatuto básico regulador de la movilidad internacional de nuestros trabajadores?*[9].

En realidad, las principales conclusiones de dicho estudio no han cambiado en lo esencial. Defendíamos entonces que no se debería dejar la determinación del estatuto jurídico aplicable al trabajador movilizado al extranjero solamente en manos del libre criterio de las multinacionales que envían al extranjero a empleados adscritos a sus filiales, sedes o establecimientos radicados en nuestro país y de las empresas que abren su actividad hacia el exterior o participan en proyectos internacionales contando con la colaboración de personal laboral procedente de nuestro País; ni siquiera en supuestos de movilidad voluntaria. Y ello porque, aun asumiendo que en general unas y otras han venido gestionado sus recursos humanos en el exterior desde niveles de protección intensa, con políticas corporativas cada vez más consistentes y que reflejan un alto nivel de responsabilidad social empresarial, el riesgo de desprotección, de infra-protección y/o de abuso existe; y esto debería contrarrestarse desde el marco legal, antes o después, concretando reglas y garantías básicas de referencia para encauzar o enderezar el proceso de determinación de las condiciones de trabajo y, en general, el

---

9 Y sobre el que en el año 2018 también tuvimos oportunidad de debatir de nuevo, en profundidad, con un equipo de profesionales de la firma Deloitte, especializado en relaciones laborales internacionales y liderado por las abogadas Ana Zarazaga y Susana Burgueño.

de concreción del régimen jurídico aplicable. Pero, además, en supuestos de imprevisión o imprecisión pueden verse afectados muy negativamente intereses empresariales. A través de una intervención normativa se contribuiría también a garantizar a libre y limpia competencia interempresarial en la dimensión social, en sus procesos de apertura y de consolidación en el exterior.

Pero alertábamos ya entonces sobre el riesgo de caer en un intervencionismo desmedido y de efectos perversos; por lo que parece que la intervención debe producirse en clave de sistematización de la normativa de referencia, de configuración de derechos y garantías mínimos y/o de formulación de soluciones supletorias; y sobre todo (conviene subrayar esto) en términos de reforzamiento de los derechos de información sobre las condiciones aplicables. Una protección laboral desmedida y rígida generaría desventajas competitivas con respecto a empresas establecidas en otros países con actividad empresarial internacionalizada y que operan bajo una legislación social menos protectora. De modo que las normas legales que eventualmente vean la luz no deberían generar cargas ineludibles que resulten innecesarias, injustificadas o exorbitantes, ni deberían provocar un encarecimiento desmedido de la movilidad internacional, lastrando la competitividad de nuestras empresas (particularmente en el caso de PYMES) frente a empresas establecidas en otros países con las que concurran en el mercado exterior; pues ello podría imposibilitar o entorpecer en exceso la apuesta firme de nuestras empresas por la internacionalización y a la postre comprometería su consolidación y expansión en el exterior.

Como refuerzo de lo anterior y como intervención primera planteábamos también en su momento la conveniencia de la contribución de nuestros Poderes públicos a la difusión de buenas prácticas laborales, contemplando todas las variantes y fases de los episodios de movilidad (salida y estancia en el exterior y, no menos importante, el retorno y la reintegración al concluir la “misión internacional”). Ello sin duda podía y todavía puede ahora transmitir el mensaje tranquilizador que necesitan también los trabajadores protagonistas de los procesos de internacionalización empresarial.

En nuestra opinión esa futura legislación, de adoptarse, debería estar articulada preferentemente como un régimen legal supletorio en aquellas materias o aspectos concretos que lo permiten (de modo que las disposiciones legales puedan, eventualmente, ser desplazadas por acuerdos equilibrados a medida). Pero, además, en empresas con actividad marcadamente internacionalizada y con altos índices de movilidad internacional (lo que es frecuente en contexto de empresas con un importante volumen de subcontratación internacional) el convenio colectivo o el acuerdo de empresa podrían jugar también un papel relevante para fijar un marco general de referencia para la movilidad internacional en el empleo, aunque luego muchos aspectos se dejen abiertos para su ulterior concreción en manuales o reglamentaciones internas y/o en los acuerdos individuales (contrato de trabajo, anexos, cartas de asignación o desplazamiento, acuerdo de expatriación....). Y en esta línea, el legislador debería reconocer y promover ese importante papel al convenio colectivo en el marco de relaciones laborales internacionalizadas[10].

Por todo ello, nos limitaremos a formular algunas propuestas de intervención normativa en clave de mínimos, lo que prepararía el terreno para una eventual futura intervención normativa más ambiciosa en nuestro país (la promulgación de un *Estatuto Básico de las personas trabajadoras en el exterior*); y ello, naturalmente, asumiendo que una intervención normativa de este calado, amén de estar necesitada del correspondiente consenso políti-

---

10 Los convenios colectivos no se ocupan normalmente de la movilidad internacional; algunos la contemplan, pero en clave de movimientos de entrada a nuestro país e incorporando tan solo enunciados generales, normalmente orientados a asegurar la igualdad de trato.

co, sólo debiera producirse tras el obligado diálogo con los interlocutores sociales y una vez realizada la conveniente consulta con todos los colectivos o grupos de interés implicados.

En todo caso, y es ahí donde el reto regulatorio es de mayor envergadura, la intervención legislativa debe guardar coherencia con las nuevas tendencias de la movilidad internacional: de una parte, la constatada tendencia al acortamiento y multiplicación de las "misiones internacionales" y, en definitiva, el creciente protagonismo de la movilidad multi-país, fijándose una pluralidad de destinos extranjeros, ya sean alternos o sucesivos; y, de otra, una tendencia a sustituir el régimen de asignaciones temporales por la multiplicación de viajes de trabajo al extranjero, combinando o no esta opción con un mayor peso del trabajo virtual transfronterizo desde nuestro país; así como una mayor presencia del teletrabajo internacional prestado desde el extranjero, que en muchas ocasiones responde a solicitudes espontáneas o a exigencias iniciales formuladas por las personas trabajadoras, en su interés.

Habrá que prestar atención singular, ponderando el factor territorial, a cuestiones y materias laborales que están en un primer plano en nuestra legislación laboral y sobre las que se van registrando importantes cambios, con o sin impulso del Derecho supranacional, en consonancia con la revalorización notable de los intereses y necesidades extralaborales de las personas trabajadoras (medidas de conciliación trabajo-familia, garantías digitales -más allá de la desconexión digital-, mejora de los usos del tiempo, estabilidad profesional, transparencia y previsibilidad...) Y esa mayor centralidad de la persona trabajadora (sus necesidades e intereses personales y familiares, limitaciones, carencias, dificultades, inquietudes, expectativas,...) debe hacerse presente también en las políticas corporativas y los acuerdos aplicables a las personas trabajadoras movilizadas al extranjero, por lo que el impulso del legislador cobra todo el interés.

4. Ventajas de una intervención legislativa

Desde una concepción positiva de la movilidad internacional, esencialmente por lo que esta representa en términos de desafío y de oportunidad para las personas trabajadoras y para los miembros de sus familias que lo protagonizan, pero también por los múltiples beneficios que pueden reportar para las empresas, entendemos que una intervención normativa en esta línea contribuiría al logro de importantes objetivos:

(i) Contribuirá a la clarificación y sistematización del marco normativo laboral de referencia: tanto por lo que respecta a obligaciones empresariales, como a las garantías mínimas aplicables a las personas trabajadoras bajo distintos escenarios concebibles.

(ii) En la medida en que se enuncien principios y reglas básicas y se marquen límites generales de obligada observancia, servirá para orientar, en sede individual, los procesos de negociación de condiciones y de determinación del régimen jurídico-laboral en provecho de los trabajadores y de las propias empresas protagonistas de la movilidad internacional (particularmente de aquellas que no cuentan con suficiente/sólida experiencia previa en la gestión internacional de recursos humanos). Pero, a la par, constituirá una herramienta útil para la elaboración y revisión de las políticas corporativas de movilidad internacional (y eventualmente también de los compromisos que puedan adoptarse en sede de negociación colectiva sobre la materia) aportando pistas sobre cómo completar lagunas y/o mejorar los marcos reguladores *extranormativos* en vigor, así como los procesos internos de gestión de la movilidad internacional.

(iii) Impulsará la convergencia de las políticas corporativas y los acuerdos hacia razonables niveles de protección de los intereses de ambas partes; y a la postre, promoverá la expansión de una cultura empresarial de protección del trabajador movilizado al extranjero en términos de equilibrio y flexiguridad (especialmente, pero no solo, en los casos de movilidad forzosa al exterior) y de limpia competencia interempresarial; se avanzaría en términos de estándares de transparencia contractual y se ganaría en seguridad jurídica. Y, en paralelo, al propiciar el diseño de marcos-base homogéneos, se reducirá también el riesgo de sentimientos de agravio (o, en su caso, abuso o engaño) y la correspondiente conflictividad, mitigándose el riesgo de litigiosidad. Promoverá un cambio de cultura respecto a la movilidad internacional (más exactamente, una disminución de la posible reticencia de nuestros trabajadores a salir al exterior, particularmente en el marco de misiones internacionales más prolongadas) transmitiendo un mensaje de seguridad y tranquilidad: *la internacionalización de la propia carrera profesional trae consigo muchas ventajas –inmediatas y futuras-. No tiene por qué acarrear un coste personal-familiar-social inasumible, y menos aún en lo profesional...*

(iv) Se minimizará el riesgo de incurrir en responsabilidad empresarial por incumplimientos involuntarios, motivados por imprevisión, descuido o error jurídico (que sólo serían "excusables" desde consideraciones extrajurídicas, atendiendo a la complejidad intrínseca caracterizadora de los episodios de movilidad internacional).

(v) Contribuirá a la simplificación y agilización de los procesos y será útil para evitar complicaciones o dilaciones innecesarias.

5. Ejes y focos críticos de una futura regulación

1. Perspectiva general

Tomando una perspectiva general, identificamos catorce ejes de intervención principales en lo que respecta a la movilidad en el empleo, señalando algunas de las dimensiones más necesitadas de intervención.

(i) Clarificación conceptual, sistematización y fijación de los criterios de delimitación de las distintas figuras jurídicas que pueden enmarcar un episodio de movilidad internacional, incorporando remisiones a los correspondientes bloques normativos de referencia para la determinación de las condiciones mínimas y garantías aplicables (reglas de Derecho internacional privado del trabajo). Convendría, en esta línea, recoger expresamente la exclusión (del ámbito de aplicación del Estatuto básico) de los contratos locales en destino, sean o no contratos internacionales de trabajo con vínculos con nuestro país (y condicionándolo a la aceptación expresa, cuando se trate de situaciones de localización sobrevenida).

(ii) Reconocimiento expreso de un elenco derechos y deberes laborales básicos, de empresas y personas movilizadas, abstracción hecha del carácter voluntario o forzoso de la misión internacional encomendada. Para identificarlos, el nuevo Estatuto de las personas cooperantes[11] puede servir como referen-

---

11 Real Decreto 708/2024, de 23 de julio, por el que se aprueba el Estatuto de las personas cooperantes (BOE 24 de julio) que viene a sustituir al que instituyera el RD 519/2006, de 28 de abril; y desarrolla las previsiones contenidas en los arts. 44 a 46 de la Ley 1/2023, de 20 de febrero, de Cooperación para el Desarrollo Sostenible y la Solidaridad Global (BOE 21 de febrero). En la nueva disposición reglamentaria se toma un enfoque protector en niveles máximos. Se establecen como derechos básicos: el derecho a la asistencia y protección consular, el derecho a la negociación colectiva y al disfrute de las condiciones previstas en los convenios, el derecho al disfrute de medidas de conciliación trabajo-familia, el derecho a una formación adecuada para la misión y para su desarrollo profesional, el derecho a recibir información accesible, incluyendo todo lo relativo a riesgos, políticas, estándares y procedimientos de seguridad, ciertas garantías salariales y un más que completo derecho de reembolso de gastos -que incluso comprende los correspondientes a alojamiento y a la

cia de máxima utilidad, una vez realizado el oportuno esfuerzo de cribado y adaptación al marco que ocupa nuestra atención. Pero esa labor de depuración es obligada desde el momento en el que resulta imprescindible establecer diferenciaciones en el marco ordenador de la movilidad internacional. De entrada, entendemos que es pertinente diversificar atendiendo al carácter forzoso o voluntario de la salida al extranjero; pero también ponderando, entre otros factores y referencias, los siguientes: 1º.- los destinos concretos en el extranjero (con la delimitación elemental entre la movilidad intra-UE y la movilidad extra-UE; pero también en atención al nivel de riesgo-país en el ámbito extra-UE); 2º.- la duración y el objeto de la movilidad (diferenciando la movilidad corporativa y la extracorporativa); y 3º.- la configuración de la misión y el rol encomendado en el extranjero, diferenciando los simples viajes respecto de desplazamientos propiamente dichos, vinculados con una misión

---

escolarización de hijos-, el derecho a disfrutar de un régimen de previsión social y asistencia sanitaria con cobertura equivalente a la que disfrutarían en nuestro país, derecho de vigilancia de la salud en destino y tras el retorno, derecho de repatriación en circunstancias extraordinarias, derecho de certificación de la misión, derecho de reincorporación al mismo puesto o a uno del mismo grupo profesional con funciones y condiciones de la prestación equivalentes o similares, derecho a la protección de datos, garantía de protección frente a todas las formas de acoso, cobertura de riesgos a través de un seguro colectivo, apoyo al retorno etc.. Establece también deberes a cargo del cooperante, demarcados en clave internacional, con especial atención a la seguridad. Es destacable, en fin, el esfuerzo por concretar los contenidos mínimos del denominado "acuerdo complementario (al contrato) de destino a un país o territorio perceptor de ayuda al desarrollo", que comprende los siguientes extremos: concreción de la misión encomendada, inicio y duración de la misma, indicaciones médicas y sobre los servicios de asistencia sanitaria disponibles, régimen de tiempo de trabajo y descansos, trámites administrativos, salario y percepciones extrasalariales, moneda y tipo de cambio, condiciones de seguro, derechos y deberes específicos y condiciones de repatriación.

en destino predeterminada e incardinable en una prestación de servicios interempresarial -adscripción a un proyecto en el marco de una subcontratación internacional, asignación de funciones a ejecutar en la entidad de destino, etc.-; y quizás dentro de estos últimos, distinguiendo los de corta, media y larga duración, fijando las correspondientes líneas de corte, que razonablemente *a priori* podrían situarse en los 6 y los 18 meses.

(iii) Acotación del alcance del deber de cuidado (y de seguridad y protección personal), asumiendo que constituye un deber compartido entre las empresas de envío y, en su caso, las empresas de acogida, así como de nuestros poderes públicos[12]. Y establecimiento del régimen de corresponsabilización de la persona trabajadora en su autocuidado y en el cuidado de su núcleo familiar acompañante, aclarando que debe extremar la diligencia, con carácter general; y señaladamente: en cuanto al cumplimiento de trámites administrativos; en cuanto a la observancia de resoluciones de las autoridades públicas en el país de destino; así como en lo relativo a las cuestiones preventivas

---

[12] Por lo que respecta a la ciudadanía española, téngase en cuenta la regulación contenida en la Ley 40/2006, de 14 de diciembre, del Estatuto de la ciudadanía española en el exterior. En dicha ley, tanto para las personas migrantes, como para las desplazadas temporalmente por sus empresas, incluidas aquellas que se movilizan en el marco del ejercicio de las libertades comunitarias, articula medidas y garantías protectoras singulares que van más allá del ámbito laboral. Pese a su alcance subjetivo limitado (ciudadanía española y su núcleo familiar) contiene enunciados de interés en clave de protección integral, incluyendo regulaciones de importancia en materia laboral, de protección social, asistencia sanitaria,... que habrán de tomarse como referencia obligada; y asumiendo que finalmente no podrán establecerse en muchos aspectos diferenciaciones jurídico-laborales basadas en la nacionalidad, puesto que tendrían un impacto discriminatorio prohibido.

a observar, comprendiendo los riesgos laborales y los extralaborales .

(iv) Formulación legal expresa y sistematizada de los tres principios generales que protegen a la persona movilizada y que limitan la libertad de pactos para la definición del estatuto jurídico-laboral aplicable: los principios de igualdad de trato y de no discriminación; el principio de no regresión en condiciones laborales y garantías aplicables para asegurar su efectividad; así como el principio de neutralidad o indemnidad, con detalle de su alcance y significado y delimitando el alcance de la libertad de pactos[13], diferenciando la movilidad forzosa respecto de los supuestos de movilidad consensuada y respecto de la que tiene lugar en interés del trabajador. En especial (aunque no solo) y en aras de asegurar esa indemnidad en términos económicos, debería regularse el alcance del deber empresarial de reembolso de los gastos generados por la movilización al extranjero, con detalle, incluyendo lo relativo a tasas administrativas, traducciones de documentos, etc. Y la ley debería forzar a concretar también con detalle el régimen de alojamiento aplicable.

(v) Implementación de garantías singulares y reforzadas de previsibilidad y transparencia contractual. Todavía está pendiente la culminación de los trabajos parlamentarios para la transposición en sede legal de los mandatos recogidos en la Directiva sobre condiciones transparentes y previsibles de 2019[14].

---

13 Y en este punto debe tomarse un enfoque integral e integrador, abarcando el impacto en términos de previsión social y en términos de cargas tributarias.

14 Art. 7 y concordantes de la Directiva (UE) 2019/1152 del Parlamento Europeo y del Consejo, de 20 de junio de 2019, relativa a unas condiciones laborales transparentes y previsibles en la Unión Europea. Y artículo único del Proyecto de Ley por la que se modifican el Texto refundido de la Ley del Estatuto de los Trabajadores, aprobado

Será necesario después acometer la acomodación reglamentaria y será allí donde se desarrollen las previsiones concernientes a la movilidad internacional en el empleo, tal y como impone el art. 7 de la Directiva. Aunque la Directiva posibilita que los Estados miembros dejen fuera los episodios de movilidad de duración inferior a 4 semanas, no nos parece ésta la opción más interesante (salvo por lo que respecta a lo que puedan considerarse simples viajes de trabajo de cortísima duración, quizás con el límite en 1 semana). Y abogamos por maximizar la transparencia contractual en el momento de internacionalización de la relación, incluso yendo más allá de lo exigido por la norma comunitaria (que sorprendentemente omite el deber de concreción e información sobre aspectos tan cruciales como los referidos a prevención de riesgos). Convendría, pues, que nuestra legislación tomase un enfoque integrador de todas las dimensiones jurídicas de la relación de servicios (laboral, fiscal, Seguridad Social, migratoria, preventiva, asistencia sanitaria y protección de datos) en evitación de situaciones de conflicto y litigiosidad evitables; particularmente, pero no solamente, cuando la movilidad tenga carácter forzoso.

(vi) Definición y acotación legal de las alternativas disponibles para el reparto de roles, régimen de actuación y responsabilidades de las distintas entidades que pueden implicarse, aunque sea en desigual medida, en un marco laboral transnacional y de las personas responsables que eventualmente se designen para cubrir el episodio de movilidad: lo que resulta particularmente importante no sólo para la dirección y control de la actividad laboral, sino sobre todo para el cumplimiento de

---

por el Real Decreto Legislativo 2/2015, de 23 de octubre, y otras disposiciones en materia laboral, para la transposición de la Directiva (UE) 2019/1152 del Parlamento Europeo y del Consejo, de 20 de junio de 2019, relativa a unas condiciones laborales transparentes y previsibles en la Unión Europea (BOCG 16 de febrero de 2024).

las exigencias singulares en materia preventiva y de seguridad dimanantes de nuestra legislación y de la del país de destino (aunque somos conscientes de las dificultades que se plantean para que estos pactos tengan virtualidad ante las autoridades competentes en materia preventiva en los Estados implicados).

(vii) Regla legal general de no consolidación de las condiciones de empleo y/o beneficios ligados a la movilidad, salvo pacto en contrario; completada con una regla expresa de no consolidación de prestaciones salariales o extrasalariales, incluidas las indemnizatorias; junto a una regla-recordatorio de la no acumulabilidad de las condiciones disfrutadas/garantizadas en el destino extranjero con las que corresponden a trabajadores sedentarios o con las que puedan corresponder cuando se produzca la reintegración; nuevamente, salvo pacto en contrario.

(viii) Reconocimiento de poderes empresariales de adaptación de condiciones de trabajo cuando la presencia del factor internacional lo justifique, así como ante circunstancias singulares que puedan presentarse en escenarios extraordinarios. Tales modificaciones deberían quedar exentas de la carga formal o procedimental del art. 41 del ET. Es especialmente importante esta habilitación para la acomodación del régimen legal y convencional en materia de tiempo de trabajo, descansos, permisos y situaciones de interrupción y suspensión contractual.

(ix) Identificación de causas legales de oposición para la movilización forzosa (familiares o vinculadas a la salud).

(x) Implementación de garantías en materia de formación, desarrollo y promoción profesional (asegurando que no se minan las oportunidades de acceso a iniciativas formativas y de desarrollo profesional compatibles con la misión internacional).

(xi) Garantías de protección familiar: diferenciando supuestos de acompañamiento y no acompañamiento del núcleo familiar dependiente.

(xii). Garantías para el retorno y la reincorporación y para la determinación de condiciones en fase de reintegración laboral. Y diseño de un régimen singular de protección frente al despido.

(xiii) La "cuestión preventiva". Debe cuidarse especialmente esta vertiente, particularmente pero no sólo cuando el empleado es enviado en misión a un destino que encierre particular peligro o riesgo para su vida, o para su integridad física y/o psíquica. Algunos aspectos tendrían que estar regulados legalmente, ponderando la singularidad del trabajo transnacional (las barreras culturales generales y en materia preventiva; la necesidad de integrar normas técnicas que pueden ser menos garantistas,.....); confiriendo la merecida consideración a la dimensión psicosocial y moral; y forzando a prestar especial atención al entrecruzamiento e indisolubilidad de riesgos laborales y extralaborales en ciertos destinos de riesgo (generado por variopintas circunstancias o condiciones, ordinarias o extraordinarias: políticas, factores naturales, conflictos bélicos, epidemias o pandemias,...). Debería adaptarse nuestra normativa legal para que, al menos en contexto de movilidad internacional, aun asumiendo el entrecruzamiento del deber de protección personal y el deber de protección frente a riesgos profesionales puros, quedase clara la necesidad de asegurar la no regresión respecto de estándares de protección de nuestra legislación (local), teniendo presente el elemento internacional. Además, debería permitirse expresamente a las empresas asegurar los recargos en las prestaciones para el caso de que se materialice un accidente de trabajo y la empresa deba responder del pago de este concepto por insuficiencia de las medidas adoptadas (articulándolo, en la línea propuesta por MARTÍN GIL, como un sistema de reembolso de las cantidades satisfechas previamente por la empresa). Ello favorecería a los trabajadores, sin duda, ya que en la mayoría de los supuestos de condena al recargo, ésta no llega a tener efectividad por insolvencia de la empresa responsable.

Convendría regular de manera precisa las singulares obligaciones de coordinación con la entidad de acogida (tanto en subcontratación, como en grupos de empresas) y obligar a formular un plan de seguridad más completo, que abarque los riesgos extralaborales. Debería obligarse a detallar incorporar al acuerdo de asignación o al contrato internacional el contenido del deber preventivo de ambas partes y de los posibles coordinadores designados.

(xiv) Marco jurídico de referencia para la suscripción de pactos singulares (exclusividad, permanencia, secreto, no competencia, propiedad intelectual) considerando el factor internacional.

2. Contratación laboral precisamente para trabajo en entorno internacional

En este marco (y partiendo de la premisa de la inexistencia de adscripción previa de la persona trabajadora a entidades situadas en nuestro país) son necesarias ciertas intervenciones:

(i) El art. 1.4 del ET[15] debería reformularse.

(ii) Convendría flexibilizar las causas legales (art. 15 ET) que habilitan para la contratación temporal estructural, en el caso de contratación para misiones o proyectos internacionales acotados en el tiempo y de corta duración.

---

15 Art. 1.4 ET: *La legislación laboral española será de aplicación al trabajo que presten los trabajadores españoles contratados en España al servicio de empresas españolas en el extranjero, sin perjuicio de las normas de orden público aplicables en el lugar de trabajo. Dichos trabajadores tendrán, al menos, los derechos económicos que les corresponderían de trabajar en territorio español.*

(iii) Regulación precisa de los derechos de información sobre las condiciones aplicables, contemplando la posibilidad del empleo de cartas de asignación complementarias al contrato-base para el caso de trabajadores pluri-localizados, prestando especial atención a las condiciones aplicables a los viajes y a las reasignaciones.

(iv) Regulación de prácticas empresariales y figuras en expansión que dan cobertura a la contratación formal desde el extranjero (como el denominado *employer of record*) de trabajadores que van a prestar servicios en el extranjero, pero bajo el control y dirección de empresas establecidas en nuestro país.

3. Movilidad intracorporativa

(i) Clarificación de las exigencias formales mínimas: con indicación de los tipos de instrumentos jurídicos idóneos (orden o encargo; carta de asignación o desplazamiento *vs* contrato *ad hoc* -contemplando que eventualmente sea necesario un contrato localizado en el extranjero si así viene exigido por la normativa migratoria del país de acogida-) y con generoso detalle de contenidos mínimos.

(ii) Establecimiento de una regla general de respeto de los derechos laborales en curso de adquisición, que resulte operativa salvo pacto equilibrado suscrito por las partes del que resulte otra cosa.

(iii) Formulación de un principio general de no consolidación del nivel funcional reconocido en el marco de la misión internacional en la entidad de destino.

(iv) Establecimiento de condicionantes y de formalidades singulares aplicables a las cesiones internacionales sucesivas que puedan orquestarse desde nuestro país, en aras de garantizar la necesaria transparencia y la debida protección del trabajador; condicionando las opciones suspensivas o extintivas de las relaciones laborales originarias; y sobre todo con el fin de que el marco legal deje bien claro cómo salvar la prohibición general de cesión ilegal.

(v) Deberían articularse garantías legales mínimas para los supuestos de localización sobrevenida de la persona trabajadora en el exterior, con suspensión o extinción definitiva de la relación de trabajo constituida en su momento por una empresa establecida en nuestro país, más allá de la elemental exigencia de inexistencia de vicios en el consentimiento prestado al efecto.

(vi) Establecimiento de un marco singularmente protector a efectos de retorno, y reintegración en la sede de procedencia, así como para a eventual extinción definitiva de la relación laboral, contemplando el escenario de terminación o repatriación anticipada (que podría tener lugar por iniciativa empresarial, de la persona trabajadora o de mutuo acuerdo o por circunstancias objetivas extraordinarias o de fuerza mayor). Y la ley debería favorecer la celebración de acuerdos detallados sobre los aspectos profesionales y las condiciones de empleo, no sólo respecto a la dimensión económica; los condicionantes y limitaciones del régimen de reserva de puesto o de preferencia para ocupar vacantes….; abriendo expresamente la posibilidad de pacto en contrario.

4. Movilidad de duración muy reducida: los viajes de trabajo

Debería diseñarse un marco particularmente flexible, pero seguro, para la movilidad de cortísima duración -ya sea episódica, reiterada, normalizada-, contemplando la figura del viajero frecuente; e incluyendo la posibilidad de que cambie el país de prestación material de servicios inicialmente previsto, y que eventualmente ni siquiera exista un centro de trabajo de adscripción laboral "dominante" en un país determinado. Y es que tales vicisitudes difícilmente encuentran cobijo normativo adecuado bajo los viejos moldes del Derecho de la UE regulador de la movilidad internacional; ni siquiera está claro que algunos supuestos encajen en la movilidad que ordena nuestro art. 40 del ET.

Debería quedar claro en nuestra legislación interna que la movilidad que obedece a la participación en acciones formativas o reuniones de trabajo quedan fuera del radio de acción de la Directiva sobre desplazamientos temporales en el marco de prestaciones de servicios empresariales transfronterizas (en tanto que no se puede identificar siquiera una misión incardinable en la libre prestación de servicios empresariales, no se produce integración o participación temporal en el mercado laboral del país de destino, por lo que este tipo de vicisitudes no generan siquiera un conflicto de leyes laborales, ni son caldo de cultivo de situaciones de riesgo de *dumping social*, etc.

Debería, asimismo, clarificarse la situación y tratamiento aplicable a los teletrabajadores internacionales (que están instalados en el extranjero) pero prestan servicios para empresas establecidas en nuestro país en lo que respecta a los viajes internacionales de trabajo que puedan realizar hacia nuestro país o hacia otros Estados.

En el marco de cualquier tipo de viaje de trabajo debería establecerse legalmente el deber empresarial de garantizar una cobertura de la asistencia sanitaria apropiada y el deber de cobertura integral de los gastos ocasionados por la movilización al extranjero.

6. El teletrabajo internacional (y el nomadismo digital) desarrollado en provecho de empresas establecidas en nuestro país

El estatuto jurídico-laboral aplicable al teletrabajador internacional, en la medida en que tenga como contraparte protagonista a empresas establecidas en nuestro país debería quedar bien definido a nivel legal interno[16].

Es innegable que sería forzado reconducir a sus protagonistas a una categoría de desplazados virtuales, forzando el respeto de la normativa laboral mínima del país desde el que se teletrabaja en los términos previstos en la Directiva 96/71; máxime, pero no solo cuando la iniciativa de teletrabajo transnacional provenga de la persona trabajadora o constituya un condicionante de aceptación de una oferta de empleo. Pero lo cierto es que la normas generales de Derecho internacional privado contenidas en el Reglamento de Roma I conducen, salvo en el caso de sucesivos cambios del país de trabajo que impidan la identificación de un lugar habitual de trabajo (nomadismo digital) a una forzada sumisión (por regla general) a las condiciones laborales mínimas previstas en la legislación del país desde el que se teletrabaja, porque las reglas de conflicto se construyeron en su momento y se mantienen todavía hoy desde la tradicional y generalizada centralidad del trabajo presencial y sin prestar la merecida consideración al impacto de la globalización en la gestión de los recursos humanos[17].

---

16 Vid. las interesantes reflexiones y propuestas recogidas en AA.VV., *Libro Blanco sobre Teletrabajo Internacional*, FEEX, Madrid, 2021, disponible en: https://feex.org/wp-content/uploads/2022/06/Libro-blanco-sobre-Teletrabajo-Internacional.pdf (especialmente pp 25 y ss) Y más en profundidad: GARICANO, A. y ALONSO DE ARMIÑO RODRÍGUEZ, J., "Retos legales del teletrabajo internacional", Documentación Laboral nº 124, 2021, pp. 102-109 y 120. Vid. también la propuesta de DELGADO LÓPEZ, I., en "Auge del teletrabajo internacional: un reto para el Derecho del Trabajo", disponible en: https://forelab.com/S_23/55-Auge%20del%20teletrabajo%20internacional-Ines-Delgado-XII%20Premio%20JL.pdf.

17 Aunque convendría revisar el articulado del Reglamento de Roma I sobre la ley aplicable al contrato de trabajo para supuestos singulares como el teletrabajo internacional o el nomadismo digital e incorporar también una regla explícita a la Directiva sobre Desplazamientos

La ley de trabajo a distancia[18] debería obligar a concretar si se trata de un contrato cuyo objeto inicial es la prestación de servicios bajo régimen de teletrabajo internacional y sin interés efectivo de la empresa en que los servicios laborales se presten desde el extranjero (lo que cada vez tiene más recorrido, al competir las empresas por el talento a escala global); o si se trata de un acuerdo sobrevenido para teletrabajar desde un destino extranjero con personas que inicialmente prestaban servicios en nuestro país, especificando en este segundo caso si su suscripción responde a la iniciativa e interés de la persona trabajadora o a la iniciativa e interés de la empresa (v.gr., para facilitar contactos con empresas del grupo o con terceras empresas -pero en todo caso sin prestar servicios para éstas, lo que nos situaría en el marco de desplazamientos temporales-).

Mientras no cambie a normativa europea de conflicto, sólo en el caso en el que se teletrabaje en el extranjero en interés exclusivo del trabajador con cambios del país de trabajo (nomadismo digital) parece concebible la extensión de nuestra regulación laboral (incluida la ley de trabajo a distancia) aun cuando fuera menos favorable que la del país de trabajo. Y para ese supuesto deberían incorporarse disposiciones singulares a nuestra ley de trabajo a distancia (que regula el teletrabajo en

---

temporales para excluir el teletrabajo internacional de su ámbito de aplicación, siquiera fijando condicionantes que eliminen el riesgo de fraude o de fuga injustificada de la legislación laboral del país en el que se desarrolla la prestación (está claro que debe poder descartarse totalmente que exista una prestación de servicios interempresarial transfronteriza y que, por ende, se esté materializando una integración del teletrabajador en el mercado laboral del país desde el que materialmente desarrolla su prestación). Pero todo ello, adoptando cautelas que permitan soslayar también el riesgo de que estos teletrabajadores internacionales o nómadas protagonicen finalmente situaciones de trabajo no declarado o irregular.

18 Ley 10/2021, de 9 de julio, de trabajo a distancia.

clave local) para abordar las singularidades derivadas de la presencia de un factor internacional. Aunque debería aclararse que también en ese escenario opera la garantía de igualdad de trato que instituye el art. 4, queda asegurada su reversibilidad, así como la preferencia para la ocupación de vacantes presenciales si se decidiera retornar a nuestro país, etc.

Y la ley debe dejar claro que las empresas establecidas en nuestro país que utilizan a personas teletrabajando en un país extranjero (aun cuando ello tenga lugar a petición del trabajador) o las contratantes directas de un teletrabajador internacional establecidas en nuestro país no se eximen jamás de su deber preventivo (que, al contrario, se ve reforzado en clave transnacional). Si la empresa accede a una solicitud hay que presuponer que existe un interés compartido en la prestación así reconfigurada, pese a cambiar el nivel de riesgo laboral y extralaboral y, por tanto, no hay posibilidad de liberarse de cargas y responsabilidades en el orden preventivo. Sería conveniente, en la línea propuesta por el FEEX, que se regulase esta cuestión mediante un reglamento comunitario de coordinación de sistemas o mediante acuerdos bilaterales o multilaterales en la línea de los reglamentos de coordinación en materia de Seguridad Social.

RETOS ACTUALES PARA LAS AUTORIDADES INSPECTORAS DERIVADOS DE LAS NUEVAS FORMAS DE MOVILIDAD LABORAL INTRACOMUNITARIA

SERGIO BESCÓS RUBIO
Inspector de Trabajo y Seguridad Social Experto Nacional Destacado para Inspecciones Concertadas y Conjuntas en la Unidad Enforcement and Analysis, Autoridad Laboral Europea

Si pensamos en la oferta como el colectivo de trabajadores dispuestos a realizar una actividad con el objeto de obtener una remuneración y en la demanda laboral como colectivo de empleadores en busca de trabajadores que realicen servicios remunerados, podemos comprobar que la actual dinámica del mercado no se ajusta ya a dicha estructura clásica desde hace años también desde la perspectiva transnacional e intracomunitaria. Así, la presencia en el tablero de empleadores y empleados de veintisiete estados miembros con sistemas jurídicos laborales, de Seguridad Social o de extranjería en ocasiones muy dispares produce en ocasiones desajustes, dificultades en la aplicación normativa y por supuesto en el seguimiento que las autoridades pueden hacer de las interrelaciones entre los diferentes agentes. Si a ello sumamos la entrada en el mercado de trabajo de otros intervinientes con origen en países extracomunitarios, la realidad se adivina todavía más complicada. A modo de ejemplo, no resultará en absoluto inaudito para cualquier operador jurídico, especialmente para un inspector de trabajo o un jurista trabajando en consultoría de empresas con clientes que realizan actividades transfronterizas, encontrarse un accidente de trabajo ocurrido en territorio español de un conductor uzbeco prestando servicios para una empresa de transporte lituana, con cabeza tractora de dicho país y remolque de matrícula francesa. O una trabajadora italiana que reclama devengos salariales por los servicios prestados como tripulación de cabina en vuelos entre ciudades europeas para una empresa de trabajo temporal domiciliada en Turquía y que a su vez se encarga de provisión de mano de obra a una aerolínea con sede en Malta.

Del mismo modo, la arquitectura jurídica básica diseñada allá por el 30 de marzo de 2010, fecha en la que entró en vigor el Tratado de Funcionamiento de la Unión Europea[19], se ha visto ciertamente desdibujada como consecuencia de acontecimientos ajenos al mercado de trabajo que sin embargo han ocasionado un impacto en el mismo, generándose respuestas rápidas ante situaciones *ad hoc*. La irrupción de trabajadores autónomos transfronterizos, el teletrabajo o el desplazamiento de trabajadores realizado justo después de ser contratados aparecen como respuestas a situaciones imprevistas, como pueden ser la pandemia originada por la variante del coronavirus en 2020 o la entrada en el mercado de trabajo europeo de millones de personas en edad laboral causada por el conflicto entre Ucrania y la Federación de Rusia en el Dombás.

Dichas circunstancias, unidas a la complejidad legislativa ya existente previamente, han creado multitud de desafíos para los múltiples operadores del mercado de trabajo, a saber:

i) Desde un punto de vista de la demanda laboral, la existencia de múltiples sistemas regulatorios de las condiciones de trabajo y seguridad social supone un desafío importante en la medida en que en ocasiones coexisten fuentes del derecho de diverso origen geográfico y funcional que tienen impacto en las condiciones de trabajo (v.g. aplicación de normas emanadas de convenios colectivos regionales o provinciales de forma temporal a relaciones laborales

---

19 En dicho texto legislativo se incluyó una extensiva regulación tendente a consolidar la libre circulación de trabajadores y servicios desde un punto de vista laboral y de Seguridad Social (artículos 45 a 48 48 con respecto a la libre circulación de trabajadores y artículos 56 y siguientes con respecto a la libre prestación de servicios).

que con carácter ordinario vienen regulados por normas con un origen geográfico completamente distinto, como ocurre por ejemplo en el desplazamiento de trabajadores del sector del transporte por carretera[20]).

ii) Desde la perspectiva de la oferta, la multiplicidad de agentes con diverso fuero de origen que intervienen en la contratación de servicios profesionales supone en muchas ocasiones un problema para la salvaguarda de las condiciones de trabajo y la reclamación de los derechos derivados de la relación laboral (v.g. multiplicidad de subcontratistas especializados que asumen partes del proceso productivo).

Y son los retos para los árbitros en esta , las inspecciones laborales o de Seguridad Social o también llamadas con el concepto genérico en lengua inglesa de *autoridades de enforcement*, los que merecerán más atención en este breve texto.

1. Problemática presente: aspectos más significativos

Para ilustrar los problemas más característicos que estas nuevas formas de movilidad ponen en juego, se acude a la casuística más frecuentemente encontrada en la unidad de Inspecciones concertadas y conjuntas de la Autoridad Laboral Europea, donde el que suscribe ha prestado servicios desde 2021.

La Autoridad Laboral Europea (ELA, en sus siglas en idioma inglés), que tiene como misión asistir a los Estados miem-

---

[20] La Directiva (UE) 2020/1057 del Parlamento Europeo y del Consejo, de 15 de julio de 2020, por la que se fijan normas específicas con respecto a la Directiva 96/71/CE y la Directiva 2014/67/UE para el desplazamiento de los conductores en el sector del transporte por carretera incluye normas concretas con el objeto de delimitar cuando un conductor se considera o no desplazado con arreglo a las operaciones de transporte, carga y descarga realizadas.

bros y a la Comisión en la aplicación y cumplimiento efectivos de la legislación de la Unión en materia de movilidad laboral intracomunitaria y la coordinación de los sistemas de seguridad social, tiene una unidad específica dedicada al control del cumplimiento. En dicha unidad la Autoridad se ocupa de coordinar dichas inspecciones en los ámbitos que son de su competencia y presta apoyo técnico, logístico y jurídico a dichas inspecciones. La Autoridad puede también proponer a las autoridades de los Estados miembros en cuestión, por propia iniciativa, que lleven a cabo una inspección concertada o conjunta, aunque no debe olvidarse que las inspecciones se realizan exclusivamente con el acuerdo de todos los Estados miembros afectados.

Así pues, teniendo en cuenta la problemática jurídica más común de los casos remitidos ante la Autoridad Laboral Europea para su apoyo a través de la realización de una inspección concertada y conjunta, los fenómenos de fraude que a priori pueden agruparse como más presentes[21] de forma generalizada en todo el ámbito de la Unión se mencionan a continuación. Por motivos de extensión, no se podrá realizar un análisis detallado de las instituciones jurídicas que se mencionan en el presente capítulo. Igualmente, diversos fenómenos de reciente implantación como el teletrabajo internacional no serán desarrollados en este artículo al no existir en el momento un nivel de casuística de fraude suficiente para ser considerados como prioritarios:

i) Trabajadores de terceros estados desplazados desde otro estado miembro de la Unión Europea o desde Estados del Espacio Económico Europeo en los que no se aplica el acervo comunitario en su totalidad.

---

[21] Más información sobre las actividades de la Autoridad Laboral Europea pueden encontrarse en el informe anual consolidado publicado anualmente por la autoridad. Para más información sobre las inspecciones concertadas y conjuntas, también puede visitarse la sección de la web de la Autoridad dedicada a este mecanismo de control del cumplimiento.

Un fenómeno de relevancia y preocupación exponencial para las autoridades de los estados miembros es la proliferación de trabajadores con nacionalidades de terceros estados que entran en el mercado laboral del estado de destino a través de la figura del desplazamiento de trabajadores en el marco de una prestación de servicios transnacional. En ocasiones dicho mecanismo se utiliza como respuesta a la escasez de mano de obra cualificada para realizar determinadas ocupaciones y en otras con el objeto de abaratar los costes derivados del proceso de producción en estados con mayor carga fiscal o de Seguridad Social. Los principales problemas que se derivan de dicha práctica están relacionados con la existencia de situaciones de falta de vinculación significativa del trabajador o de la empresa con el estado miembro de origen del desplazamiento, lo que ocasiona frecuentes problemas para el correcto seguimiento del cumplimiento de la legislación por las empresas que contratan a estos trabajadores. Dicha circunstancia no sólo ocasiona dificultades para las autoridades de inspección, sino que puede distorsionar las condiciones de libre concurrencia para las empresas que lícitamente están establecidas e insertadas en el mercado del estado de envío *ab origine*.

ii) Uso de subcontratistas o agentes intermediarios en la contratación de servicios profesionales con origen en otros estados de la Unión.

Aunque no se trata en absoluto de un fenómeno nuevo, cada vez es vista con mayor preocupación la proliferación de agentes intervinientes en el proceso productivo y que, como circunstancia cada vez observada, provienen de otros estados de la Unión. Ya sea en calidad de meros intermediadores entre oferta y demanda, asumiendo la condición de empleador de un colectivo de trabajadores o bien interviniendo directamente en el proceso productivo con trabajadores y medios productivos, su intervención en ocasiones produce una derogación de los requisitos, en ocasiones muy exigentes, que ciertas legislaciones nacionales requieren a las empresas intermediadoras de mano de obra a nivel interno. Al solaparse en la relación laboral la aplicación de legislaciones de otros estados con requisitos más laxos para la constitución y la vigilancia de entidades mercantiles que realizan esta actividad económica, se ocasionan problemas de aplicación de derechos laborales de trabajadores transnacionales. Todo ello a pesar de la Directiva de 2008 de empresas de trabajo temporal que pretende unificar las condiciones de trabajo de los trabajadores que prestan servicios a través de este tipo de entidades.

(iii) Empresas buzón o sin actividad sustancial.

La creación de sociedades mercantiles sin actividad aparente en otros estados miembros de la Unión con el único objetivo de ahorrar costes fiscales y sociales es una práctica que preocupa a las inspecciones laborales desde ya hace años[22] El mecanismo tradicional consiste en vincular a un colectivo de trabajadores a una sede empresarial que carece de actividad mientras se desempeña gran parte del proceso productivo en otro estado. La flexibilidad para la creación de empresas en determinadas regiones contrasta con la rigidez legislativa existente para luchar contra estas prácticas de dumping social y los limitados instrumentos de coordinación que las autoridades tienen a su disposición.

2. Hacia dónde debemos ir

Para que este artículo no se quede en una mera manifestación del *síndrome Calimero,* la parte final de esta breve reflexión

---

22 Hastings, T and Cremers, J. (2017). Developing an approach for tackling letterbox companies: A learning resource from the Seminar of the European Platform Tackling Undeclared Work: How to identify and tackle fraudulent letterbox companies

va a referenciar algunas propuestas que podrían aportar claridad a los problemas más frecuentemente encontrados.

i) Modificaciones legislativas de interés.

No es objeto en absoluto de este artículo cargar en el legislador la responsabilidad o culpa de los desajustes en el mercado que son observados diariamente, lo cual sería un argumento demasiado manido. No obstante, resulta de interés señalar algunos aspectos del engranaje jurídico comunitario que podrían ser engrasados con una mejor o mayor técnica legislativa. A pesar de la obvia vocación de generalidad que toda ley, especialmente un acto legislativo comunitario, ha de tener, existen una serie de previsiones que podrían ser revisadas para una mayor claridad de todos los operadores jurídicos interviniente en el mercado de trabajo incluyendo a las autoridades que aplican la norma día a día en su esfuerzo de lucha contra el fraude. A modo de ejemplo pueden señalarse una serie de normas en el ámbito laboral y de Seguridad Social cuya revisión ayudaría sobremanera a una aplicación práctica más rápida. Así, en la esfera laboral, el artículo 4 de la Directiva 2014/67/CE[23] que con muy buena intención trata de dar instrucciones a las autoridades nacionales para deslindar las situaciones de desplazamiento real de las llamadas en inglés *non-genuine*, carece de orientaciones más específicas en cuanto a los criterios existentes para determinar qué entendemos por actividad sustancial (art. 4.2) en el seno

---

[23] Directiva 2014/67/UE del Parlamento Europeo y del Consejo, de 15 de mayo de 2014, relativa a la garantía de cumplimiento de la Directiva 96/71/CE, sobre el desplazamiento de trabajadores efectuado en el marco de una prestación de servicios, y por la que se modifica el Reglamento (UE) nº 1024/2012 relativo a la cooperación administrativa a través del Sistema de Información del Mercado Interior («Reglamento IMI»).

de dicha evaluación. En concreto determinados conceptos jurídicos indeterminados como volumen de negocio, actividad empresarial fundamental o sede administrativa podrían ser definidos con mayor precisión. La otra cara de la misma moneda desde la perspectiva de la legislación aplicable en materia de Seguridad Social la encontramos en el artículo 14.2 y 14.5 bis del Reglamento 987/2009[24] cuando se hace referencia a los conceptos "que ejerce normalmente su actividad" y "sede o domicilio". Dada la relevancia del artículo en cuestión y las consecuencias jurídicas que puede implicar la no sujeción de determinados supuestos a dichas definiciones, una mayor apuesta del legislador por la concreción sería más que bienvenida. No en vano, las dos normas mencionadas son uno de los pocos instrumentos supranacionales que las autoridades inspectoras poseen para luchar contra fenómenos muy recurrentes de diverso tipo como las empresas buzón o las subcontratas sin actividad. Estas propuestas son sólo un ejemplo y se unen a las ya clásicas propuestas de regulación del cada vez más presente teletrabajo o trabajo híbrido internacional a través de una reinterpretación del concepto lex loci laboris[25] con ciertos mecanismos de corrección para no ocasionar cumplimientos meramente formales del concepto sede empresarial, la existencia de requisitos más rigurosos para la constitución de empresas de trabajo temporal u otros agentes de intermediación la-

---

24 Reglamento (CE) nº 987/2009 del Parlamento Europeo y del Consejo, de 16 de septiembre de 2009, por el que se adoptan las normas de aplicación del Reglamento (CE) nº 883/2004, sobre la coordinación de los sistemas de seguridad social.

25 Así, por ejemplo, Carrascosa Bermejo, D. (2023). Seguridad Social en el teletrabajo internacional postpandémico y en el caso específico del nomadismo digital. *Labos Revista de Derecho del Trabajo y Protección Social*, *4*(1), 59-92. https://doi.org/10.20318/labos.2023.7639.

boral, el establecimiento de Registros obligatorios en la Directiva de empresas de trabajo temporal o finalmente la ya hiper mencionada petición de convertir el documento portable A1 en un requisito previo para iniciar cualquier actividad por cuenta propia o ajena en otro estado a los efectos de los artículos 12 y 13 del Reglamento base.

ii) Mejor cooperación interinstitucional y mayor detección preventiva del fraude.

Ya sea por vía legislativa mediante el refuerzo vía modificación reglamentaria de las competencias de naturaleza ejecutiva de la Autoridad Laboral Europea o a través de mecanismos creados a través de acuerdos interinstitucionales, la mejora de la cooperación entre las diferentes autoridades es clave para la aplicación eficaz del Derecho intracomunitario en materia de movilidad laboral. Sólo de esta forma se puede conseguir por ejemplo que un inspector del Instituto da Seguranca Social portugués que visita una obra de construcción en Viana do Castelo pueda obtener información rápida, contrastada y verificada de sus homólogos eslovacos de Socialná Poistovňa sobre la actividad real desempeñada por una empresa de construcción establecida en Presov.

A su vez, la detección *ex ante* de las conductas fraudulentas, una práctica en la que España es pionera desde hace ya varios años también es de vital importancia si nos trasladamos a la perspectiva transnacional.[26] Con dicha detección se evita que los procesos de auditoría laboral

[26] En este sentido, el Organismo Estatal Inspección de Trabajo y Seguridad Social es pionero a nivel comunitario en la inclusión de la movilidad laboral intracomunitaria en la planificación inspectora. Dicha inclusión a través de la Herramienta de Lucha contra el Fraude se realiza no sólo mediante el cruce de base de datos sino a través del uso de campañas extensivas, como ya se mencionó en el Plan

ya de por sí extensos cuando hablamos de fenómenos con dimensión transfronteriza se vuelvan absurdamente interminables como consecuencia de los obstáculos en la cooperación transfronteriza.

Lejos quedan aún proyectos tales como el número único de Seguridad Social europeo, la base común de desplazamiento de trabajadores o el registro unificado europeo de empresas de trabajo temporal. No obstante, solo un camino tendente hacia la verificación coordinada de datos por parte de varias autoridades llevará a una mejor y más eficaz inspección laboral. Hemos de traer aquí el célebre aforismo del escritor bilbilitano Baltasar Gracián que en el *Oráculo manual y arte de prudencia* disertaba acerca de la doble bondad de lo breve. Sin embargo, algo menos conocida es su aseveración "*y aun lo malo, si poco, no tan malo.*" Así, si el objeto de una inspección laboral a una empresa que tiene un elemento transfronterizo es detectar una situación que verdaderamente tiene viso de ser fraudulenta de forma eficaz, entonces el camino recorrido habrá merecido la pena. Así no sólo todo el engranaje legislativo y de control de la normativa habrá funcionado, sino que las empresas y trabajadores que realmente concurren en el mercado de trabajo de forma lícita observarán con certidumbre que los mecanismos del Estado de Derecho funcionan correctamente.

Estratégico de la Inspección de Trabajo y Seguridad Social para los años 2021 a 2023.

ASPECTOS RETRIBUTIVOS

ASPECTOS RETRIBUTIVOS DE LA NUEVA MOVILIDAD INTERNACIONAL

LUIS CARLOS MOYA REBATE
Socio Tax & Legal, Mobility & Compensation
Deloitte

1. La importancia del contexto en la retribución

Cuando pensamos en los sistemas de retribución, especialmente en los de las empresas que mayor esfuerzo están haciendo en comprender las palancas de motivación de los empleados, venimos observando una tendencia clara al diseño de elementos de retribución que traten de acercar su diseño, en la medida de lo posible, a la realidad de los empleados considerados de forma individual.

Las organizaciones comprenden que las personas no son únicamente entes económicos que buscan maximizar sus ingresos. Por el contrario, comprenden que las decisiones relacionadas con el trabajo están fuertemente influenciadas por factores externos como el contexto cultural, las circunstancias personales e incluso el estado emocional. Este cambio en la manera de entender el comportamiento humano no es solo práctico. Cabe recordar que la Academia Sueca otorgó el Premio Nobel de Economía a Richard Thaler en 2017. Thaler demostró que las decisiones humanas no son puramente racionales, sino que están impregnadas de elementos emocionales y contextuales.

En este sentido, las organizaciones gestionan la retribución como un elemento clave en sus políticas de talento que trata de cambiar, modificar e influir en el comportamiento: comportamientos a corto plazo relacionados con el esfuerzo, la atención, la dedicación, más visitas comerciales, mayor velocidad de ejecución y mejores resultados financieros, donde el empleado hace balance entre el coste (el esfuerzo) y la recompensa, ya sea inmediata o futura.

Adicionalmente, en el entorno de la movilidad, se observan decisiones con implicaciones a largo plazo como dónde vivir, dónde educar a la familia, la separación de los seres queridos, etc. En definitiva, se trata de decisiones donde, en una suerte imposible de contabilidad mental, se equilibran renuncias personales, familiares y sociales con la esperanza de una carrera mejor, más internacional, más rápida y más lucrativa.

En este camino hacia un mejor entendimiento del comportamiento de las personas, creemos que la función de compensación y, por tanto, los propios elementos de compensación evolucionarán a diseños donde, como parte de las reflexiones de diseño, se incorporarán planteamientos tradicionales como el coste del plan y su fiscalidad, así como otros elementos más novedosos como una valoración sobre el impacto esperado sobre el comportamiento colectivo. En este contexto, la revisión de las prácticas de mercado podría perder relevancia. A día de hoy, no es extraño valorar la implantación de un elemento retributivo simplemente por el hecho de seguir la competitividad de mercado, asumiendo que si otras organizaciones, especialmente aquellas empresas con mejor reputación o más grandes lo hacen, no podemos dejar que nuestra empresa se quede detrás. Debe recordarse que la valoración del impacto conductual es un proceso experimental, no siendo posible asumir que lo que ha funcionado en otras organizaciones tendrá igualmente un impacto positivo en nuestra organización. Creemos, por tanto, que las funciones de recursos humanos y, en especial, la de compensación incorporarán mecanismos de prueba real o de simulación por inteligencia artificial, donde se pueda testear el potencial impacto de los cambios en los programas de recursos humanos sobre su población.

Veremos, en conclusión, cómo los sistemas de retribución evolucionan desde un entendimiento de la retribución como una palanca que asume que los empleados solo responden al criterio de cuanto más mejor, hacia una comprensión de los elementos motivacionales ajustados a nuestra población de la compensación.

2. La movilidad internacional: Una herramienta estratégica para el futuro

En este nuevo entorno laboral, la movilidad internacional es un componente clave para muchas organizaciones que buscan expandir sus operaciones globales y aprovechar al máximo el talento disponible en todo el mundo.

En este contexto, la movilidad internacional plantea, probablemente alguno de los retos más complicados dentro de recursos humanos:

i) Cuándo recurrir a la movilidad internacional.

Por un lado, elementos como las alternativas de teletrabajo, la velocidad y frecuencia de las comunicaciones o la capacidad de mantener contacto con el hogar o el trabajo con independencia de la localización, parece que deberían reducir las necesidades de movilidad. Sin embargo, vemos como muchas organizaciones siguen apoyando el contacto personal, la creación de espacios colaborativos, la formación de equipos multidisciplinares y, por supuesto, la movilidad. Es decir, siguen apostando por la movilidad como una aplicación efectiva del *principio de aparición* (*Emergence Principle*). Las organizaciones entienden que los sistemas de trabajo de alta participación, donde las habilidades y capacidades individuales se combinan, a través de la colaboración y la interacción, generan resultados organizacionales colectivos superiores y capacidades organizativas como la innovación o la resiliencia. En este sentido, la cercanía que genera la movilidad es imprescindible. Las empresas con más éxito siguen apostando por la movilidad como una forma de promover la interacción cara a cara entre empleados de diferentes ubicaciones geográficas, lo que genera una mayor cohesión y dinamismo dentro de los equipos.

ii) Tipología de movilidad internacional.

El propósito de este capítulo no es detallar las soluciones de movilidad, pero a este respecto, el trabajo que el equipo de movilidad de Deloitte realiza con sus clientes, al desarrollar soluciones de gamificación en las que, a través de árboles de decisión, la compañía puede analizar la necesidad organizativa, frente a las implicaciones de recursos humanos, fiscales, migratorias de compensación y coste, bien responde al título de este capítulo de retribución y la nueva movilidad internacional. Este enfoque permite a las organizaciones evaluar diferentes escenarios y tomar decisiones informadas sobre la movilidad internacional, garantizando que las asignaciones sean tanto beneficiosas para la empresa, como atractivas para los empleados.

iii) Retribución de la movilidad internacional.

Uno de los mayores desafíos en este ámbito es cómo diseñar paquetes de compensación que sean justos y competitivos, y que, al mismo tiempo, mantengan la motivación del empleado a lo largo de todo el proceso de movilidad, desde la asignación inicial hasta la repatriación o el traslado a un nuevo destino. Desde el punto de vista de la compensación, la movilidad internacional ha sido trabajada en un sentido muy cortoplacista, limitándose a analizar cuál es el paquete retributivo que aplica en cada una de las soluciones. Este enfoque maximiza el éxito de una etapa concreta del empleado, y por supuesto de la organización. Sin embargo, puede generar fricciones a la hora de realizar cambios como la repatriación, la movilidad a otra localización o la localización definitiva en destino. Como exponemos a continuación, no existe una única solución a la definición de la retribución en todos estos aspectos, pero sí que existe una manera de afrontarla que optimiza los resultados.

3 La retribución en la movilidad internacional: Elementos clave para el éxito

La retribución debe contar con un esquema de gobiernos, entendido como un marco de referencia que debe nacer de cuatro ejes básicos:

(i) La movilidad debe responder a una necesidad organizativa clara. Las asignaciones internacionales deben tener un valor estratégico para la organización que vaya más allá de la contribución individual del empleado. Esto implica que la movilidad debe estar alineada con los objetivos a largo plazo de la empresa, como la expansión a nuevos mercados o la creación de equipos globales. La retribución debe acompañar, pero nunca ser uno de los objetivos del desplazamiento.

(ii) El tipo de movilidad internacional debe derivarse de las necesidades organizativas, y la retribución debe ser una consecuencia de ello. No todas las asignaciones requieren el mismo nivel de compensación, por lo que es importante que las empresas evalúen caso por caso para diseñar paquetes retributivos adecuados que motiven al empleado sin generar costes innecesarios para la organización.

(iii) La compensación es solo una parte de un conjunto más amplio. Aunque la retribución financiera es importante, hay otros factores que también juegan un papel crucial en el éxito de una asignación internacional. Entre ellos, destacan la motivación personal del empleado, el apoyo de su familia y las oportunidades de desarrollo profesional que ofrece la movilidad. Dicho esto, hay cuatro realidades inmutables en relación con la retribución que nunca podemos perder de vista:

- La compensación es parte de un todo, pero solo una parte. Hay determinados elementos de la movilidad que requieren la convicción de ambas partes (y puede que de la familia) de que el movimiento es fundamentalmente positivo para el empleado desplazado y para la organización. Si no es así, no hay solución retributiva que garantice el éxito del desplazamiento.
- La apreciación de la compensación es fundamentalmente relativa:
  - Frente al momento anterior del propio empleado: Independientemente del nivel retributivo solo se produce satisfacción adicional con incrementos adicionales.
  - Frente a otros casos que el propio empleado considere comparables: La existencia de comparables determinará la satisfacción del empleado. Por muy generoso que sea un paquete, la existencia de comparables mejores será un punto de fricción.
- El valor de la compensación tiene un periodo de apreciación cuando se concede, que se diluye rápidamente.
- Las ganancias (incrementos o pagos adicionales) se valoran menos que las pérdidas, aunque sean por valores equivalentes.

(iv) El sistema de compensación debe trabajarse en diferentes horizontes temporales. La movilidad internacional no se trata solo del momento en que el empleado se traslada a otro país. Es necesario considerar el impacto de la retribución en todas las fases del proceso, desde la asignación inicial hasta la repatriación o el traslado a un nuevo destino.

De este modo, podríamos diferenciar las siguientes fases generales en un proceso de movilidad internacional con su correspondiente impacto retributivo:

i) Ahora:

En esta fase, la empresa debe contar con total transparencia y visibilidad sobre las oportunidades retributivas y de desarrollo profesional que se ofrecen a cada empleado. Es esencial que las opciones salariales y de carrera estén claras y alineadas tanto con los objetivos personales del empleado, como con las metas estratégicas de la organización. Este enfoque proactivo permite asegurar que los empleados comprendan sus posibilidades de crecimiento y las expectativas dentro de la organización.

ii) Movimiento:

- Elementos de coste: Estos son componentes del paquete de asignación diseñados para facilitar la integración del empleado en su nuevo destino. Aunque estos elementos generan un coste significativo, es fundamental no verlos simplemente como una compensación económica para el empleado, sino como inversiones estratégicas de la organización para garantizar su éxito en el nuevo entorno. Facilitan, por ejemplo, la integración cultural tanto del empleado como de su familia.
- Elementos de decisión: Estos son fundamentalmente la retribución en destino, así como incentivos específicos, como bonificaciones de asignación, que ayudan a tomar la decisión de aceptar la movilidad. Al otorgar esta compensación, la empresa busca hacer que

la oportunidad de desplazamiento sea más atractiva para el empleado, asegurando así su compromiso con el nuevo rol.

- Elementos de negociación: Se trata de los aspectos de la retribución que el empleado podría percibir como pérdidas. Esto incluye, por ejemplo, la interrupción en la participación de planes locales de beneficios. En estos casos, la empresa debe gestionar cuidadosamente la negociación para evitar que el empleado sienta que está en desventaja, ofreciendo soluciones alternativas que puedan equilibrar la percepción de pérdida.

Hasta este punto es relativamente sencillo. La complejidad y, por tanto, el reto que tienen las organizaciones ocurre en los dos momentos temporales siguientes:

iii) Consolidación del puesto. Cada vez más empresas entienden la movilidad internacional como una sucesión de asignaciones locales. Especialmente en puestos donde se combina una oportunidad de desarrollo personal con condiciones laborales "comparables" entre origen y destino. No obstante, vemos que existen tres elementos retributivos que no están completamente solucionados:

- Ahorro a largo plazo y sistemas de jubilación locales. Salvo en los casos de expatriados que mantienen contratos en origen y destino, este elemento constituye una complicación tanto financiera como administrativa. En este sentido, adelantamos que en una combinación de financiación empresa-empleado, los siguientes elementos de retribución pueden tener cabida:
    - Entregas adicionales de acciones orientadas a crear un vínculo adicional y generar ahorro a largo plazo.
    - Sistemas de ahorro que permitan obtener liquidez en los cambios de localización.

  - Sistemas de gestión individual. Pagos finalistas por parte de la empresa donde los empleados seleccionan el vehículo de ahorro.

- Soluciones educativas para la familia

  Las limitaciones culturales y de lenguaje hacen que el movimiento de la familia en determinados tramos de edad sea imposible sin una solución de escuela internacional. Las soluciones individualizadas crean conflictos, precedentes difíciles de gestionar. A este respecto, es fundamental contar con una solución predefinida, que no debe estar únicamente fundamentada en el nivel del empleado y el coste de un caso concreto. Volviendo a la reflexión de la ganancia organizacional que se crea en su conjunto, sería necesario explorar el coste de este tipo de decisiones teniendo en cuenta:

  - Nivel educativo del sistema público.
  - Nivel educativo del sistema privado y coste comparativo.
  - Alternativas de educación internacional y coste comparativo.

  En caso de no contar con una solución, la simple evolución familiar impone una serie de restricciones a la movilidad que limita enormemente la capacidad de la organización para ofrecer oportunidades profesionales o asignar el talento más adecuado a retos organizacionales.

- Beneficios médicos internacionales

  Es necesario reconocer que, tanto en frecuencia como en duración total, la población de empleados desplazados suele estar en un país distinto al que trabaja durante un gran número de días al año. Si tenemos en cuenta los desplazamientos familiares aún más y, en el externo, si tenemos en cuenta las posibilidades de trabajo remoto internacional, las *workaciones* y otras nuevas soluciones de trabajo, las posibilidades de requerir asistencia médica en un tercer país se multiplican.

Sin perder de vista la gran diferencia de coste de los planes de salud entre regiones, no es ajeno a ningún área de beneficios sociales, situaciones como accidentes, enfermedades, maternidades y otras situaciones donde la atención médica es crítica. Estas situaciones, unidas a la difuminación del lugar de trabajo entre el hogar, la oficina e incluso entre países, hacen que sea casi imposible que la empresa no se ocupe, al menos administrativamente. Por ello, con cierto grado de coparticipación en el coste entre empresa y empleados, es fundamental encontrar productos de seguro que permitan dibujar un escenario de mayor seguridad para empleados, familias y organizaciones.

iv) Próximo puesto. Si bien esta etapa es futura, la mayor parte de la gestión de la misma ocurre en la asignación previa. Es crucial considerar cómo los elementos retributivos actuales afectan a las futuras opciones de movilidad y cómo se gestionarán estos aspectos para garantizar una transición fluida. Para cada elemento retributivo, es esencial definir su valor actual, evaluar la posibilidad de mantener un nivel comparable en futuras asignaciones y, en caso necesario, desarrollar estrategias de mitigación para cualquier posible traba. Aunque no siempre será posible encontrar una solución perfecta, la comunicación anticipada y la gestión proactiva de los cambios son fundamentales para minimizar los inconvenientes.

4. Movilidad, inclusión, diversidad y retribución

No querría acabar este capítulo sin una última nota sobre diversidad e inclusión, entendiendo tales conceptos desde un punto de vista funcional y cultural, que vaya mucho más allá del género. Este aspecto, a mi entender, es una asignatura pendiente por parte de las organizaciones. A la hora de definir los programas de recursos humanos y, especialmente, los de movilidad, existe cierta tendencia a pensar en prototipos de empleados que limitan enormemente la potencial aplicación a empleados "menos frecuentes", quienes, con la flexibilidad adecuada, podrían ser candidatos óptimos.

En este sentido, esperamos ver en el futuro reflexiones importantes sobre la definición de los paquetes de desplazamiento, la asimilación cultural de la familia, la propia definición de familia o incluso la normalización, y cogestión por parte de la compañía, de familias con múltiples hogares. En el mismo sentido, la definición de beneficios sociales locales se someterá a revisiones que permitan hacer transiciones entre jurisdicciones con una base común importante y sin que el perfil cultural de los empleados desplazados sea un inconveniente. Seguramente, uno de los aspectos más relevantes en este sentido será la gestión de vacaciones y permisos, muy especialmente los de maternidad y paternidad que, a día de hoy, difieren enormemente entre jurisdicciones.

EVOLUCIÓN DE LAS POLÍTICAS DE COMPENSACIÓN EN ESPAÑA: 30 AÑOS DE ESTRATEGIAS EN MOVILIDAD GLOBAL

JORGE MARTÍN MARTÍN
Global Head of Talent & Culture
Iberdrola

La movilidad internacional ha adquirido un papel esencial en los procesos de internacionalización de las empresas a lo largo de las últimas décadas. En el caso de España, el fenómeno de la globalización trajo consigo una mayor presencia de empresas españolas en mercados extranjeros, impulsando la movilidad de las personas trabajadoras y la transformación de las políticas internas de recursos humanos. Esta evolución ha tenido un impacto significativo tanto en la estructura organizativa como en la gestión del talento y las estrategias empresariales, redefiniendo la manera en que las empresas operan y compiten en un entorno cada vez más interconectado.

Por ese motivo, y arrancando desde la década de los 90, a través de este apartado os propondremos un repaso general a esta evolución en las políticas de compensación planteadas por las distintas multinacionales, teniendo presente el contexto que, en muchos casos, pudo motivar las decisiones que se tomaron en el diseño e implementación de estas políticas.

1. El contexto de la internacionalización de las empresas españolas

Si debemos marcar un primer punto de arranque de este proceso de internacionalización vivido por parte de las empresas españolas, quizás debamos hacerlo en la década de los 90, fruto de un cúmulo de factores internos y externos que, sin duda, favorecieron ese cambio de orientación estratégica.

Haciendo un breve ejercicio retrospectivo, por aquellas fechas España experimentó un proceso acelerado de internacionalización empresarial fruto de la situación financiera que a nivel macro afectaba al país. La Guerra del Golfo o la burbuja inmobiliaria en Japón, por ejemplo, fueron algunos de los factores que marcaron la crisis económica que vivimos en 1992 y 1993, lo que obligó a las grandes compañías españolas a mantener su competitividad buscando negocio más allá de nuestras fronteras. Sectores como la construcción, la banca, la energía, las telecomunicaciones o las infraestructuras, claves dentro de nuestro tejido empresarial, fueron pioneros en liderar este proceso de expansión internacional.

Partiendo de esta situación interna, las dos plataformas que marcaron nuestra proyección internacional fueron la puesta en marcha del mercado único europeo o el Acuerdo de Schengen de 1995, que permitieron la libre movilidad de personas, mercancías, servicios y capitales entre los países a de la Unión. También América Latina, debido a los lazos históricos y culturales compartidos, así como al potencial de crecimiento de sus mercados emergentes, fue otro destino clave en la estrategia expansiva de estas compañías.

2. La movilidad internacional: clave en el proceso de internacionalización

Pero centrándonos en lo que nos atañe, este proceso de internacionalización no se ha limitado únicamente a la exportación de bienes o la apertura de sucursales en el extranjero, sino que también ha implicado la transferencia de personas y conocimiento entre países. La movilidad internacional de profesionales ha sido, en este sentido, un pilar fundamental para garantizar el éxito de las operaciones globales. Por aquel entonces, el personal "expatriado" desempeñó un rol esencial en la gestión de filiales, en la transmisión de cultura corporativa y en la creación de sinergias entre las matrices y las filiales internacionales.

En las primeras fases de la internacionalización, la movilidad internacional estaba reservada principalmente para los altos directivos y ejecutivos, encargados de liderar la expansión en mercados estratégicos. Sin embargo, a medida que las empresas fueron siendo más globales, la movilidad evolucionó hacia un enfoque más amplio e inclusivo, afectando a diferentes niveles organizacionales y perfiles profesionales, desde técnicos especializados hasta gerentes de nivel medio y colaboradores clave para proyectos específicos.

Hoy en día, la movilidad internacional permite no sólo la transmisión de conocimientos técnicos y culturales entre mercados, sino también la creación de redes transnacionales que fortalecen la capacidad de las empresas para innovar y adaptarse a las particularidades locales, transformándose así en una herramienta clave para la competitividad global.

3. Impacto en las estructuras y organización empresarial

Lógicamente, esta internacionalización y la creciente movilidad de personas impulsó también de forma necesaria una reestructuración significativa en sus estructuras internas de gestión. Uno de los principales cambios ha sido el diseño de estructuras más flexibles y descentralizadas que permitan a las empresas adaptarse rápidamente a las demandas de los mercados locales sin perder de vista los objetivos globales. Las filiales en el extranjero han ganado mayor autonomía en la toma de decisiones operativas, aunque las estrategias generales siguen alineadas con las directrices de la matriz.

Este cambio estructural ha dado lugar a una mayor interdependencia entre las distintas unidades de la organización. En lugar de operar como entes aislados, las filiales y las oficinas centrales colaboran estrechamente en la gestión del talento y en la implementación de políticas globales. Por lo tanto, en gran medida, la movilidad internacional ha actuado como un catalizador para esta transformación, promoviendo un enfoque más transversal y colaborativo dentro de las empresas.

Además, la creación de equipos globales y la necesidad de gestionar una fuerza laboral distribuida geográficamente también ha impulsado la adopción de herramientas digitales que facilitan la comunicación y la coordinación entre los diferentes puntos de la organización. Derivado de ello el uso de plataformas tecnológicas para la gestión de proyectos, reuniones virtuales y colaboración en tiempo real ha pasado a ser una práctica común, acortando distancias y mejorando la eficiencia operativa.

4. Impacto en las políticas de recursos humanos

Siguiendo con este "análisis de embudo", el impacto de la movilidad internacional en las políticas de recursos humanos también ha sido profundo y multifacético. Para gestionar de manera efectiva el talento global y facilitar su movilidad internacional, las empresas han tenido que desarrollar nuevas estrategias de recursos humanos que incluyan programas de expatriación, formación intercultural y planes de desarrollo de carrera internacional.

Haciendo un breve repaso por algunas de las áreas más afectadas por este proceso:

i) Gestión del talento global: Uno de los mayores desafíos para los departamentos de recursos humanos ha sido la identificación y selección de los empleados adecuados para asignaciones internacionales. No todas las personas están dispuestas o capacitadas para trasladarse a otro país, lo que requiere una evaluación cuidadosa de sus competencias técnicas, capacidad de adaptación cultural y motivaciones personales.

Fruto de ello, las políticas de desarrollo de talento también se han adaptado para garantizar que este talento contara con las habilidades necesarias para enfrentarse a los retos de trabajar en un entorno internacional, lo cual incluye no solo competencias técnicas, sino también "soft skills" como la comunicación intercultural, la negociación en entornos diversos y la gestión de equipos multiculturales.

ii) Programas de expatriación: El envío de profesionales a filiales o proyectos en el extranjero implica una serie de consideraciones logísticas, financieras y legales (fiscales, migratorias, laborales o de seguridad social). Por ello, las empresas españolas han tenido que desarrollar programas de expatriación que contemplen no sólo una "propuesta de valor" atractiva y completa (que incluya aspectos como el alojamiento, los seguros médicos, el apoyo familiar, los impuestos o la reubicación), sino también viable desde el punto de vista financiero y legal. Todo ello, buscando garantizar que las personas desplazadas pudiesen centrarse en sus responsabilidades sin que los problemas prácticos del traslado afectasen a su rendimiento.

Además, en los últimos años ha habido un creciente interés en facilitar el retorno de éstas a su país de origen, buscando aprovechar el conocimiento y las experiencias adquiridas durante su estancia en el extranjero. Esto ha dado lugar a la creación de planes de retorno, diseñados para facilitar la transición de los empleados una vez concluidas sus asignaciones internacionales.

iii) Diversidad e inclusión: La internacionalización y la movilidad de personas han aumentado la diversidad dentro de las empresas españolas, lo que ha llevado a una mayor atención en las políticas de inclusión. La gestión de equipos multiculturales ha requerido la implementación de políticas que promuevan el respeto por las diferencias culturales, la igualdad de oportunidades y un ambiente de trabajo inclusivo. Esto ha obligado a los departamentos de recursos humanos a revisar sus prácticas de selección, formación o desarrollo, para garantizar que se valoren las diversas perspectivas que los empleados/as internacionales aportan.

iv) Flexibilidad laboral y teletrabajo: Por último, la pandemia de COVID-19 aceleró un cambio significativo en las políticas laborales que supuso, entre otras, la implantación efectiva del teletrabajo y la flexibilidad laboral. Aunque la movilidad internacional tradicional, basada en asignaciones a largo plazo en otros países, sigue siendo relevante, ha crecido el número de proyectos internacionales que se gestionan de manera remota. Este cambio ha obligado a las empresas a rediseñar sus políticas de trabajo flexible, permitiendo a los equipos colaborar en proyectos internacionales sin necesidad de desplazarse físicamente.

5. Evolución de los esquemas de compensación salarial y retributiva

Entrando, por último, en el repaso evolutivo que los esquemas de compensación han tenido a lo largo de estas últimas décadas, quizás las palabras "focalización" o "profesionalización" podrían resumir el conjunto de decisiones tomadas por las compañías a la hora de presentar una propuesta atractiva a su talento en movilidad.

A principios de los 90, las empresas ofrecían paquetes de expatriación muy competitivos para atraer talento hacia este mercado exterior. Estos paquetes solían incluir, con carácter general:

i) Mejoras salariales, ya fuesen vía incremento en salario base local o a través de la asignación de algún complemento retributivo asociado al puesto.

ii) Generosas primas de expatriación, en algunos casos universales o regionales, donde se consideraban: miembros desplazados, diferencial de coste y calidad de vida promedio (en función de región) o duración del desplazamiento.

iii) Cobertura de vivienda en el país de destino, considerándose número de miembros desplazados y zonas de seguridad.

iv) Cobertura escolar completa para los descendientes desplazados.

v) Seguros de salud internacionales.

vi) Asistencia fiscal internacional en destino.

En esta década, las personas elegidas valoraban especialmente los beneficios que aseguraban su estabilidad financiera y bienestar familiar (alojamiento, educación y cobertura sanitaria, altamente apreciada debido a la incertidumbre de los sistemas de salud en el extranjero). Por ello, el objetivo que se marcó en su definición no era otro que el de compensar esta reactividad e inconvenientes de trasladar a una persona y a su familia a un entorno cultural y económico nuevo, donde muchas veces las infraestructuras y servicios eran menos desarrollados.

Sin embargo, ya en los años 2000 y a medida que la movilidad internacional se volvió más frecuente, aumentando por ello la competencia global por el talento, los esquemas de compensación experimentaron un cambio hacia una mayor racionalización y personalización. Las empresas comenzaron a revisar sus políticas con el fin de reducir costes sin dejar de ofrecer incentivos atractivos. Derivado de ello, los modelos de compensación se diversificaron para adaptarse a las diferentes modalidades de movilidad, diferenciándose entre asignaciones de corto plazo, expatriaciones de largo plazo o traslados definitivos, cada uno de ellos con sus propios esquemas retributivos. Mientras que las asignaciones a corto plazo incluían primas por movilidad y alojamiento temporal, las asignaciones a largo plazo ofrecían paquetes más completos y adaptados en los que la compensación era, por un lado, más ajustada al puesto y condiciones locales del país destino y, por otro, más distribuida en función de la ayuda, servicio o compensación a cubrir:

i) Las mejoras salariales, siendo aún generosas, ya empezaban a plantearse en función del puesto y desempeño.

ii) Las primas de expatriación se adecuaron en mayor medida a la realidad de destino, incorporándose ayudas de previsión social para cubrir potenciales sistemas de seguridad social menos robustos.

iii) Se incorporaron ayudas de asistencia para la implantación en destino (relocation), que consideraban ayudas a la mudanza, orientación cultural o clases de idiomas.

iv) Comenzaron a darse ayudas para billetes de avión que permitiesen visitas periódicas al país de origen.

Fue también en este periodo cuando comenzaron a introducirse nuevas prácticas como el "local plus", a través de las que se ofrecían beneficios específicos según el país de destino, pero ajustando los salarios más a las condiciones locales que a las del país de origen.

En resumen, comenzaron a valorarse más los beneficios personalizados y los incentivos por desempeño, ya que estos reflejaban un reconocimiento directo al trabajo y contribuían al desarrollo profesional y personal, así como la asistencia en reubicación, que también fue muy apreciada por facilitar la adaptación al nuevo entorno.

La siguiente década, la del 2010, vino marcada por el bienestar y la flexibilidad laboral. La creciente importancia de ambas impulsó cambios en los paquetes de compensación, incorporándose elementos que favoreciesen el equilibrio entre la vida laboral y personal. Derivado de ello, comenzaron a introducirse los primeros esquemas de trabajo remoto o híbrido, que permitían una dedicación total al proyecto en destino, sin necesidad de un desplazamiento permanente. Traslados puntuales o periódicos, pasaron a sustituir desplazamientos a tiempo completo al país, favoreciéndose con ello:

i) La afectación a la unidad familiar de la persona. No siendo necesario su desplazamiento.

ii) El desarrollo profesional. Gracias a la participación en nuevos proyectos bajo nuevas realidades y perspectivas.

iii) La mejora salarial, impactando muy positivamente en los ingresos familiares, no sólo gracias a los complementos retributivos ofrecidos, sino también al aprovechamiento de las exenciones y normativa fiscal a la que en gran medida podían acogerse.

Fue, por tanto, un periodo de claro auge para la optimización fiscal, aprovechándose normativas, convenios bilaterales y/o exenciones temporales, a través de los cuales maximizar los ingresos de la persona vinculada al proyecto, en función del país/es al que se desplazaba. Ya no hablamos de un único criterio o tratamiento, sino de un planteamiento fiscal muy adaptado al país/región de destino; esquemas de compensación en bruto para países con baja o nula tributación, convivían con protecciones fiscales completas en aquellos con cargas impositivas elevadas.

Centrándonos en bienestar, el desplazamiento permanente de la unidad familiar fue tratado bajo una nueva perspectiva, incorporándose nuevos complementos o servicios con los que apoyar la salud mental y física de los miembros, principalmente en las primeras fases de adaptación al nuevo destino o tras su regreso final.

Concluyendo este repaso por la evolución de los complementos y paquetes de compensación internacional, resulta importante detenernos mínimamente en el contexto actual global para entender así los factores que están determinándolos.

En un contexto marcado de forma significativa por la pasada pandemia de COVID-19 o los conflictos bélicos globales, algunas de las reglas que están marcando de forma significativa esta nueva competitividad global se basan en:

i) La seguridad jurídica y financiera, buscándose mercados estables y/o fácilmente predecibles.

ii) La rapidez de respuesta, siendo la variable tiempo un factor clave a la hora de diferenciarse.

iii) Los costes, obligando a las empresas a buscar fórmulas de reducción/optimización de costes que garanticen su competitividad.

Esta nueva realidad está dando lugar a que las tendencias en compensación internacional estén muy marcadas por la Digitalización, la Flexibilidad (que vino para quedarse) y la *Employee Experience.* Tampoco debemos olvidarnos de la creciente importancia que la gestión del conocimiento está adquiriendo a nivel global, lo que está convirtiendo a la movilidad internacional en una herramienta capital en la estrategia de personas y negocios para conseguir diferenciarse de la competencia.

La pandemia vivida a nivel global aceleró, no solo el proceso de digitalización de las compañías, sino también la preocupación y exigencia de la persona con respecto a la movilidad. La nueva preocupación incluye ahora nuevos intangibles para los que, en muchos casos, exigen a la empresa de una respuesta precisa a potenciales riesgos en destino, por muy remotos que estos inicialmente parezcan. A ello, se le añade una creciente búsqueda de la experiencia vital durante el proceso que, no sólo garantice un acompañamiento y apoyo precisos en los momentos clave (antes, durante y después), sino un reconocimiento profesional que ponga en valor el esfuerzo realizado.

Derivado de ello, cada vez son mayores las empresas que apuestan por la "personificación" de las soluciones o paquetes de movilidad que, siendo de común aplicación, atiendan a las necesidades individuales de cada caso. Los nuevos conceptos flexibles o *a la carta* se están abriendo paso, permitiendo a cada persona "construir", a partir de una bolsa de complementos comunes, su paquete de compensación en base a sus propias necesidades personales. De igual forma está sucediendo con las posibilidades de desplazamiento, permitiéndose en muchos casos la elección temporal, permanente o periódica, en función de sus propios intereses personales.

Todo ello, está obligando al desarrollo de nuevas plataformas digitales a través de las que gestionar el ciclo de vida completo del desplazamiento, gracias a las que:

i) Configurar de forma ágil los esquemas de desplazamiento en base a las elecciones personales.

ii) Monitorizar de forma precisa las distintas interacciones de los departamentos implicados.

iii) Mantener una comunicación abierta y permanente con la persona en movilidad, permitiéndose una respuesta ágil ante cualquier situación o imprevisto.

iv) Medir la calidad de los servicios ofrecidos tanto a nivel interno como externo, analizando gaps y puntos débiles.

La movilidad, por tanto, hoy más que nunca está suponiendo un reto tecnológico a las compañías que manejen grandes volúmenes.

A ello, ha de añadirse el uso creciente del teletrabajo internacional, que está suponiendo todo un desafío global desde el punto de vista normativo y operativo. Cada vez más empresas están diseñando esquemas para empleados que trabajan en un país diferente para el que prestan el servicio. Estos modelos implican compensaciones ajustadas al país de residencia y beneficios específicos según la normativa local. Aquí, la equidad y la competitividad en el mercado global son cruciales. En cuanto a beneficios adicionales, las compañías están ya considerando nuevos incentivos adicionales como programas de desarrollo de carrera, formación intercultural y planes de bienestar que, como parte del paquete de compensación, buscan no solo atraer talento, sino también retenerlo a largo plazo.

6. Previsión futura de los esquemas de compensación internacional

De cara al futuro, las multinacionales españolas se enfrentan a varios desafíos y oportunidades en la gestión de la compensación internacional.

Uno de los principales factores será precisamente esta creciente adopción del teletrabajo internacional, que obligará a las empresas a diseñar políticas que contemplen las disparidades en los costes de vida, las normativas fiscales y la competitividad salarial entre plantillas de distintas regiones. Las empresas deberán encontrar un equilibrio entre la compensación justa y el control de costes, mientras gestionan el creciente deseo de muchas personas a trabajar de manera flexible desde distintas ubicaciones.

Asimismo, todo apunta a que la consolidación del trabajo híbrido será otro factor determinante. Si bien el teletrabajo ha demostrado ser eficaz para muchas funciones, los desplazamientos internacionales seguirán siendo fundamentales para roles estratégicos, operaciones clave y la integración cultural en las filiales internacionales. Las políticas de compensación deberán reflejar esta dualidad, permitiendo a las empresas gestionar a una fuerza laboral que alterna entre el trabajo remoto y el trabajo presencial internacional.

El uso de inteligencia artificial (IA) en la gestión de la movilidad internacional permitirá a las empresas optimizar la creación de paquetes de compensación, personalizándolos según las necesidades individuales de los empleados y las condiciones del mercado. La IA también podrá ayudar a predecir los impactos de los cambios macroeconómicos y ajustar los esquemas de compensación en tiempo real.

Asimismo, los conflictos internacionales y las tensiones geopolíticas obligarán a las multinacionales a adaptar rápidamente sus políticas para asegurar la seguridad y el bienestar de sus empleados/as. La inflación, la inestabilidad política y la creación de nuevas normativas sobre movilidad internacional afectarán directamente los esquemas de compensación y los modelos de movilidad. En este contexto, es probable que las empresas prioricen la flexibilidad y la agilidad para ajustar las políticas retributivas a los cambios bruscos en el entorno global.

Además, la creciente relevancia de los nuevos conceptos de bienestar y equilibrio entre vida laboral y personal se espera siga marcando las futuras políticas de compensación. Las personas ahora buscan, además de una compensación económica adecuada, beneficios que mejoren su calidad de vida, como flexibilidad horaria, acceso a servicios de bienestar, oportunidades de formación continua, e incluso apoyo para el desarrollo de una carrera internacional flexible y variada.

7. Conclusiones

La evolución de las políticas de compensación en la movilidad internacional de las multinacionales españolas refleja, como no podría ser de otra forma, una adaptación constante tanto a las necesidades del mercado global, como a las expectativas de su talento interno y las condiciones económicas.

Desde los paquetes de expatriación muy generosos de los años 90, pasando por la racionalización post-crisis de 2008, hasta los actuales modelos flexibles y adaptados al teletrabajo, las empresas han tenido que encontrar un delicado equilibrio entre atraer talento internacional, gestionar costes y cumplir con las normativas locales.

De cara al futuro, la capacidad de las multinacionales para adaptar sus políticas de compensación a un entorno global cambiante será clave. Las empresas deberán gestionar no solo las diferencias geográficas, macroeconómicas, normativas o de seguridad, sino también las nuevas demandas de sus equipos, como este teletrabajo internacional, el uso de tecnologías avanzadas y la búsqueda de un mayor bienestar personal y profesional.

En resumen, la movilidad internacional seguirá siendo una herramienta estratégica para las multinacionales españolas, y su éxito dependerá de la capacidad de las empresas para ofrecer paquetes retributivos justos, competitivos y sostenibles en un entorno cada vez más complejo y dinámico.

ASPECTOS DE SEGURIDAD SOCIAL

AVANZANDO EN LA INTERNACIONALIZACIÓN DE LA SEGURIDAD SOCIAL

SUSANA BURGUEÑO
Socia Tax & Legal, Mobility & Compensation
Deloitte

El mundo empresarial se globaliza cada vez más. Esta globalización inunda también el mundo del trabajo y las relaciones laborales: se globalizan las funciones, los equipos, los proyectos, las posiciones, etc. Según se desprende de la realidad a la que nos enfrentamos todos los días, las empresas precisan de nuevas formas de organización laborales, en las que puedan disponer de un "pool de talento global" del que seleccionar a los empleados más cualificados–según sus perfile y experiencia–que puedan ajustarse mejor a los nuevos proyectos, sin tener en cuenta las posibles fronteras geográficas que puedan existir atendiendo a su ubicación física.

Por otro lado, el incremento del teletrabajo en general ha generado en los empleados unas mayores expectativas de flexibilidad respecto a la relación laboral lo que, entre otros aspectos, afecta al lugar geográfico desde el cual prestar servicios. Como consecuencia de ello, solicitan a sus empleadores el poder trabajar desde diferentes países o, incluso, el no tener un país fijo de trabajo sino poder cambiar libremente de país de prestación de servicios.

Como consecuencia de esta, cada vez mayor, globalización de los negocios, en el panorama laboral han ido surgiendo situaciones jurídico-laborales también "internacionalizadas", si por ello entendemos relaciones laborales en las que confluye algún elemento internacional: empleados "multi-país", viajeros frecuentes, empleados con roles globales /regionales, etc. son figuras cuyo volumen vemos incrementarse de modo exponencial en la realidad empresarial.

¿Están preparadas nuestras normas internacionales de Seguridad Social para acoger esta nueva realidad laboral tan globalizada?

Muchos de nuestros instrumentos internacionales de Seguridad Social fueron firmados hace más de 20 y de 30 años, en un contexto en el que el grado de internacionalización de las relaciones labores era muy diferente.

De este modo, nuestros convenios de Seguridad Social recogen el escenario laboral internacional que las compañías de ese momento necesitaban implantar en sus procesos de internacionalización: el escenario que podemos definir como "desplazamiento puro", donde un empleado de una compañía española era enviado a otro país, por un período de tiempo determinado, para que llevara a cabo una función / proyecto concreto en nombre de su empleadora. A la finalización de esa misión, el empleado volvía a su país de origen y continuaba trabajando en la entidad empleadora.

Si bien la figura de estos desplazamientos puros continúa existiendo en la realidad de nuestras empresas, como apuntábamos antes cada vez son más numerosas situaciones jurídico-laborales "internacionalizadas" que prácticamente no existían, o bien en un volumen muy bajo, en el momento de firmar los Convenios de Seguridad Social.

El mundo del trabajo actual demanda una revisión de los textos de estos convenios o, en su defecto, de su interpretación y aplicación práctica, de tal modo que se adecúen y recojan los nuevos escenarios laborales internacionalizados que existen actualmente en el panorama empresarial y entre los que destacamos los siguientes:

1. Empleados multi-país

Estos empleados multi-país son los que prestan sus servicios, de modo simultáneo o sucesivo, en diferentes jurisdicciones, mediante continuos viajes entre ellas.

En esta figura quedarían, por ejemplo, adscritas las posiciones cuyo ámbito de responsabilidad trasciende un solo país. Son posiciones globales o regionales que implican que el trabajador debe viajar habitualmente, de modo continuo, entre los países que quedan bajo su ámbito de responsabilidad.

Los empleados multi-país, circunscritos al ámbito de la Unión Europea (e.g. un Responsable de Ventas de España y Portugal), son los únicos que contarían con una solución de seguridad social adecuada a su realidad. De este modo, ya desde sus inicios, el Reglamento de Seguridad Social aplicable en el espacio de la UE/EEE recogía la realidad del trabajador multi-país (motivado, entendemos, por la mayor movilidad que podía existir en este ámbito geográfico limitado).

Sin embargo, ¿qué podríamos hacer con un Responsable de Ventas de España y México? Ningún convenio bilateral recoge la realidad del trabajador multi-país (probablemente, porque en el momento en que fueron firmados no era tan factible o habitual el poder trabajar de modo habitual en dos países tan alejados geográficamente).

Ante esta situación, que cada vez se nos presenta con más frecuencia, se nos plantean distintas opciones:

i. ¿Solicitamos un certificado de cobertura que cubra cada viaje que realiza a México? Esta solución, que podría ser la que más se ajustase al texto del Convenio, implica una carga burocrática elevada tanto para la empresa como para las autoridades de Seguridad Social, que pueden estar durante todo el año tramitando sucesivamente numerosas solicitudes para cubrir el trabajo desarrollado en México (carga de trabajo que iría aumentando exponencialmente si son habituales los roles multi-país en esa compañía).

ii. ¿Solicitamos un certificado de cobertura como si fuera un "desplazamiento puro" según el texto del Convenio? Esta solución no se ajustaría a la realidad de los movimientos y, fundamentalmente, a los períodos de trabajo que el empleado desarrollaría en España.

iii. ¿Solicitamos un certificado de cobertura como si fuera un "desplazamiento puro" e indicamos, mediante escrito adicional a las autoridades de Seguridad Social el desarrollo de la prestación de servicios multi-país" (de modo que podamos trasladar a las autoridades la realidad de la prestación del servicio y la necesidad de cobertura del período que pase en España)? Y cuándo se agote la duración máxima del sometimiento de la legislación de Seguridad Social en origen, ¿en qué país se debería cotizar?

Se trata este de un escenario complejo en la práctica que requiere de una solución específica: el establecimiento de la figura del empleado "multi-país" en los escenarios de países terceros, tanto con convenio bilateral con España como sin él, pues la aplicación de la Orden ISM/835/2023, de 20 de julio, nos llevaría a un problema de gestión práctica muy similar.

2. Empleados "multi-país combinados"

La realidad nos demuestra que las situaciones multi-país en numerosas ocasiones abarcan más de un país.

De nuevo, un Responsable de Ventas Sur de Europa (que cubriese España, Portugal, Grecia e Italia) encontraría una adecuada cobertura de Seguridad Social en el texto del Reglamento comunitario.

Sin embargo, si a este Responsable de Ventas de sur de Europa se le añadiese la responsabilidad de Marruecos nos traería muchos dolores de cabeza; ¿por qué? porque no es posible simultanear varios certificados de cobertura a la vez (es necesario la cancelación del actual certificado de cobertura antes de la emisión de uno nuevo).

De este modo, posiciones de roles globales (e.g. Responsable de Ventas LATAM), desplazados "puros" que puntualmente realizan algún viaje de negocios a otro país, etc. plantean problemas desde la perspectiva de la tramitación práctica de su adecuada cobertura de Seguridad Social.

Por ello, se hace necesaria una solución a este tipo de situaciones tan frecuentes en la actualidad: una solución que no conlleve una mayor carga administrativa para empresas y autoridades de Seguridad Social (emitiendo certificados de cobertura, cancelándolos, volviéndolos a emitir...), permitiendo la coexistencia de varios certificados de cobertura a la vez, que cubran la prestación de servicios multi-país, combinada al amparo de diferentes instrumentos jurídicos internacionales.

3. Viajes de negocio

Los viajes de negocio son otra de las realidades laborales actuales que no encuentran una cobertura específica en los textos de los instrumentos jurídicos de Seguridad Social.

Es muy común ver cómo, dentro de la plantilla de una empresa, son numerosos los empleados que realizan viajes de negocios. De hecho, empresas que no tienen movilidad internacional en sentido estricto (esto es, los supuestos que antes hemos denominado "desplazamientos puros") pueden tener cientos, miles de viajes de negocio al año. Actualmente, no hay empresa que escape de contar con esta situación entre sus empleados.

Como apuntábamos, los convenios no prevén una solución específica para los viajes de negocio. Al ser "negocio" (y no tanto "trabajo", lo que nos eximiría a efectos migratorios de la solicitud de un permiso de trabajo y la posibilidad de viajar con una mera visa de negocios), en puridad, el texto de los convenios de seguridad social no sería aplicable.

Sin embargo, los criterios prácticos de los distintos países e incluso de la Unión Europea, nos indican que debemos solicitar certificados de cobertura también en estos escenarios.

De este modo, es muy frecuente que todas las compañías se planteen: ¿a partir de qué duración del viaje debemos solicitar un certificado de cobertura? ¿debemos solicitarlo, aunque el viaje solo dure un día?

Ante esta situación, considerando el elevado número de viajes de negocio que se realizan anualmente, las empresas están acudiendo a soluciones automatizadas, que permitan solicitar los certificados de cobertura de todos los viajes de negocio que realizan sus empleados. Estas soluciones robotizadas normalmente están vinculadas con la solicitud del transporte (billetes de avión) que gestionan las agencias de viajes.

Ahora bien, ¿está nuestro sistema de Seguridad Social preparado para la tramitación de miles y miles de solicitudes? ¿es esta la finalidad real de la norma?

De nuevo, sería preciso una solución adecuada para esta situación específica, como podría ser la notificación general, y por una vez, de que determinado trabajador realizará viajes de negocio a determinados países sin que dichos viajes superen una determinada duración, limitando, eso sí, la naturaleza de las funciones al ámbito de "negocios" (y no de "trabajo").

4. Teletrabajo internacional

La realidad del Teletrabajo Internacional ha sido tratada en numerosos estudios, como consecuencia fundamentalmente de la rápida evolución que sufrió esta figura laboral a raíz de las situaciones vividas como consecuencia del COVID-19.

Una vez más, en el ámbito de la Unión Europea, las situaciones de Teletrabajo Internacional pueden tener una adecuada cobertura a través de las decisiones de la Comisión Administrativa de Coordinación de los Sistemas de Seguridad Social, así como el acuerdo marco respecto a la aplicación del art.16 del Reglamento 883/2004. Sin embargo, si el Teletrabajo Internacional se realiza en un estado tercero (ya tenga convenio bilateral de Seguridad Social con España o no), nos encontramos con una situación complicada de gestionar desde el punto de vista de la Seguridad Social.

¿Podría solicitar un certificado de cobertura para un supuesto de Teletrabajo Internacional?, ¿depende del convenio bilateral y el criterio de las autoridades del otro país?. Si no es posible, y es preciso cotizar en el otro país, ¿puedo continuar cotizando en España o, dado que se solaparán periodos de cotización, en virtud del Convenio no serán tenidos en cuenta los períodos cotizados en España? ¿Podría, en este caso, aplicar la Orden ISM/835/2023, de 20 de julio?

En puridad, atendiendo al texto de la Orden ISM/835/2023, de 20 de julio, no resultaría aplicable a los supuestos de Teletrabajo Internacional y, por tanto, no sería posible mantener el pago de las cotizaciones de seguridad social en España.

Es este otro de los aspectos de la nueva realidad laboral que la norma debería regular adecuadamente.

5. Ingreso de cotizaciones derivadas de la contratación por entidad no constituida en España

Del mismo modo que en los casos anteriores, cada vez con mayor frecuencia nos encontramos situaciones de empleados que prestan servicios en España para entidades empleadoras no constituidas legalmente en nuestro territorio. Puede tratarse tanto de teletrabajadores internacionales como de empleados que vienen a realizar una función en España (por ejemplo, desarrollo del negocio en España) cuya entidad empleadora no tiene Convenio de Seguridad Social con España (o, teniéndolo, no ha resultado aplicable la solicitud de un certificado de cobertura para esta situación en concreto).

En estos supuestos, la empresa extranjera ha de registrarse en España ante el sistema de Seguridad Social español, con la finalidad de obtener un código de cuenta de cotización a través del cual poder abonar las cotizaciones de Seguridad Social debidas por los empleados que presten servicios en España. Asimismo, debe nombrar a un representante en España a efectos de Seguridad Social.

El registro de entidades extranjeras, no constituidas en España, ante la Seguridad Social es un proceso que conlleva la aportación de un elevado número de documentación y que, en la práctica, se demora unos meses.

Sería conveniente una reflexión sobre el actual proceso y la posibilidad de agilizar /aligerar alguno de sus pasos (por ejemplo, en algunos países se exime a la empresa empleadora de un registro "directo", permitiendo al empleado realizar el ingreso de las cotizaciones en nombre de la entidad empleadora todos los meses, cantidad que previamente la compañía transfiere al empleado)

En definitiva, la realidad laboral se ha "globalizado" a una velocidad mayor que la de algunas de nuestras normas de Seguridad Social. Es momento de hacer una reflexión sobre cómo estas normas de Seguridad Social pueden adaptarse a una realidad laboral que no para de evolucionar. El futuro solo se puede mirar si ambas, la realidad del mundo del trabajo y las normas de Seguridad Social, evolucionan de la mano, garantizando la cobertura y los derechos de los trabajadores y con la suficiente agilidad que permita a las empresas participar con seguridad en un mundo que avanza cada vez más globalizado.

TENDENCIAS EN LA DETERMINACIÓN DE LA LEGISLACIÓN NACIONAL DE SEGURIDAD SOCIAL APLICABLE AL TELETRABAJO INTERNACIONAL: ESTADO DE LA CUESTIÓN Y ALGUNAS PROPUESTAS

DOLORES CARRASCOSA BERMEJO
Profesora Dra. Experta jurídica de la Red Moves de la Comisión Europea. IP en Comillas de Posting Stat 2.0.
Universidad Pontificia Comillas

1. Introducción

Antes de nada, querría agradecer a Susana Burgueño la oportunidad de participar en esta emocionante iniciativa sobre el futuro de la movilidad internacional que están preparando desde Deloitte, con todo el cariño, el mismo que tenían a quien va dedicada.

Actualmente, a mi modo de ver, en materia de seguridad social, a la que dedicamos este capítulo, existen dos temas clave controvertidos: el teletrabajo internacional, que es el tema elegido y el desplazamiento de trabajadores, especialmente en el ámbito intracomunitario. Ambos temas conectan fundamentalmente con la determinación de la legislación de seguridad social aplicable que es la columna vertebral de todo instrumento internacional de coordinación. Los sistemas nacionales de seguridad social no armonizados, y objeto de coordinación, pueden establecer derechos y obligaciones muy diferentes y con montos asociados al nivel de vida del país al que pertenecen. Así, aunque haya elementos comunes, no tienen por qué coincidir las contingencias o las personas cubiertas, los requisitos de acceso o el monto de las prestaciones. También las cotizaciones de obligado abono pueden variar extraordinariamente entre un sistema u otro. Así sucede incluso en el ámbito de la Unión Europea donde existe un mercado único y los Reglamentos de coordinación, los instrumentos de coordinación más desarrollados que existen, en funcionamiento desde 1958, no pueden evitar, que la seguridad social siga siendo un freno a la movilidad de trabajadores.[27] De hecho, las diferencias en las cotizaciones se han convertido, en el marco del desplazamiento de trabajadores intracomunitario, en la principal ventaja competitiva que puede existir entre empresas establecidas en distintos Estados; tras desactivarse, en buena medida, las de tipo salarial por la última reforma de la Directiva de desplazamiento.[28]

La elección ha sido difícil pues ambas son dos de mis principales líneas de investigación. El desplazamiento, a pesar de su escasa dimensión,[29] tiene el interés de mostrar las tirantes

---

27 Ver el denominado informe Draghi de septiembre 2024 (European Commission, 2024 p. 265), donde al hilo de la reducida movilidad de trabajadores en la UE se señala a la seguridad social como una de sus causas "Furthermore, differences in social welfare systems, including healthcare, pensions, and unemployment benefits, create uncertainty for workers moving across the EU. The risk of losing access to social protection or facing difficulties in accessing social security in other Member States deters individuals from relocating, despite EU-level legislation ensuring the portability of social security rights."

28 Ver la modificación operada por la Directiva (UE) 2018/957 sobre la Directiva de desplazamiento CE/96/71 que se sumó a los requerimientos de la denominada directiva de cumplimiento (o *enforcement*) que multiplicó los instrumentos de control y las obligaciones empresariales asociadas.

29 Las últimas estimaciones disponibles, cifran a los trabajadores desplazados en la UE durante 2022, conforme al Art.12 del Reglamento (CE) 883/2004, en 1,8 millones. Se trata de una cantidad exigua si se compara con la población activa en la UE que ya es de 199 millones. No obstante, es cierto que los desplazados se concentran en ciertos Estados miembros Estados (Alemania, Francia, Austria, Bélgica, Holanda y Suiza) y sectores como la construcción. Los principales Estados emisores en 2022 fueron Alemania y Polonia (De Wispelaere, L. De Smedt & J. Pacolet, 2024 p. 28 y 36). Por su parte, con cifras más modestas se encuentra España que es un Estado miembro netamente

costuras de la Unión Europea que se encuentra en medio de la eterna construcción del mercado único que puede chocar con la defensa que algunos Estados realizan de sus propios tejidos industriales, sin olvidar la necesaria protección de los derechos de los trabajadores desplazados como colectivo vulnerable.[30] En materia de seguridad social existen añejas normas de conflicto, que permiten mantener temporalmente la ley del lugar donde la empresa establecida (siguiendo la misma lógica de todos los instrumentos internacionales de coordinación). Sin embargo, tengo la esperanza de que la norma de conflicto de desplazamiento no sea modificada sustancialmente, es decir, que el presente sea básicamente el futuro en este campo, razón por la que me decanto por el más prometedor teletrabajo internacional. En efecto, este último tema, al carecer de una norma de conflicto específica en todos los instrumentos internacionales de coordinación (incluidos los Reglamentos de coordinación y la extensa red de convenios bilaterales y multilaterales de la

---

emisor de desplazados, ver un análisis detallado en (Carrascosa & Contreras 2022).

30 Siendo especialmente vulnerables los desplazados nacionales de terceros Estados. Ver una visión general del desplazamiento intracomunitario en (Carrascosa & Millán 2023 p.69-103). Actualmente, esa dicotomía se observa hasta en las Direcciones Generales de la Comisión Europea involucradas. El desplazamiento sigue residenciado en la Dirección General de Empleo y Derechos Sociales, aunque lógicamente la Dirección General sobre Mercado interior también tenga mucho que decir. El reciente informe Draghi también se refiere a ese difícil equilibrio, al hilo de la escasa movilidad intracomunitaria de trabajadores "some companies temporarily post workers from one Member State to another to fill skills gaps, more efforts are still required to facilitate this activity, for example reducing the related administrative burden for companies, while ensuring that the rights of workers are respected" European Commission, 2024 p. 265).

que es parte España[31]), sí que creo que generará una futura reforma que debería precedida de una discusión solvente y quizás menos cortoplacista que la realizada hasta el momento.

Respecto del desplazamiento de trabajadores, a mi modo de ver, su regulación, contenida en el Artículo 12 del Reglamento (CE) 883/2004, funciona. Protege los intereses de los trabajadores desplazados, favorece su movilidad y facilita la libre prestación de servicios en el mercado único; aunque es cierto que, colateralmente, puede otorgar una ventaja competitiva temporal a las empresas que desplazan trabajadores desde Estados menos desarrollados, donde se abonan inferiores cotizaciones conforme a sus normas de seguridad social no armonizadas. Esta defensa del *statu quo* no es óbice para que simultáneamente apoye modificaciones menores, similares a las contenidas en la fallida reforma de los Reglamentos, propuesta por la Comisión de 2016 y que en materia de desplazamiento. En dicha propuesta, sin un análisis de impacto ad-hoc, se pretendía evitar situaciones de fraude endureciendo algunos requisitos, se incrementaba el control sobre los PD A1 emitidos y se creaba un sistema de conciliación más ágil en los propios Reglamentos para los supuestos de controversia entre los Estados miembros.[32] En efecto, la Comisión Europea con la ayuda de la Comisión Administrativa y la propia Autoridad Laboral Europea deberían tener un papel más activo sobre estas cuestiones, por ejemplo, realizando controles aleatorios sobre los

---

31 Ver todos ellos en la página web de la Seguridad Social española respecto de situaciones internacionales https://www.seg-social.es/wps/portal/wss/internet/InformacionUtil/32078 Ver también el Modelo TA 300 que incluye un cuadro sobre la duración y requisitos del mantenimiento de legislación española en caso de desplazamiento https://www.seg-social.es/wps/wcm/connect/wss/7e86eb1c-6b7e-42cb-bcd2-b6e848fb33d7/TA.300+%28V.13%29.pdf?MOD=AJPERES

32 Sobre la evolución de dicha propuesta ver (Carrascosa 2017, 2019 y Carrascosa & Molina 2023).

PD A1 emitidos, facilitando el diálogo y el entendimiento entre los Estados y promoviendo el uso de nuevas herramientas digitales que favorezcan el control de tales documentos.[33] En definitiva, debe hacerse un esfuerzo para que la colaboración entre Administraciones y la confianza mutua sean restauradas e impulsadas, pues son los pilares básicos de los Reglamentos de coordinación.

Respecto al teletrabajo, en mi análisis me centraré en la UE porque es la única zona donde a través de la Comisión Administrativa[34] (CA en lo sucesivo) se han ido adoptando soluciones creativas de *soft-law*, ante la dificultad de consensuar una nueva modificación de los Reglamentos en plazos razonables. En el resto de los instrumentos internacionales de coordinación, por ejemplo, en los convenios bilaterales hay que averiguar cuál es la posición e interpretación del otro u otros Estados firmantes. Estos podrían asumir o no una posición flexible respecto del teletrabajo puntual o híbrido, e incluso entender aplicable a los teletrabajadores algunas de sus normas de conflicto sobre desplazamiento o trabajo habitual simultaneo en los dos Estados miembros. No debe olvidarse, además, que existe normativa nacional que podría dar juego respecto de esa movilidad puntual de los teletrabajadores de empresas establecidas en España, también la de los nómadas digitales[35] por cuenta

---

33 Como se propone, por ejemplo, con el programa ESPASS que permitirá la digitalización del proceso de solicitud y recepción de documentos acreditativos de derechos de seguridad social, como los propios PD A1 o la tarjeta sanitaria. De tal manera que se podrá verificar, en tiempo real, rápidamente si estos documentos digitales son válidos, o si se han producido cambios relevantes https://ec.europa.eu/social/main.jsp?catId=1545&langId=es

34 Donde están representadas todas las instituciones nacionales de seguridad social ver Reglamento (CE) 883/2004 art. 71 y 72

35 Más ampliamente sobre la situación de los nómadas digitales en España, ver (Carrascosa 2023)

ajena o incluso autónomos asegurados en España. Me refiero a la "nueva" Orden ISM/835/2023[36] que, desde el 1-11-2023 viene sustituyendo a la antigua orden de 1982[37] sobre desplazamiento y que, a mi modo de ver, podría avalar la aplicación de la legislación española a tales colectivos.[38] Como se verá, España, en el ámbito de la UE, ya viene considerando que el teletrabajo puntual y consensuado con el empresario (con independencia de que la iniciativa sea del trabajador) puede ser considerado un desplazamiento, por lo que parecería razonable extrapolar esta interpretación y considerar como desplazados a los mencionados teletrabajadores, permitiendo a las empresas retener talento por esta vía. De aceptarse tal interpretación estos sujetos quedarían, al amparo de dicha Orden, en situación de asimilación al alta bajo la legislación española de seguridad social, manteniendo buena parte de su cobertura durante ese teletrabajo puntual. Así sucedería tanto cuando no hubiera instrumento internacional de coordinación, como cuando existiendo, no cubriera al teletrabajador o se hubieran superado los plazos de cobertura y prórrogas previstos en tales convenios. Obviamente, esta Orden como mera normativa nacional unilateral, a diferencia de lo que se consigue a través de un instrumento internacional de coordinación, no podrá evitar la doble cotización si en el Estado de destino se exigiera también el aseguramiento y la cotización a su sistema de seguridad social.

---

36 Permalink ELI: https://www.boe.es/eli/es/o/2023/07/20/ism835

37 La derogada Orden de 27 de enero de 1982 (Ref. BOE-A-1982-3896)

38 Sería clarificador que la DGOSS se pronunciara expresamente sobre la posibilidad de cobertura de tales colectivos a través de esta Orden.

2. El teletrabajo intracomunitario y la seguridad social

En el ámbito intracomunitario, la ausencia de toda mención al teletrabajo en los Reglamentos de coordinación, especialmente en el Título II sobre legislación aplicable del Reglamento CE/883/2004, viene generando inseguridad jurídica sobre la legislación aplicable. Incertidumbre que tampoco solventaba la Comisión Administrativa en su Guía práctica,[39] ni en ninguna de sus Decisiones y Recomendaciones interpretativas. A partir de la pandemia (cuando se incrementó exponencialmente el número de teletrabajadores[40] y se produjeron más situaciones de transnacionalidad, aunque no existan estadísticas fiables) la CA adoptó un papel proactivo y consiguió loables consensos entre los Estados miembros reflejados en unas Notas orientativas que incluían ingeniosas soluciones. Estas notas no son jurídicamente vinculantes, son *soft law* aunque finalmente fueran publicadas en el DOUE en 2023, agrupadas en la Decisión CA Nº H14.[41]

En la actuación de la CA respecto del teletrabajo se distinguen dos premisas básicas.

---

39 Guía práctica Sobre la legislación aplicable en la Unión Europea (UE), el Espacio Económico Europeo
(EEE) y Suiza, Comisión Europea, 2013. https://ec.europa.eu/social/BlobServlet?docId=11366&langId=es

40 Con posterioridad la flexibilidad que puede asociarse al teletrabajo se convirtió, asimismo, en un argumento de las empresas para atraer y fidelizar a los trabajadores con perfiles tecnológicos muy demandados y que podían hacer su trabajo con una conexión a internet desde un portátil y deseaban viajar. El teletrabajo se convirtió por esa vía en una importante tendencia en recursos humanos, especialmente en EEUU, donde la denominada "Great Resignation" supuso el abandono voluntario de sus empleos por parte de cerca de 47 millones de trabajadores en 2021

41 Decisión CA Nº H14 21-6-2023, DOUE 11-1-2024 ELI: http://data.europa.eu/eli/C/2024/594/oj

En primer lugar, se reitera el objetivo de evitar el cambio de legislación aplicable al teletrabajador, pues, como ya se ha apuntado, la aplicación de una nueva norma nacional puede generar problemas a corto plazo al propio teletrabajador que puede sufrir una reducción de su salario bruto, al imponérsele mayores cotizaciones, pero, además, las prestaciones en el marco de la nueva legislación aplicable pueden ser diferentes, peores o no estar garantizadas.[42] Este cambio, afecta sin duda, además, a la empresa que debe aplicar, e, incluso, inscribirse[43] a un sistema del que puede que no conozca ni el idioma y en cuyo territorio no presta ningún servicio. Además, la aplicación de esta nueva normativa hace desaparecer la igualdad de trato entre sus empleados, pudiendo quedar obligada a pagar cotizaciones muy superiores a las previstas. Finalmente, en el largo plazo ese cambio normativo supondrá que las pensiones se calcularan de acuerdo con los Reglamentos de coordinación, con la totalización, la *prorrata temporis,* aplicándose varias normas nacionales de forma simultánea con un resultado poco previsible[44].

En segundo lugar, se aplicarán al teletrabajo las normas de conflicto comunes establecidas en los Reglamentos, a pesar de estar concebidas para la movilidad física, y no para este trabajo virtual desarrollado en un Estado miembro a favor de una empresa establecida en otro.[45] La decisión de aplicar la normativa

---

42 Ver en este sentido, (Verschueren, 2022).

43 Aunque se prevén posibles acuerdos entre el empleador y empleado para evitar tal inscripción permitiendo que el trabajador cumpla las obligaciones empresariales en su nombre (Reglamento (CE) 987/2009 art. 21.2), no siempre se alcanzan tales acuerdos.

44 Ver apuntando tales razones (Carrascosa, 2023).

45 Por supuesto, también cabe la movilidad física de los teletrabajadores que no plantea problemas cuando la legislación donde se ubica la empresa se mantiene, por ejemplo, en el caso de un migrante que teletrabaja en el Estado donde se ubica su empresa. También en el

común, partía de la convicción de los Estados de la dificultad enorme que supondría consensuar una nueva norma de conflicto con una reforma de los Reglamentos. Se puede decir que se sigue el principio de que «Ubi lex non distinguit, nec nos distinguere debemus», es decir, "donde la ley no distingue, tampoco debemos distinguir".[46] Por lo tanto, se podía aplicar al teletrabajo, tanto la regla general o *lex loci laboris* (art. 11.3.a) del Reglamento CE/883/2004), como sus excepciones. Entre ellas, la norma de conflicto de desplazamiento (art. 12) o la denominada norma de conflicto "multiestado" relativa a trabajo habitual en varios Estados (art.13), o incluso la posibilidad de alterar o modificar el resultado de aplicar todas ellas en virtud de acuerdos entre Administraciones nacionales en beneficio de un trabajador o un grupo de trabajadores (art. 16). En ningún momento parece que se haya planteado que, ante la ausencia de una norma de conflicto ad-hoc para el teletrabajo, se pudiera aplicar el art. 11.3.e) [47], una norma de conflicto que conduciría a la aplicación de la *lex loci domicilii* o ley del lugar de residencia, en este caso, del teletrabajador. No se trata de una posibilidad extraña, pues según la sentencia del Tribunal de Justicia sobre el caso SF,[48] esta norma no solo cubre a los inactivos, sino que funciona como cláusula de cierre del sistema de normas de conflicto del Título II. En todo caso, parece claro que aplicar la ley del Estado de residencia al teletrabajador

---

caso de un teletrabajador que es desplazado físicamente para prestar un servicio a otro Estado miembro.

46 Ver (Strban, G (ed) et alii, 2018 p. 44)

47 Art. 11.3.d) "A reserva de lo dispuesto en los artículos 12 a 16: (…) e) cualquier otra persona a la que no le sean aplicables las disposiciones de las letras a) a d) estará sujeta a la legislación del Estado miembro de residencia, sin perjuicio de otras disposiciones contenidas en el presente Reglamento que le garanticen prestaciones en virtud de la legislación de uno o varios de los demás Estados miembros."

48 Sentencia de 8 de mayo de 2019, SF, C-631/17, EU:C:2019:381

no es la panacea, pues junto a su difícil ubicación,[49] la posible inestabilidad de la conexión (si el teletrabajador cambia mucho de residencia como es el caso de los denominados nómadas digitales)[50], esta conexión podría incluso generar dumping social si las empresas tendieran a contratar teletrabajadores residentes en los Estados miembros con las cotizaciones más bajas [51]

Sin embargo, las normas de conflicto comunes mencionadas estaban lejos de aclarar cuestiones básicas como: ¿Dónde está el lugar de trabajo de quien teletrabaja desde España para una empresa alemana? ¿Qué sucede si hay teletrabajo híbrido (esto es, si además de teletrabajo acude 3 días a la semana a trabajar a la oficina a Alemania)? O ¿Cuál es la solución si el teletrabajador y la empresa consensuan que el primero marche puntualmente dos meses a Croacia a teletrabajar desde allí sin prestar ningún servicio en destino diferente al que presta en origen y luego estuviera en esa misma situación en Grecia durante 6 meses, esto es, el denominado "teleworkation"[52]?

3. De la pandemia a la situación actual

Muy resumidamente, pues son temas ya tratados con exhaustividad en otros trabajos,[53] en una primera fase pandémica el teletrabajo fue obviado, se negó su existencia para evitar sus

---

49 Art. 11 Reglamento (CE) No 987/2009 es muy poco claro

50 No tiene sentido que la seguridad social cambie para el empresario cada vez que el trabajador cambia de lugar de residencia, incrementándose y disminuyendo sus costes en función de decisiones no empresariales. Ver el caso de los denominados nómadas digitales (Carrascosa 2023)

51 Ver (Jorens, Y. (ed) et alii, 2008 p.5).

52 Ver (Carrascosa, 2022)

53 Ver más ampliamente sobre este período (Verschueren, 2022) y (Carrascosa, 2022 y 2023)

posibles consecuencias perturbadoras sobre las normas de conflicto comunes de los Reglamentos. Con esta postura se trata de mantener sin cambios la legislación nacional de seguridad social aplicable considerando que concurría una situación de fuerza mayor, llegándose incluso a acuerdos entre instituciones del artículo 16 como última solución.[54]

Esa situación se mantuvo hasta julio de 2022 donde en una nueva nota orientativa ya se reconocía, por fin, la desaparición de la situación de fuerza mayor y se adoptaban algunas soluciones únicamente consensuadas para el teletrabajo voluntario, interactivo por cuenta ajena y realizado en un Estado diferente a aquel en el que está establecida la empleadora:[55]

En primer lugar, se aludía brevemente a la *lex loci laboris* sin clarificar realmente su ubicación. En efecto, solo se señalaba que la localización de una actividad debe entenderse como el lugar donde, en la práctica, el interesado efectúa las acciones relacionadas con dicha actividad, citando una sentencia del Tribunal de Justicia de 2012 sobre el asunto *Partena*[56]. Sentencia que no se refería a teletrabajadores, ni tan siquiera a trabajadores por cuenta ajena. Con esta exigua argumentación todas las Administraciones de seguridad social, como la propia TGSS, viene estableciendo que los teletrabajadores que teclean su portátil desde territorio español deben estar asegurados al sistema de seguridad social de ese Estado. Sobre esta cuestión volveremos en el último punto de este trabajo.

En segundo lugar, se proponían algunas interpretaciones flexibilizadoras. Por un lado, para el teletrabajo puntual con-

---

54 Ver Notas orientativas de la CA 074/20REV3 y CA 075/20, cuya aplicación se prorrogó hasta 30-6-2022

55 Ver Nota orientativa CA 125/22REV3

56 Sentencia del Tribunal de Justicia sobre el asunto Partena ASBL contra Les Tartes de Chaumont-Gistoux SA, C-137/11

sensuado entre empresario y teletrabajador (aunque fuera a iniciativa de este último) mediante la aplicación, con todas las dificultades, de la norma de conflicto de desplazamiento que permitía mantener temporalmente la legislación del Estado de origen, donde la empresa está establecida, si se cumplían todos sus requisitos.[57] Por otro lado, respecto del teletrabajo hibrido habitual la Nota trataba de proporcionar una interpretación alternativa a la aplicación estricta de la norma "multiestado" que puede conducir a la aplicación del Estado de residencia si allí se teletrabaja el 25% o más de la jornada.[58] Según la Nota había que adoptar una interpretación flexible que permitiera que ese porcentaje no tuviera un peso específico determinante, sino que fuera valorado, junto a otros posibles criterios conjuntamente considerando la situación en los siguientes 12 meses. Hay que tener en cuenta que el teletrabajo híbrido se había convertido en un problema para la Comisión Europea al detectarse empresas que solo denegaban el teletrabajo híbrido a los trabajadores no residentes en el Estado donde se ubicaba la empleadora o lo permitían, únicamente, en un porcentaje inferior al 25% lo que permitía mantener sin cambios la legislación de seguridad social. Se alegaba que este tipo de prácticas podían considerarse una discriminación indirecta por razón de la nacionalidad cuando afectaba a ciudadanos comunitarios a los que incluso se coartaba su derecho a la libre circulación.

---

57 Aunque no es precisa la prestación de servicios para aplicar la norma de conflicto de desplazamiento ¿se está trabajando por cuenta del empresario, continua el vínculo si el teletrabajador hace la misma actividad que venía haciendo en el Estado de origen? ¿Cómo se calcula de forma objetiva la duración del desplazamiento? ¿Cómo se aplica en estos el requisito de no reemplazo cuando no existe una empresa receptora y el teletrabajador previo no ocupaba ningún puesto que vaya a ser ocupado por otro compañero? Ver sobre las dificultades de aplicar las normas de desplazamiento a este supuesto (Carrascosa 2022).

58 Ver Articulo 14 Reglamento (CE) 987/2009.

La aplicación de esa Nota orientativa también se fue demorando hasta llegar a cumplirse un año desde su aprobación. La interpretación flexible propuesta en la Nota no parecía una solución operativa para el teletrabajo híbrido y muchos Estados no veían claro como inaplicar la regla mencionada del 25% que consideraban determinante. Con esta demora, se intentaba por enésima vez evitar los posibles efectos negativos de un cambio brusco de legislación que solo podía evitarse con acuerdos ad-hoc del artículo 16 que llevaban su tiempo. Por esos y otros motivos, se aprobó la última Nota orientativa aplicable desde Julio 2023[59] que, manteniendo mucho de lo establecido en la anterior, ofrece una solución más taxativa para atemperar la aplicación de la norma "multiestado" aunque no para todos los Estados miembros. En efecto, desde esa Nota se impulsa (por un período de 5 años, prorrogables por otros 5), un Acuerdo Marco que ha sido firmado actualmente por 22 Estados miembros, entre los que se encuentra España y que está depositado ante la seguridad social belga.[60] Para esos Estados firmantes se prevé que, siempre que el teletrabajador consienta,[61] la institución del Estado en el que la empresa tiene su sede puede aplicar, a petición de la empresa, su propia legislación de seguridad social, durante un máximo de tres años renovables a quienes realizan un teletrabajo híbrido regular en el Estado de residencia en la horquilla (25% al 49%) de

---

59 Ver Nota orientativa de 21-6-2023 (CA 137/23)

60 Acuerdo Marco sobre el teletrabajo internacional https://socialsecurity.belgium.be/en/internationally-active/eu-cross-border-telework-eu. Donde al cierre de este trabajo constan las firmas y fecha de entrada en vigor del Acuerdo en 22 Estados miembros y se recoge la negativa de Reino Unido a suscribirlo, pues con ese Estado continúan siendo aplicables los Reglamentos para las personas cubiertas por el Acuerdo de Retirada.

61 Se recomienda un control exhaustivo de estos consentimientos, pues nunca hay que olvidar que el trabajador siempre es la parte débil del contrato.

su tiempo de trabajo, esto es, durante menos del 50% pero por un período igual o superior al 25%[62]. De manera que una empresa francesa podría mantener el aseguramiento y la cotización a la seguridad social francesa de su teletrabajador que, aunque resida en España, solo teletrabaja en Madrid el 40% de su tiempo de trabajo. Como en este caso se está exceptuando la norma de conflicto "multiestado", al ser por un período superior al 25% que conduciría a la aplicación de la legislación española, es preciso que el teletrabajador afectado manifieste su conformidad con la aplicación del Acuerdo Marco solicitada por su empresa. En efecto, el acuerdo permite la derogación directa de la legislación del Estado de residencia sin necesidad de negociar los complejos acuerdos individuales del art. 16 entre las instituciones nacionales de seguridad social.[63] Acuerdos que, por supuesto, podrían seguir aplicándose, al margen del Acuerdo Marco, en beneficio de los teletrabajadores en este y otros supuestos.

Como se ha mostrado, muchas de las soluciones de *soft law* mencionadas tratan de permitir la aplicación de la legislación del Estado miembro donde está establecida la empleadora, tratando de dotar de estabilidad a la legislación de seguridad social aplicable al teletrabajador. Frente a la complejidad de algunas de estas soluciones, sorprende que no se haya puesto el foco en la propia ubicación de la ley del lugar de trabajo, o *lex loci laboris* donde quizás podría estar la clave. En efecto, si la *lex loci laboris* de los teletrabajadores se ubicara en el Estado

---

62 Si está por debajo del 25% queda asegurado en el Estado donde está la empresa por la mera aplicación de la norma de conflicto "multiestado" (Artículo 13 del Reglamento (CE) 883/2004 y Articulo 14 Reglamento (CE) 987/2009).

63 Ver ampliamente sobre este Acuerdo (De Pauw & Verschueren 2023).

miembro donde está establecida la empleadora, ya no harían falta las soluciones mencionadas.[64]

4. Propuestas para adaptar el concepto de *lex loci laboris* al teletrabajo

El lugar de trabajo no está definido en los Reglamentos, a mi modo de ver, la sentencia *Partena* no puede ser determinante al referirse a un trabajador ordinario por cuenta propia. Con tan exigua base jurídica ¿cómo es posible que sigamos pensando que teclear en un portátil es la acción fundamental de teletrabajar cuando esa acción se puede hacer desde cualquier lugar del mundo donde haya una conexión a internet? Ni siquiera creo que teletrabajar tenga una ubicación física en el significado habitual en el lenguaje corriente, tomando en cuenta el contexto y los fines de la norma de conflicto[65] que buscaba la unicidad, asociada a su efecto exclusivo e imperativo, la predictibilidad y la seguridad jurídica. Si seguimos aferrados a esa idea física, cada vez que un teletrabajador tecleé desde otro Estado miembro, en buena lógica, debería también cambiar la legislación de seguridad social aplicable o bien aplicarse una norma de conflicto que exceptúe la lex loci laboris para evitar ese efecto como ha intentado por diferentes vías la Comisión Administrativa con sus propuestas soft-law.

A mi modo de ver, esa aproximación física enfocada en el trabajador no solo carece de sentido sino que resulta poco práctica ¿Dónde quedaría la seguridad jurídica, la estabilidad por la que se eligió la *lex loci laboris* en 1958 cuando coincidía en un 99'9 % con el lugar donde la empresa estaba estableci-

64 Ver (Carrascosa 2022, p. 228 s), (Carrascosa 2023, p.84 s.), (Lhernould 2021), (Martín-Pozuelo López 2022) o (Verschueren 2022).

65 Asunto Partena, apartado 56, que cita, entre otros, el asunto -C336/03, easyCar-, Rec. 2005, p. I1947-, apartado 21.

da? Las obligaciones de seguridad social del empresario no es lógico que queden al albur de las decisiones de movilidad de sus teletrabajadores, debiendo asumir cotizaciones variables y obligaciones burocráticas en distintos Estados miembros. Esos posibles cambios constantes, tampoco interesan al teletrabajador que, como ya se ha señalado, prefiere la estabilidad de una única legislación aplicable. Si se piensa, es una solución tan poco operativa que conduce a su incumplimiento, y que de cumplirse lastraría el propio avance del teletrabajo internacional en la UE y restaría competitividad al mercado europeo que sigue intentando contratar perfiles tecnológicos muy demandados y deseosos de contar con la flexibilidad del teletrabajo.[66]

Cuando un teletrabajador español presta servicios en exclusiva para una empresa francesa, ¿no estaría la *lex loci laboris* ubicada donde se crea y modifica el ecosistema o ambiente empresarial al que se conecta el teletrabajador diariamente y desde donde se está trabajando? Ese ecosistema que no varía si se conecta desde España, desde Francia o desde Turquía, está asociado a la empresa que lo crea y que, desde donde está establecida, da a sus teletrabajadores instrucciones, controla su actividad, le puede imponer sanciones y le envía instrumentos y materiales imprescindibles como el propio portátil y les abona algo tan importante como su sueldo. ¿No son bastantes conexiones con el lugar donde se ubica la empresa?

Como ya condensé en un artículo previo (Carrascosa 2023) si eligiéramos la legislación del Estado donde se ubica la empresa se obtendrían ventajas tan importantes como la igualdad de trato entre empleados presenciales y teletrabajadores.[67] La legislación aplicable sería estable, previsible y única; además,

---

66 Sobre las dificultades para atraer y mantener a este tipo de trabajadores ver el denominado informe Draghi de septiembre 2024 (European Commission, 2024 p.265 y 275)

67 En este sentido, véase (Y. Jorens (ed) et alii 2008 p. 5).

serían irrelevantes los cambios de residencia de los trabajadores y la empresa no debería enfrentarse a la aplicación de una legislación foránea de seguridad social ni enfrentarse a complejos trámites burocráticos. Además, donde está la empresa hay bienes, activos, con los que la empresa podría enfrentarse a cualquiera de sus obligaciones de seguridad social. Esta solución eliminaría de raíz la necesidad de recurrir a las complejas soluciones de *soft law* establecidas actualmente para el teletrabajo híbrido habitual o el puntual, vinculado a un desplazamiento. En ambos casos ya no se produciría un cambio de legislación aplicable, la aplicación de la *lex loci laboris* sería constante, por lo que no habría que aplicar los artículos 12 y 13[68] del Reglamento de base, pensados para otros supuestos bien diferentes.

Esta solución podría considerase una mera interpretación actualizada de la *lex loci laboris*, a la que eventualmente podría llegar el propio Tribunal de Justicia. Sin embargo, sería preferible la introducción de una norma ad-hoc en el Título II, estableciendo, por ejemplo, que el lugar donde está establecida la empresa es el lugar de trabajo ficticio de los teletrabajadores (Verschueren 2022) como ya se ha hecho con otros colectivos, fijando otras conexiones.[69] En todo caso, parece necesario que se exigiera a toda empresa que pretenda la aplicación de esta nueva norma de conflicto que acreditara actividad sustancial en el Estado donde está establecida y cuya legislación quiere aplicar, tal y como impone de hecho la norma de conflicto de desplazamiento con el objeto de evitar la creación de empre-

---

68 Aunque tal vez debiéramos considerar algunas de las reglas contenidas en este artículo para los casos de pluriempleo en dos o más Estados miembros diferentes.

69 Por ejemplo, estableciendo que la lex loci laboris de los marinos se asocie al pabellón del barco o la de los pilotos a la denominada “home base” (Reglamento CE/883/2004 art. 11.4 y 5).

sas buzón (Carrascosa 2022). Para no permitir manipulaciones, también habría que establecer criterios que permitieran identificar a la verdadera empresa empleadora, considerando todos los factores concurrentes, como "el lugar donde se adopten las decisiones fundamentales de la empresa y en el que se ejerzan las funciones de su administración central",[70] evitando, en la medida de lo posible, caer en formalismos.[71]

Es posible que, con esta solución, muchos teletrabajadores que viven en España y trabajan para empresas establecidas en el extranjero, no tendrían obligación de asegurarse. En todo caso, no parece que vaya a suponer un gran cambio ya que actualmente la mayoría de estos trabajadores no se están asegurando en España, pues es prácticamente imposible que la inspección de trabajo los identifique y los obligue a hacerlo. El Estado competente, por supuesto, debería hacerse cargo de sus prestaciones de seguridad social, especialmente la prestación sanitaria. Si su residencia fiscal estuviera en España, los beneficios podrían venir por esa vía. En caso contrario, podría entenderse como beneficiosa la actividad económica que se genere en torno a su residencia o los impuestos asociados a su consumo en España.

---

70 Rgto CE/987/2009 art. 14.5 bis

71 Ver, por ejemplo, sentencia TJUE 2-3-23, asunto FU C- 410/21 y C-661/21 apartados 69 y s. Ver también, previamente, TJUE Gran Sala 17-7-20, asunto AFMB C-610/18.

PROTECCIÓN DE SEGURIDAD SOCIAL A LOS TRABAJADORES MIGRANTES

MARÍA JESÚS ESTEBAN BAOS
Jefa del Área Jurídico Internacional
Tesorería General de la Seguridad Social

La cobertura de seguridad social a los trabajadores migrantes deriva de la normativa nacional española y de las disposiciones internacionales contenidas en tratados o instrumentos de coordinación de sistemas de Seguridad Social suscritos por España, que determinan cuál es el sistema de Seguridad Social en el que deben o pueden integrarse los trabajadores migrantes, lo que va a depender del ámbito territorial en el que se desplacen. En este orden cabe diferenciar, por tanto, los siguientes ámbitos territoriales:

1. Unión Europea, Espacio Económico Europeo (EEE) y Suiza.
2. Reino Unido
3. Estados con los que España tiene suscritos convenios bilaterales y multilaterales de Seguridad Social
4. Estados con los que España no tiene suscritos instrumentos de coordinación de Seguridad Social

1. Unión Europea, Espacio Económico Europeo (EEE) y Suiza

En este ámbito territorial, y en materia de determinación de la legislación de seguridad social aplicable a los trabajadores, debe hacerse mención al Reglamento (CE) n° 883/2004 del Parlamento Europeo y del Consejo de 29 de abril de 2004, sobre la coordinación de los sistemas de seguridad social y el Reglamento (CE) n° 987/2009 del Parlamento Europeo y del Consejo, de 16 de septiembre de 2009, por el que se adoptan las normas de aplicación del Reglamento (CE) nº 883/2004, sobre la coordinación de los sistemas de seguridad social, así como las correspondientes Decisiones y Recomendaciones.

Las reglas de determinación de la legislación aplicable a los trabajadores están contenidas en el Titulo II del citado Reglamento (CE) nº 883/2004, en cuyo artículo 11.1 dispone, que *"Las personas a las cuales sea aplicable el presente Reglamento estarán sometidas a la legislación de un único Estado miembro"*, y dicha legislación está determinada por las reglas que en el mismo se contienen.

En este orden, el artículo 11.3 a), establece, como principio general, que la legislación aplicable a los trabajadores, por cuenta ajena o cuenta propia, es la correspondiente a la del Estado en cuyo territorio realizan la actividad, principio denominado "lex loci laboris".

Lo que el Reglamento pretende es que los trabajadores a quienes se les aplique puedan moverse libremente por los Estados del ámbito comunitario, evitando duplicidades en la protección social y sin pérdida de derechos o expectativas de derechos de Seguridad Social que impidan o limiten dicha movilidad. Así, por ejemplo, un trabajador, de nacionalidad española que trabaja en Francia está cubierto o incluido en el sistema de la seguridad social francés, donde efectuará las aportaciones o cotizaciones sociales, que en su día serán tenidas en cuenta para causar el derecho a prestaciones, como pueden ser la prestación de jubilación, incapacidad, muerte y supervivencia etc.

No obstante, el citado Reglamento recoge excepciones a la referida regla general, de la territorialidad, para evitar que los trabajadores cambien de legislación o de sistema de seguridad social, cuando pasen del territorio de un Estado miembro a otro, por cortos periodos de tiempo, o cuando trabajen en más de un Estado, y ello constituya un obstáculo para la movilidad. Cabe señalar las siguientes excepciones:

i) Cuando los trabajadores son enviados por sus empresas, localizadas en un Estado, a trabajar a otro Estado miembro por un periodo de tiempo inferior a 24 meses, la norma permite que este trabajador mantenga la inclusión en el sistema de seguridad de procedencia, (artículo 12 del Reglamento 883/2004). Es el caso, por ejemplo, de un trabajador español, al que su empresa envía a trabajar a Francia, aunque el territorio de actividad es el francés, y por el principio general el trabajador debiera estar incluido en el sistema de Seguridad Social francés, sin embargo, por efecto de la referida excepción, este trabajador mantendría la cobertura del sistema español por un periodo máximo de 24 meses. Transcurrido dicho periodo excepcional, el trabajador tendría que pasar al sistema francés.

ii) Cuando un trabajador realiza actividad laboral en dos o más Estados miembros, (artículo 13 del R883/2004), la legislación aplicable, según los casos, es la legislación del Estado de residencia del trabajador o el de la sede de la empresa. Por ejemplo, una persona que trabaja simultáneamente en España y Francia, si en España tiene su residencia habitual y en este país trabaja más del 25% del trabajo total desarrollado, dicho trabajador estaría incluido en la seguridad social española.

iii) Así mismo, el Reglamento permite excepcionar de la regla general de territorialidad, mediante acuerdos entre los Estados afectados, (artículo 16), a los trabajadores o grupos de trabajadores en los que se de alguna circunstancia excepcional. Como ejemplo, un trabajador español desplazado a Francia, que haya agotado el periodo máximo de desplazamiento de 24 meses cubierto por la seguridad social española, sin concluir el trabajo para el que fue desplazado, en este caso podría acordarse entre las instituciones de Seguridad Social de España y Francia que el trabajador mantuviera la seguridad social española hasta la conclusión del trabajo.

En aquellos supuestos en los que los trabajadores migrantes, por aplicación de las normas de coordinación deban quedar incluidos en un sistema de seguridad social extranjero, y deseen permanecer sujetos a la seguridad social española, la normativa nacional permite esta cobertura a través de las siguientes formas:

(i) Suscripción por los trabajadores, y a su cargo, de un convenio especial ordinario, o en la modalidad de organismos internacionales o de emigrantes, de acuerdo con lo establecido en la Orden TAS/2865/2003, de 13 de octubre, por la que se regula el convenio especial en el Sistema de la Seguridad Social.

(ii) Los trabajadores desplazados que hayan cumplido el periodo de los 24 meses o sus prórrogas, en el caso de acuerdos entre instituciones de seguridad social, de acuerdo con su empresa pueden solicitar la vinculación voluntaria a la seguridad social española, a través de la Orden ISM/835/2023, de 20 de julio, por la que se regula la situación asimilada a la de alta en el sistema de la Seguridad Social de las personas trabajadoras desplazadas al extranjero al servicio de empresas que ejercen sus actividades en territorio español, en las condiciones y requisitos que la norma establece.

2. Reino Unido de Gran Bretaña e Irlanda del Norte

El Reino Unido de Gran Bretaña e Irlanda del Norte, (RU), dejó de ser Estado miembro de la Unión Europea, (UE), en fecha 31 de enero de 2020, y pasó a tener la consideración de tercer país, tras la ratificación del Acuerdo sobre la Retirada del Reino Unido de la Unión Europea y de la Comunidad Europea de la Energía Atómica, cuyo principal objetivo era garantizar una retirada ordenada del RU de la UE y proporcionar seguridad jurídica a los ciudadanos en un marco de estabilidad para la negociación de un acuerdo sobre la relación futura entre la UE y el RU.

El referido Acuerdo de Retirada ofrecía protección a los ciudadanos de la Unión Europea y a los nacionales del Reino Unido durante un periodo transitorio, desde su entrada en vigor, en fecha 1 de febrero de 2020, en el que en materia de Seguridad Social, se continuó aplicando los antes citados Reglamentos comunitarios 883/2004 y 987/2009, y la cobertura derivada de la aplicación de las citadas normas se mantiene en tanto la relación jurídica iniciada en el aludido periodo se mantenga sin cambios.

Finalmente, se alcanzó el Acuerdo de Comercio y Cooperación entre la Unión Europea y la Comunidad Europea de la Energía Atómica, una parte y el Reino Unido de Gran Bretaña e Irlanda del Norte, por otra, con vigencia desde el 1 de enero de 2021. El Acuerdo se acompaña de una serie de Anexos, entre los que se incluye el Protocolo Relativo a la Coordinación de la Seguridad Social, con una vigencia de 15 años desde la fecha de entrada en vigor del Acuerdo.

El referido Protocolo recoge disposiciones que determinan la legislación que se aplica a los trabajadores que se desplazan entre los Estados de la UE y RU, con un texto similar a la normativa contenida en los reglamentos comunitarios. Así, recoge el principio general de aplicación de la legislación del Estado de actividad con las excepciones de desplazamiento temporal de 24 meses y actividad en dos o más Estados, pero no contempla la posibilidad de que las autoridades e instituciones de los Estados puedan adoptar acuerdos excepcionales respecto de determinados trabajadores o grupos de trabajadores.

Por tanto, en un ejemplo de trabajador español que trabaja en RU, la legislación aplicable es la de RU. Sin embargo, y como excepción, para el caso de que el trabajador haya sido enviado por su empresa con sede en España a RU, por un periodo inferior a 24 meses, dicho trabajador mantendría la cobertura por el sistema español de Seguridad Social durante dicho periodo, y transcurrido este pasaría a incluirse en el sistema de seguridad social de RU, sin la posibilidad de prorrogar el periodo de cobertura por la Seguridad Social española, a través de un acuerdo entre autoridades por no preverlo el Protocolo.

En lo que se refiere al territorio de Gibraltar, en este ámbito territorial no se aplica el Acuerdo, y por ende el Protocolo de coordinación de Seguridad Social. en este ámbito resulta aplicable el Real Decreto-Ley 38/2020, de 29 de diciembre, por el que se adoptan medidas de adaptación a la situación de estado tercero del Reino Unido de Gran Bretaña e Irlanda del Norte tras la finalización del periodo transitorio previsto en el Acuerdo sobre la retirada del Reino Unido de Gran Bretaña e Irlanda del Norte de la Unión Europea y de la Comunidad Europea de la Energía Atómica, de 31 de enero de 2020. En esta norma nacional, basada en la reciprocidad, se contienen disposiciones de legislación aplicable, similares a las contenidas en el Reglamento comunitario.

3. Estados con los que España tiene suscritos convenios bilaterales y multilaterales de Seguridad Social

España tiene suscritos convenios bilaterales de Seguridad Social con Andorra, Argentina, Australia, Brasil, Cabo Verde, Canadá Colombia, China, Chile, Ecuador, Estados Unidos, Filipinas, Japón, Marruecos, México, Moldavia, Paraguay, Perú, República Dominicana, Rusia, Senegal, Túnez, Ucrania, Uruguay y Venezuela.

Los trabajadores que se muevan en el ámbito territorial de España y estos países quedan incluidos en el sistema que resulte de la aplicación de las normas de coordinación contenidas en el convenio que corresponda. El campo subjetivo de aplicación de estos convenios varia, ya que algunos se aplican exclusivamente a los nacionales de los Estados parte, como por ejemplo el convenio con Marruecos, Chile o México, y otros a las personas sujetas a las legislaciones de los Estados.

España también forma parte del Convenio Multilateral Iberoamericano de Seguridad Social, al que están adheridos, además de España, Argentina, Bolivia, Brasil, Chile, Colombia, El Salvador, Ecuador, Paraguay, Perú, Portugal, Uruguay y República Dominicana. Dado que la mayoría de los países miembros son países con los que España tiene suscritos convenios bilaterales, en materia de determinación del sistema de integración se aplica la norma más favorable, resultando que en la mayoría de los casos las normas más favorables son las contenidas en los convenios bilaterales, que son las que se aplican.

El Convenio Europeo de Seguridad Social de diciembre de 1972, ratificado por Austria, Bélgica, España, Italia, Luxemburgo, Países Bajos, Portugal y Turquía, se aplica solo para las relaciones con Turquía, habida cuenta que los suscriptores de este convenio, en tanto son Estados miembros de la UE, están regidas, en materia de coordinación de sistemas de seguridad social, por los Reglamentos comunitarios a los que se ha hecho referencia.

Este convenio aplicable a nacionales de los Estados parte sigue recogiendo como principio general la legislación del Estado de actividad y como excepción el desplazamiento temporal de un año, que permite mantener la legislación del Estado de envío

4. *Estados con los que España no tiene suscritos instrumentos de coordinación de Seguridad Social*

En estos supuestos la cobertura del sistema de Seguridad Social español puede mantenerse por las distintas disposiciones nacionales. Así, los trabajadores pueden suscribir un convenio especial con la Tesorería General de la Seguridad Social, ordinario o en la modalidad de emigrantes o de Organismos internacionales, según los casos, a los que se ha hecho referencia en el apartado A) a).

En el supuestos de desplazamiento de trabajadores a estos países por sus empresas, estos trabajadores quedan obligatoriamente incluidos en el sistema de seguridad social español en el Régimen que corresponda según la actividad, durante el tiempo en el que dure el desplazamiento en las condiciones y con los requisitos que se recogen en la ya ciada Orden ISM/835/2023, de 20 de julio, por la que se regula la situación asimilada a la de alta en el sistema de la Seguridad Social de las personas trabajadoras desplazadas al extranjero al servicio de empresas que ejercen sus actividades en territorio español, en las condiciones y requisitos que la norma establece.

EXPERIENCIA DEL EMPLEADO

LA EXPERIENCIA DE LOS EMPLEADOS DERIVADA DE LA MOVILIDAD INTERNACIONAL

MARÍA OLLERO CASQUERO
Experta en Movilidad Internacional, Área Corporativa de Personas y Organización
MAPFRE
JOSÉ LUIS DONOSO MORENO
Experto en Asignaciones Internacionales, Área Corporativa de Personas y Organización
MAPFRE
MARTA ISARRIA VIDAL
Socia, Technology & Transformation, Human Capital
Deloitte
JAIME MORENO MARTÍNEZ-CUBELLS
Manager, Technology & Transformation, Human Capital
Deloitte

En un mundo cada vez más globalizado, la movilidad internacional se ha consolidado como un pilar esencial en la gestión del talento. Las empresas operan en mercados globales y ya no solo buscan atraer a los mejores profesionales, sino que también se enfrentan al desafío de desarrollar, retener y motivar a sus empleados en un entorno marcado por la diversidad cultural y la conectividad internacional. En este contexto, la movilidad internacional no es solo un recurso de desarrollo profesional, sino también un factor estratégico que impacta en todas las etapas del ciclo de vida del talento.

Desde la atracción de jóvenes profesionales hasta la formación de líderes globales, la movilidad internacional ofrece una propuesta de valor diferenciada que las organizaciones más innovadoras han integrado en sus estrategias de recursos humanos. No solo permite acceder a una base más amplia de candidatos y desarrollar competencias multiculturales, sino que también potencia el desarrollo profesional y refuerza la retención del talento clave. Además, los programas de movilidad internacional fortalecen las capacidades de liderazgo, brindan a los empleados la oportunidad de asumir nuevos retos en diferentes geografías y generan equipos más diversos, capaces de innovar en un mercado competitivo.

En este contexto, estudios de Deloitte han revelado cómo la movilidad internacional, cuando se implementa estratégicamente, mejora la capacidad de las empresas para adaptarse a las demandas globales, promoviendo al mismo tiempo un crecimiento profesional y personal acelerado para sus empleados.

Este capítulo explora cómo la movilidad internacional impacta en las distintas fases del ciclo de vida del talento: desde la atracción, selección, el desarrollo, la retención y el liderazgo. A través del caso de estudio de MAPFRE y respaldado por estudios clave, analizaremos cómo las organizaciones pueden maximizar los beneficios de la movilidad internacional para mantenerse competitivas en el escenario global actual.

1. La movilidad internacional como propuesta de valor

La movilidad internacional se ha consolidado como un elemento clave en la propuesta de valor de muchas empresas que buscan atraer y retener talento joven. Generaciones como los Millennials y la Generación Z valoran enormemente las oportunidades que les permiten vivir y trabajar en otros países, adquirir experiencias multiculturales y expandir sus horizontes profesionales. Para estos profesionales, la movilidad internacional no solo es una fuente de crecimiento personal, sino también un criterio decisivo a la hora de elegir una empresa.

Ofrecer experiencias internacionales no solo mejora el atractivo de una empresa ante este grupo de talento, sino que también permite diferenciarse en un mercado laboral cada vez más competitivo. Según datos de Deloitte, las organizaciones que ofrecen oportunidades de movilidad internacional tienen un 32% más de probabilidades de atraer a jóvenes talentos altamente cualificados. Además, las empresas que promueven la movilidad global proyectan una cultura organizacional inclusiva, abierta y orientada a una visión global, lo que las posiciona de manera favorable en términos de reputación. De hecho, el Global Human Capital Trends Report de Deloitte revela que el 73% de los jóvenes profesionales considera que la posibilidad de trabajar en el extranjero es un factor crucial para elegir una empresa.

Estas experiencias internacionales no solo atraen talento, sino que también refuerzan su compromiso y lealtad a largo plazo. Las oportunidades de movilidad fortalecen el vínculo emocional de los empleados con la organización, lo que resulta en una menor rotación de personal. Esto es crucial, ya que la retención de talento joven representa un desafío constante para las empresas. Al ofrecer movilidad, las organizaciones no solo alinean sus objetivos con las aspiraciones de crecimiento de sus empleados, sino que también mejoran la percepción de su marca como un empleador global. Según Deloitte, las compañías que integran la movilidad en su propuesta de valor logran una mejora del 21% en la percepción de su marca.

En cuanto a la retención del talento clave, la movilidad internacional se ha convertido en una estrategia efectiva. Deloitte destaca que las empresas que implementan programas de movilidad en su estrategia de retención experimentan una reducción del 15% en la rotación de empleados. Esto se debe a que los empleados sienten que la empresa se compromete con su desarrollo personal y profesional, lo que aumenta su lealtad y sentido de pertenencia. Las asignaciones internacionales brindan a los empleados nuevos desafíos y la oportunidad de expandir sus conocimientos, lo que motiva su crecimiento continuo dentro de la organización.

MAPFRE cuenta con programas de desarrollo internacional para la captación de jóvenes recién graduados con el objetivo de incorporar nuevo talento y contribuir a su desarrollo. Desde 2013 se han incorporado a MAPFRE 170 trainees en 17 países. En 2023 se incorporaron 17 actuarios en el marco del Global Trainee Actuarial Program. Una de las palancas de desarrollo de este colectivo es la movilidad internacional.

Para MAPFRE la movilidad, tanto nacional como internacional, es clave en el desarrollo de los empleados dotándoles de polivalencia y mejorando su empleabilidad tanto para ampliar sus conocimientos como para dar respuesta a las necesidades de negocio. En el año 2023, el 14.9% de la plantilla ha tenido una movilidad.

A través de la movilidad internacional, se han movido 67 empleados y 18 países han podido contar con profesionales de otros 17 países lo que ha enriquecido el desarrollo estratégico, la ejecución de proyectos y la innovación.

MAPFRE cuenta con varios tipos de movilidad internacional entre las que encontramos las Carreras Internacionales para empleados que ocupan puestos directivos o tienen alto potencial para acceder a ellos en el futuro, la Movilidad Global accesible para todos los empleados que pretenden acceder a oportunidades de experiencia profesional por cuestiones personales o profesionales, así como la Movilidad Temporal cuyo objetivo es atender a necesidades de negocio coyunturales debido a la ejecución de proyectos o a necesidades de talento puntuales en algún país.

Cada vez más empresas han implementado programas de movilidad internacional que no solo permiten a los empleados rotar por diferentes países, sino que también ofrecen formación específica adaptada a los mercados locales. Estos programas no solo motivan a los empleados más experimentados, sino que también contribuyen a reducir los costes asociados a la rotación de talento, ya que los empleados valoran estas oportunidades de crecimiento y desarrollo, lo que los incentiva a permanecer en la organización a largo plazo.

En esa misma línea algunas empresas, como es el caso de MAPFRE, aprovechando el entorno de transformación digital actual, analizan e incorporan a sus políticas nuevas formas de asignación internacional, como la asignación virtual o el teletrabajo internacional para captar y retener talento que está deslocalizado considerándolo una herramienta muy potente para la cobertura y retención de posiciones estratégicas.

Asimismo, se hace seguimiento de la evolución de los actuales tipos de asignación internacional valorando tanto la flexibilidad en su duración como la posibilidad de prestar servicio en remoto aplicando un modelo híbrido.

2. La diversidad internacional como ventaja competitiva

La movilidad internacional juega un papel cada vez más fundamental en el proceso de selección de talento. A medida que las empresas se globalizan, la demanda de perfiles con experiencia internacional crece de forma notable. Estos candidatos suelen tener habilidades clave como la adaptación, la resiliencia y un pensamiento global, lo que los convierte en valiosos activos para organizaciones que buscan competir en un entorno cada vez más interconectado.

El informe de Deloitte "Diversity and Inclusion Report" subraya que los equipos multiculturales, formados por profesionales con experiencias internacionales, tienen un 35% más de probabilidades de superar a la competencia en términos de innovación y rentabilidad. Esto se debe a la diversidad de perspectivas que estos profesionales aportan a la toma de decisiones. Además, las organizaciones que valoran la movilidad internacional en sus procesos de selección acceden a un grupo de candidatos más diverso y competitivo, lo que mejora significativamente su capacidad para resolver problemas complejos y gestionar equipos globales.

Al mismo tiempo, la diversidad cultural es crucial para comprender y gestionar dinámicas globales complejas. La experiencia internacional permite a los empleados comprender mejor los mercados locales y las necesidades de los clientes en diferentes regiones. Esto proporciona a las empresas una ventaja competitiva, ya que pueden adaptar sus estrategias a nivel global de manera más eficaz y ágil.

Integrar la movilidad internacional en el proceso de selección envía una señal clara sobre la cultura inclusiva y abierta de la empresa. Las compañías que priorizan candidatos con experiencia global demuestran su compromiso con la diversidad y la igualdad de oportunidades, promoviendo una imagen de marca más atractiva y alineada con los valores de las nuevas generaciones.

Asimismo, la movilidad internacional debe respaldar las tendencias de mercado, que ahora se organizan más por skills o capacidades que por funciones o roles específicos. Esto implica tener un mapa con las capacidades requeridas para los diferentes puestos y roles, evaluar a los empleados en función de esas capacidades, identificar cuáles son clave para la movilidad internacional y contrastarlas con las de los empleados dispuestos a moverse. Ello dota de agilidad a la hora de ubicar el talento donde sea necesario y a disponer de equipos multiculturales, que resultan muy enriquecedores, así como a facilitar movimientos temporales de empleados que se mueven durante un cierto tiempo por países donde el Grupo tiene presencia, dependiendo de las necesidades de negocio.

Los profesionales que se integran a una organización en un entorno internacional se enfrentan al desafío de adaptarse rápidamente a nuevas culturas laborales y equipos multiculturales, por ejemplo, en MAPFRE conviven empleados de 81 nacionalidades distintas. Sin embargo, esta movilidad puede facilitar la inmersión inicial, acelerando la adaptación al entorno laboral y fomentando una conexión más profunda con los objetivos globales de la empresa siendo la movilidad una fuente de donde emergen oportunidades de desarrollo.

En esta línea, MAPFRE tiene un acuerdo institucional con el ICEX, por el cual se compromete a ofrecer a sus becarios la adquisición de una experiencia internacional en su Grupo de Empresas a través del "Programa de prácticas en empresas" ofreciéndoles que realicen sus prácticas en países donde MAPFRE tiene presencia. Cuentan con 5 ediciones desde 2020 habiendo podido contar con becarios en países como Alemania, Malta, México, Bélgica y España que en su mayoría han terminado incorporando a la compañía una vez terminadas las prácticas.

Igualmente, MAPFRE cuenta con un Plan Universidades poniendo el foco en la colaboración continua y permanente con el mundo de la educación a nivel Global gracias a los casi 300 convenios de colaboración con universidades, escuelas de negocio y entidades educativas en todo el mundo, con compromisos y actividades específicas enmarcadas en 3 grandes pilares:

i) Fomentar el conocimiento de la actividad aseguradora, de MAPFRE y su cultura.

ii) Desarrollar el talento joven: a través de su asistencia a eventos y foros de empleo, promocionan y difunden MAPFRE y su marca empleadora, así como todo lo que ofrece una empresa como MAPFRE a sus empleados y colaboradores.

iii) Compartir y sumar conocimiento a través de una doble relación de colaboración, innovación y transmisión de conocimiento.

Por ejemplo, en el marco de las acciones del Plan Universidades de MAPFRE y de su relación con ESIC reciben en la sede de MAPFRE en Majadahonda a estudiantes del MBA de ESIC procedentes de Shanghái y de Perú con los que pudieron compartir cómo se desarrolla la actividad aseguradora y su impacto en la sociedad, su Cultura y propósito. Además, los estudiantes pudieron conocer todo lo que se está desarrollando en Innovación del MAPFREOpenInnovation.

3. Desarrollo profesional y capacitación: El impacto de las oportunidades internacionales

La movilidad internacional juega un rol fundamental tanto en el desarrollo profesional como en la capacitación de los empleados, generando un impacto significativo en sus habilidades técnicas y blandas. Al exponer a los profesionales a entornos diversos en distintos países, se les brinda la oportunidad de adquirir competencias que no solo potencian su desarrollo individual, sino que también les ofrecen una visión más amplia y estratégica del panorama global.

El Global Human Capital Trends Report de Deloitte subraya que el 65% de los CEOs considera que la movilidad internacional es esencial para desarrollar líderes con una visión global. En línea con este análisis, el 78% de las empresas que cuentan con programas de movilidad internacional activa reconocen que sus empleados más exitosos han tenido asignaciones internacionales. Estas experiencias permiten a los profesionales enfrentar desafíos únicos, gestionar equipos multiculturales y liderar proyectos estratégicos en mercados globales.

La movilidad internacional también es una herramienta clave para la capacitación, ya que proporciona una exposición constante a nuevos enfoques, tecnologías y formas de pensar que solo se encuentran en diferentes entornos internacionales. Según estudios de Deloitte, el 75% de los empleados que participan en programas de movilidad internacional informan haber acelerado su crecimiento profesional en comparación con aquellos que no lo hacen. La oportunidad de trabajar en distintos mercados permite a los empleados expandir sus habilidades interculturales, interpersonales y de liderazgo, competencias que son esenciales en un entorno empresarial cada vez más interconectado.

Asimismo, estas experiencias fomentan el desarrollo de habilidades críticas como la comunicación efectiva, la negociación y el liderazgo en entornos multiculturales, aumentando la competitividad global de los empleados. Empresas como Deloitte ha observado un incremento del 30% en la productividad de sus empleados tras participar en experiencias internacionales, lo que refuerza la efectividad de la movilidad internacional como una herramienta de capacitación global.

Además de su impacto en el crecimiento profesional, la movilidad internacional también impulsa el crecimiento personal de los empleados. Vivir y trabajar en un entorno globalizado les ayuda a desarrollar una mentalidad más resiliente y adaptable, capacidades esenciales para enfrentar los desafíos complejos que caracterizan el mundo empresarial actual. Esto los prepara para asumir roles estratégicos y de liderazgo dentro de la organización, donde se espera que tomen decisiones informadas y efectivas en mercados internacionales.

Un beneficio adicional es que las organizaciones que integran la movilidad internacional como parte de su estrategia de desarrollo profesional y capacitación experimentan mejoras significativas en la retención del talento. Los análisis de Deloitte muestran que las empresas que promueven estas oportunidades ven un incremento del 25% en la retención de empleados clave, lo que refleja el valor percibido por los empleados en cuanto a su desarrollo y crecimiento dentro de la empresa. Estas oportunidades no solo les permiten desarrollar una carrera más diversa y completa, sino que también generan un fuerte sentido de pertenencia y compromiso hacia la organización.

Empresas como MAPFRE, además de incluir la movilidad internacional como una importante palanca de desarrollo profesional y ofrecer la posibilidad de una carrera internacional, permite que los empleados puedan optar a vacantes que son publicadas en su Intranet en los países donde tiene presencia cubriendo así las necesidades de negocio gracias a la Movilidad Global.

En resumen, la movilidad internacional no solo potencia el desarrollo profesional de los empleados, sino que también se convierte en una herramienta clave para su capacitación, permitiendo a las organizaciones contar con líderes más capacitados, resilientes y adaptables a los desafíos globales. Esto, a su vez, genera un impacto positivo en la productividad, la retención de talento y el crecimiento general de la empresa.

4. Promociones y movilidad internacional: Un impulso para el liderazgo

El desarrollo de futuros líderes requiere una sólida experiencia internacional, ya que la movilidad internacional se ha convertido en un componente clave para fortalecer las competencias de liderazgo en las organizaciones globales. No solo proporciona a los empleados la oportunidad de ampliar sus conocimientos técnicos, sino que también les ofrece una exposición directa a los desafíos y oportunidades que surgen al operar en diferentes mercados y contextos culturales. Este tipo de experiencias son fundamentales para desarrollar una mentalidad global, una de las habilidades más demandadas en los líderes de hoy.

Deloitte subraya que el 70% de las empresas que integran programas de movilidad para sus futuros líderes reportan un aumento en el rendimiento y la efectividad de sus equipos ejecutivos. Estos líderes adquieren habilidades críticas, como la capacidad de gestionar equipos multiculturales, tomar decisiones ágiles y adaptarse rápidamente a contextos económicos, políticos y culturales cambiantes. La habilidad de liderar en un entorno diverso y complejo es esencial en un mundo cada vez más interconectado.

Las organizaciones que incluyen la movilidad internacional como parte de los criterios para promociones y ascensos experimentan un aumento del 25% en el desempeño general de sus líderes. La exposición a nuevos mercados y a diferentes dinámicas empresariales no solo contribuye al crecimiento individual, sino que también mejora los resultados a nivel organizacional. Los líderes con experiencia internacional tienden a tener una visión más estratégica, ya que comprenden mejor cómo las decisiones impactan en diferentes regiones y en el negocio global.

Un aspecto fundamental de la movilidad internacional en el contexto de las promociones es su impacto en la diversidad de pensamiento y la innovación dentro de las organizaciones. Los líderes que han trabajado en diferentes países desarrollan una mayor empatía y comprensión hacia diversas perspectivas, lo que les permite gestionar mejor a sus equipos globales y fomentar entornos de trabajo inclusivos. Esto no solo refuerza su efectividad, sino que impulsa la creación de culturas corporativas más innovadoras, donde prosperan las ideas disruptivas.

La movilidad internacional también fomenta el desarrollo de habilidades esenciales para el liderazgo. La capacidad de gestionar la incertidumbre, tomar decisiones en entornos desconocidos y adaptarse rápidamente a nuevas realidades son cualidades que se fortalecen cuando los empleados enfrentan desafíos internacionales. Los líderes con experiencia internacional aprenden a equilibrar las necesidades locales con los objetivos globales, lo que los convierte en figuras clave para liderar la transformación y el crecimiento en sus organizaciones.

Para muchos empleados, la oportunidad de trabajar en el extranjero se percibe como una vía para acelerar su carrera profesional. Las asignaciones internacionales proporcionan experiencias intensivas que no se replican en roles domésticos. Además, los empleados que completan este tipo de asignaciones suelen ganar mayor visibilidad dentro de la organización, lo que frecuentemente se traduce en ascensos y nuevas responsabilidades. De hecho, estudios indican que los empleados con experiencia internacional tienen un 30% más de probabilidades de ser promovidos en comparación con aquellos que no han tenido esta oportunidad.

En el caso de MAPFRE, cuenta actualmente con un total de 110 empleados desplazados desarrollando una carrera internacional dentro del Nivel Dirección en 25 países. Muchos de ellos, aproximadamente un 30%, cuenta en su background con varias experiencias internacionales.

El Plan global de desarrollo de la función Técnica en MAPFRE pretende reforzar la gestión del Talento en una función clave para su negocio por ello se han reforzado los planes de desarrollo locales y se han identificado a 13 empleados de la función técnica de 8 países que han sido destinados mediante una movilidad internacional a diferentes países con un Plan de Desarrollo estructurado y desarrollado a medida con el objetivo de acelerar la curva de desarrollo del perfil de dirección técnica.

Unida a esta iniciativa en el año 2020 se comenzó a desarrollar en MAPFRE el Proyecto Ageing que tiene como objetivo consolidar un entorno en el que se aproveche todo el talento disponible en la empresa con independencia de su edad, teniendo en cuenta los retos que se plantean en la organización y reducir las barreras que puedan existir. En su caso, el 46% de los expatriados tiene más de 50 años y la edad media se sitúa en torno a los 49 años.

En resumen, la movilidad internacional se ha consolidado como un vehículo indispensable para el desarrollo del liderazgo dentro de las empresas. Proporciona a los líderes una comprensión profunda de los desafíos globales, les permite gestionar equipos diversos y fomenta un pensamiento estratégico que impulsa la innovación y el crecimiento a nivel organizacional.

DIVERSIDAD E INCLUSIÓN EN LA MOVILIDAD INTERNACIONAL

DIVERSIDAD E INCLUSIÓN EN LAS POLÍTICAS DE RECURSOS HUMANOS

LUIS CARLOS MOYA REBATE
Socio, Tax & Legal, Mobility & Compensation
Deloitte

Las políticas de recursos humanos están evolucionando rápidamente, integrando principios de equidad, diversidad y representación. Estos enfoques no solo garantizan soluciones más justas y equitativas que reflejan las realidades complejas de una sociedad plural y diversa, sino que también establecen las bases sobre las que las organizaciones pueden obtener una ventaja estratégica significativa. Al fomentar la diversidad e inclusión en el lugar de trabajo, se impulsa la creación de valor de múltiples formas:

i) Exploración exhaustiva de problemas y soluciones empresariales: Un equipo diverso es capaz de abordar los problemas desde una variedad de perspectivas, lo que lleva a un análisis más profundo y a soluciones más creativas e innovadoras.

ii) Pensamiento crítico y creativo más amplio: La diversidad cognitiva fomenta un pensamiento divergente, lo que permite que las organizaciones desarrollen productos, servicios y estrategias más disruptivos.

iii) Relaciones auténticas con clientes, proveedores y empleados: Los equipos que reflejan la diversidad de la base de clientes pueden comprender mejor sus necesidades y establecer relaciones más genuinas, mejorando así la satisfacción y lealtad de los clientes.

iv) Mayor satisfacción y retención de empleados: Los ambientes inclusivos, donde cada individuo se siente valorado y respetado, tienden a tener índices más altos de retención, lo que reduce los costes asociados con la rotación de personal.

v) Adaptabilidad y resiliencia: Las organizaciones diversas son más flexibles y resistentes frente a cambios, ya que sus empleados pueden abordar los problemas desde múltiples ángulos y encontrar soluciones más ágiles y efectivas.

1. Más allá de la diversidad superficial

Uno de los errores más comunes en las empresas es simplificar el concepto de diversidad, reduciéndolo a aspectos superficiales como género, etnicidad o discapacidad. Sin embargo, la verdadera diversidad va mucho más allá. Si bien estos son factores importantes, no son los únicos que deben considerarse. La diversidad también incluye aspectos menos visibles, como las experiencias personales, las trayectorias educativas, las habilidades no técnicas y las formas de pensar.

Un equipo que verdaderamente abraza la diversidad puede beneficiarse de una rica gama de perspectivas y habilidades que a menudo son difíciles de alcanzar en entornos homogéneos.

Este nivel de diversidad es muy difícil de alcanzar en poblaciones homogéneas, de ahí que la planificación de plantillas que incorporen en su reflexión factores como los que listamos a continuación son fundamentales a la hora de generar diversidad:

i) **Culturas y nacionalidades:** Contratar a personas de diferentes países no solo enriquece el ambiente cultural de la empresa, sino que también abre nuevas formas de pensar y trabajar que pueden ser vitales para la innovación.

ii) **Diversidad cognitiva:** Las diferencias en la forma de pensar y resolver problemas son esenciales para un entorno creativo. Este tipo de diversidad es particularmente importante en industrias donde la innovación es clave.

iii) **Experiencias personales y profesionales:** Empleados con trayectorias personales y profesionales diversas aportan una variedad de enfoques que pueden enriquecer la toma de decisiones.

iv) **Trayectorias educativas:** Un equipo con una mezcla de formaciones académicas y profesionales tiene más probabilidades de encontrar soluciones a los problemas desde diferentes perspectivas.

2. *Movilidad internacional como herramienta para potenciar la diversidad*

La movilidad internacional en las empresas es una herramienta crucial para fomentar la diversidad. Al facilitar que empleados de diferentes países trabajen en múltiples entornos culturales, se promueve un intercambio continuo de ideas, conocimientos y experiencias. Esto enriquece tanto a los individuos como a la organización en su conjunto. Por ejemplo, un empleado que ha trabajado en varios países está expuesto a diferentes formas de trabajo y gestión, lo que contribuye a una comprensión más profunda de las diferencias culturales y cómo estas influyen en los negocios.

Además, la movilidad internacional también fomenta la colaboración entre equipos multiculturales, lo que puede impulsar la innovación al mezclar ideas y enfoques de trabajo diversos. Las empresas que invierten en programas de movilidad internacional no solo desarrollan empleados más versátiles y con habilidades interculturales, sino que también pueden aprovechar las ideas generadas en diferentes mercados para adaptarse mejor a los desafíos globales.

Las políticas de recursos humanos que fomentan la contratación internacional son esenciales para crear una fuerza laboral verdaderamente diversa. Al abrir las puertas a talentos de diversas geografías, las empresas no solo se vuelven más heterogéneas, sino también más capaces de enfrentar desafíos globales desde enfoques distintos. Los empleados que participan en estos programas no solo adquieren experiencias únicas que enriquecen su propio desarrollo, sino que también refuerzan la diversidad cognitiva de sus equipos, lo que es clave para la innovación.

3. La importancia de la inclusión

La inclusión juega un papel fundamental en la gestión de la diversidad, ya que asegura que las diferencias individuales no solo sean reconocidas, sino también valoradas y aprovechadas dentro de una organización. Mientras que la diversidad se refiere a la presencia de personas con características diferentes, la inclusión se enfoca en crear un entorno donde todos los empleados, independientemente de sus diferencias, se sientan valorados y respetados.

Una gestión efectiva de la diversidad sin inclusión puede fallar, ya que los empleados pueden estar presentes en una organización, pero sin un ambiente que promueva su participación activa, sus voces y talentos pueden pasar desapercibidos.

La inclusión es vital porque fomenta una cultura de colaboración en la que las diferentes perspectivas son escuchadas y valoradas. Esto asegura una equidad en las oportunidades de crecimiento y desarrollo para todos los empleados.

Un entorno inclusivo es también clave para atraer y retener talento, ya que los empleados son más propensos a quedarse en una empresa donde sienten que pueden contribuir plenamente.

4. Inclusión y compensación justa

La gestión de la inclusión desde el punto de vista de la compensación implica la creación de políticas salariales que sean equitativas y accesibles para todos los empleados.

El objetivo es garantizar que todas las personas reciban una compensación adecuada por su trabajo y que no existan diferencias salariales o de beneficios sociales basadas en factores como género, raza, edad, discapacidad, orientación sexual u otros aspectos de la identidad.

En este sentido las compañías han avanzado enormemente aplicando procedimientos formales que aseguren la equidad en sus programas de recursos humanos y especialmente en los retributivos:

i) Auditorías salariales regulares: Estas auditorías permiten identificar y corregir posibles disparidades salariales basadas en factores injustos, como el género o la raza.

ii) Transparencia en las escalas salariales: Una política de transparencia en torno a la compensación ayuda a crear un ambiente de confianza y equidad en la organización.

iii) Incentivos basados en desempeño justo: Las empresas diseñan sistemas de incentivos claros, justos y libres de sesgos, con métricas objetivas que consideren los esfuerzos y resultados de manera imparcial.

iv) Procesos claros y justos de valoración de responsabilidades y puestos: La revisión de estos procesos de modo que no presenten sesgos, especialmente en lo que respecta a promociones y movimientos funcionales, garantiza que todos los empleados tengan acceso equitativo a oportunidades de crecimiento y desarrollo dentro de la organización. Además, un proceso de promoción equitativo, basado en las capacidades, logros y potencial de cada individuo, refuerza la confianza en la organización y evita la perpetuación de desigualdades sistémicas.

Al integrar políticas de compensación justas y equitativas, las organizaciones pueden avanzar hacia una cultura inclusiva que valora y respeta las diferencias individuales. Un sistema de compensación inclusivo no solo asegura que todos los empleados reciban una compensación justa, sino que también contribuye a crear un entorno en el que las personas se sientan valoradas y motivadas para contribuir con su máximo potencial. Cuando los empleados ven que las políticas de compensación y promoción son justas y basadas en criterios claros, están más comprometidos y dispuestos a permanecer en la empresa, lo que aumenta la retención del talento y fortalece la cohesión organizativa.

5. Meta Sesgos: Un obstáculo invisible

Las medidas que hemos referido han combatido lo sesgos tanto conscientes e inconscientes acerca de la diversidad han mejorado los índices de diversidad de las organizaciones, sin embargo, desde una perspectiva de no conformidad constante, se aprecia que sigue existiendo una realidad demográfica en las organizaciones que no llega a ser un reflejo realmente adecuado de la sociedad en la que opera.

Uno de los mayores desafíos en la gestión de la diversidad e inclusión es lo que se conoce como “meta sesgos”. Estos son sesgos de segundo nivel que influyen en nuestra capacidad para reconocer o corregir prejuicios iniciales. Un ejemplo común es cuando alguien cree que es completamente objetivo y no tiene sesgos, lo que le impide reconocer los prejuicios que realmente tiene. Este exceso de confianza en la propia imparcialidad puede llevar a ignorar la posibilidad de que las decisiones o juicios estén influenciados por sesgos, lo que dificulta corregir errores en la evaluación de personas, situaciones o datos.

En el contexto de la diversidad e inclusión, los meta sesgos pueden ralentizar los esfuerzos de una organización para eliminar barreras. Combatir estos sesgos requiere un esfuerzo consciente de autoevaluación y apertura a revisar las políticas de recursos humanos. Para esto, es necesario implementar herramientas y capacitaciones que permitan a los empleados y líderes identificar sus propios sesgos y trabajar activamente para superarlos.

Naturalmente, hay estructuras sociales de las que las organizaciones no son responsables, pero intentando mejorar continuamente hay organizaciones que siguen avanzado explorando barreras menos obvias tratando de identificar estos meta sesgos y aplicando medidas de mitigación de los mismos.

6. Flexibilidad y personalización en la gestión de la diversidad

Diferentes empleados pueden tener necesidades diversas en cuanto a la compensación y los beneficios. En este sentido, la flexibilidad y la personalización son fundamentales para crear el mejor entorno de desarrollo profesional en una organización diversa, ya que permiten adaptarse a las necesidades individuales de los empleados, garantizando que todos tengan las mismas oportunidades de crecimiento. Al ofrecer políticas flexibles, como horarios ajustados, trabajo remoto o beneficios personalizados, las empresas eliminan barreras que pueden afectar de manera desproporcionada a ciertos grupos, como aquellos con responsabilidades familiares, discapacidades o diferencias culturales, que pueden, incluso, no resultar obvias. Esto no solo ayuda a combatir los sesgos y a fomentar una cultura inclusiva, sino que también permite a los empleados desarrollar su máximo potencial en un entorno que respeta y valora sus circunstancias únicas, contribuyendo al éxito colectivo de la organización.

A pesar de que esta idea puede resultar obvia en su conceptualización, no se encuentra plenamente desarrollada en las organizaciones. Si analizamos la evolución de los sistemas de retribución vemos como las mejores organizaciones han alcanzado muy altos niveles de igualdad, que en términos de retribución se basa en ofrecer a todo el mundo lo mismo en función de su puesto o su contribución. Sin embargo, la gestión retributiva de la diversidad requiere un planteamiento mucho más abierto, de eliminación de barreras y limitaciones donde todavía encontramos trabajo por hacer. Abordemos, a modo de ejemplo, algunos de los principales elementos de retribución tratando de identificar aspectos que, en última instancia, puedan limitar de alguna manera la propuesta de valor óptima para todos y cada uno de los empleados:

	Modelos tradicionales	**Modelos centrados en la diversidad**
Retribución fija y clasificación profesional	• Basado en las carreras tradicionales con base en el crecimiento dentro de una misma familia funcional, donde el peso de la antigüedad será determinante. • Rigidez en el reconocimiento de trayectorias profesionales atípicas.	• Carreras profesionales basadas en habilidades intercambiables y no exclusivamente en conocimientos técnicos. • Reconocimientos de competencias cognitivas y personales.

	Modelos tradicionales	Modelos centrados en la diversidad
Incentivos	• Elementos discrecionales o subjetivos con escasa personalización donde las evidencias de compromiso y esfuerzo están centradas en características de empleados tipo. • Sistemas de evaluación del desempeño sin referencia formal a la diversidad en su calibración. • La inclusión de métricas ESG no tiene en cuenta aspectos sociales en la medición de resultados o contiene una simplificación específica que solo considera alguno de los ejes que puede representar diversidad.	• La valoración subjetiva permite considerar formas contribución y estilos de liderazgo no tradicionales, pero igualmente valiosos para la organización y los equipos. • Las sesiones de calibración de la evaluación del desempeño incluyen formación en diversidad para los valoradores y herramientas de concienciación sobre sesgos e incluso meta sesgos. • La combinación de métricas ESG ofrece una combinación de objetivos sociales internos que incluyen bien realidades comunes a todos los empleados u objetivos que ofrecen un proxy adecuado sobre el componente social interno de la empresa.
Planes de ahorro	• Proporcionan una perspectiva basada en la carrera típica del empleado, cubriendo contingencias como la jubilación o la edad. • Los planes de ahorro están estrictamente ligados a una norma (seguridad social) local sin ofrecer alternativas flexibles.	• Completan los modelos tradicionales con alternativas adecuadas a múltiples tipos de carreras. • No limitan las posibilidades de empleados transfronterizos, remotos o con carreras intermitentes. • No se crean limitaciones innecesarias a la liquidez.
Planes médicos	• Coberturas basadas en un empleado típico y en su caso en un modelo de familia normalizado.	• Productos adaptables que permitan a los empleados adecuar las coberturas en términos de modelo familiar, cobertura internacional y a cualquier otro parámetro cuyo modelo cultural pueda requerir.

	Modelos tradicionales	Modelos centrados en la diversidad
Tiempo libre	• Modelos basados fundamentalmente en los requisitos legales. Periodos de vacaciones tradicionales de acuerdo con la normativa local.	• Esquemas que completan los requerimientos legales desde una perspectiva de diversidad permitiendo el disfrute de las opciones de descanso en función de las preferencias personales y culturales de los empleados. • Modelo basado en la cultura global de la organización y no simplemente en los requerimientos locales.

No planteamos la necesidad de que todos y cada uno de los elementos deban ser ajustados, sino que las organizaciones pueden simplemente encontrar el valor sometiendo sus sistemas de recursos humanos a esta reflexión para entender, en términos generales, cómo la definición de sus políticas podría llegar a impactar la capacidad de la organización para configurar una fuerza de trabajo realmente diversa.

7. La autocorrección en las organizaciones diversas

Un elemento clave en los procesos de mejora de cualquier organización es su capacidad de autocorrección. Las empresas deben ser capaces de identificar errores y ajustar sus políticas para optimizar su funcionamiento y promover una mayor diversidad. Para ello, es esencial contar con datos demográficos precisos sobre los empleados. Información sobre el país de estudio, la movilidad internacional, los intereses personales y profesionales, y la participación en actividades extracurriculares puede ofrecer una visión más completa de la diversidad dentro de la empresa.

Para que esta capacidad de autocorrección sea efectiva, es necesario un análisis profundo de la situación actual de la organización. Conocer la estructura demográfica y las características sustanciales del talento es crucial para evaluar el impacto de las políticas. Información como la universidad o el país de estudio, las experiencias de movilidad internacional, la movilidad funcional, los intereses personales, la participación en actividades no profesionales o en asociaciones o el dominio de competencias genéricas como idiomas, aporta información valiosa sobre las experiencias y capacidades de los empleados, contribuyendo a una comprensión más completa del nivel de diversidad de la organización.

La recolección de estos datos debe ser voluntaria y su protección es crucial para garantizar la privacidad y la confianza de los empleados. No obstante, al recopilar esta información de manera adecuada, las organizaciones pueden crear un perfil de talento mucho más valioso, que ofrece una visión más rica y matizada del talento, facilitando mejores decisiones para fomentar la diversidad.

Sin embargo, el tratamiento de estos datos no puede ser meramente descriptivo. Para aprovechar al máximo la información recopilada, es necesario incorporar herramientas de análisis avanzadas que permitan identificar patrones, correlaciones y oportunidades que, de otro modo, pasarían desapercibidos. Herramientas como el análisis predictivo o la inteligencia artificial no solo ayudan a describir la situación actual, sino que también permiten prever tendencias futuras y desarrollar estrategias de autocorrección más efectivas y proactivas.

La IA proporciona una poderosa herramienta para gestionar la diversidad de manera más efectiva, ofreciendo perspectivas detalladas, predicciones informadas y apoyando la creación de entornos de trabajo más equitativos e inclusivos. Con la combinación adecuada de datos y tecnologías, las organizaciones pueden mejorar no solo sus métricas de diversidad, sino también sus resultados generales al aprovechar el verdadero valor de una fuerza laboral diversa.

i) Análisis de datos más profundo y detallado:

   La IA puede realizar análisis avanzados, identificando patrones y tendencias que son difíciles de detectar con métodos tradicionales. Por ejemplo, la IA puede descubrir correlaciones entre ciertos perfiles demográficos y el rendimiento laboral, la satisfacción, la rotación o la movilidad interna. Esto permite a las empresas no solo ver la diversidad como una métrica estática, sino entender cómo impacta en diferentes áreas del negocio.

ii) Identificación y mitigación de sesgos:

El proceso de identificación y mitigación de sesgos mediante IA comienza buscando señales de potenciales sesgos aplicando técnicas de análisis de datos avanzadas para detectar patrones no evidentes. Este enfoque basado en el proceso asegura que se monitoreen y revisen continuamente las prácticas, promoviendo una cultura de autocorrección y mejora en las decisiones organizativas.

iii) Personalización de programas de desarrollo y capacitación:

La IA puede ayudar a personalizar los programas de desarrollo profesional basándose en el análisis de los perfiles de los empleados. Al entender mejor las características individuales, la IA puede sugerir programas de capacitación o trayectorias profesionales que se alineen con las habilidades y aspiraciones de cada persona, lo que mejora la inclusión y maximiza el potencial de cada empleado.

iv) Previsión de tendencias y predicciones:

El uso de sistemas adecuados puede utilizarse para prever tendencias futuras en la representación de la diversidad dentro de la empresa. Al analizar los datos históricos y las tendencias actuales, puede predecir cómo las políticas o decisiones afectarán la diversidad a largo plazo, lo que permite una mejor planificación estratégica.

v) Monitoreo en tiempo real:

El análisis en tiempo real de métricas de diversidad e inclusión, proporcionando alertas tempranas cuando se detectan problemas, como la disminución de la representación de ciertos grupos en áreas clave de la empresa o un aumento en la rotación de empleados diversos.

vi) Mejora en la experiencia del empleado:

A través de chatbots o asistentes virtuales impulsados por IA, las organizaciones pueden ofrecer soporte inclusivo y personalizado a los empleados, como responder preguntas sobre políticas de diversidad, derechos laborales o proporcionar recursos adaptados a las necesidades de individuos de diferentes orígenes.

vii) Optimización de la contratación inclusiva:

En el proceso de reclutamiento, la IA puede mejorar la diversidad al eliminar datos sensibles como el nombre, la edad o el género de los candidatos durante el análisis inicial. También puede ayudar a encontrar candidatos con perfiles más diversos, analizando redes profesionales y bases de datos amplias sin sesgos inconscientes de los reclutadores humanos.

viii) Mejora de la comunicación y cultura inclusiva:

La IA puede analizar la comunicación interna, como correos electrónicos o mensajes de colaboración, para evaluar el tono y el contenido con el fin de fomentar un entorno inclusivo. También puede ayudar a identificar y corregir patrones de exclusión o lenguaje poco inclusivo que afecten a la cultura organizacional.

RETOS Y DESAFÍOS DE LA MOVILIDAD INTERNACIONAL EN MATERIA DE DIVERSIDAD E INCLUSIÓN

MARTA JIMENO HIERRO
Head of I&D Program Office & Best Practices
Siemens Energy

Rara vez se aborda el futuro de la movilidad internacional en términos de diversidad e inclusión, sin embargo, percibo una interdependencia entre ambos aspectos que resulta difícil de separar. Basta con observar las noticias para constatar que la mayoría de los problemas que afectan a nuestro mundo tan global e interconectado tienen su origen en la falta de aceptación de las diferencias culturales, la desigualdad de género que se traduce en desequilibrios en todas las esferas de la sociedad, la intolerancia hacia las distintas creencias religiosas, y la tergiversación de la libertad de expresión en un discurso y manifestaciones irrespetuosas y excluyentes.

Quizás se pregunten, ¿qué tiene que ver todo esto con la movilidad internacional? No puedo negar que mi perspectiva está influenciada por mi experiencia en la gestión de la expansión internacional y la movilidad internacional en una gran empresa, así como en la gestión global de la diversidad e inclusión. Es por ello que considero que la integración de criterios de diversidad, equidad e inclusión en la gestión de la movilidad internacional brinda oportunidades valiosas para la expansión global de las empresas, y contribuye de manera más significativa a la construcción de un mundo más sostenible.

Los desafíos de la movilidad internacional pueden abarcar la adaptación a la cultura y entorno laboral del nuevo país, las barreras lingüísticas, cuestiones legales y administrativas, la gestión del tiempo y la distancia. Además, también pueden surgir desafíos relacionados con la seguridad, la salud y el bienestar emocional.

Examinemos cada uno de estos aspectos individualmente, y las oportunidades que un enfoque más inclusivo puede aportar a la evolución futura de la movilidad internacional.

1. Reto 1. La adaptación a un nuevo país

La adaptación al nuevo país de acogida representa el primer desafío al que se enfrentan los expatriados y sus familias. Con frecuencia, nuestras expectativas están moldeadas por breves viajes de trabajo o turismo, los cuales poco reflejan la verdadera realidad de integrarse por completo en el entorno cultural del país anfitrión. Después de la fase inicial de fascinación ante lo novedoso, que usualmente es efímera, comienza el período en el que se empiezan a presentar los desafíos cotidianos, los cuales pueden volverse sumamente complejos debido a la falta de familiaridad con los valores culturales, las tradiciones locales, las barreras lingüísticas y la comunidad en general.

Es por ello que la fase de preparación en el país de origen adquiere una importancia crucial. Informarse sobre la cultura, familiarizarse con las tradiciones, festividades, gastronomía y música local, adquirir conocimientos básicos del idioma que faciliten la realización de gestiones sencillas, y entablar relaciones con personas del país anfitrión que nos ayuden a comprender el nuevo entorno cultural, son herramientas fundamentales para facilitar el proceso de adaptación.

2. Reto 2. La adaptación al entorno laboral

Una exitosa adaptación al nuevo entorno laboral implica comprender las distintas normas sociales, expectativas laborales, jerarquías, estilos de comunicación y prácticas comerciales. En numerosas ocasiones, nos hemos encontrado con líderes frustrados por la falta de entendimiento con sus equipos. Una preparación adecuada previa resulta de vital importancia para comprender el nuevo entorno cultural y ajustar nuestro estilo de liderazgo y comunicación al contexto novedoso.

Sin una preparación previa, una persona proveniente de Estados Unidos podría enfrentar dificultades en su colaboración y comunicación con su equipo en Japón. En Estados Unidos, al igual que en la mayoría de los países anglosajones, la comunicación tiende a ser concisa, clara y directa. Por lo general, en las culturas asiáticas la comunicación es más implícita, donde el contexto adquiere tanta importancia o más que el contenido mismo. "Leer el aire" y comprender el contexto se vuelven elementos clave para una comunicación efectiva.

3. Reto 3. Barreras lingüísticas, cuestiones legales y administrativas, la gestión del tiempo y la distancia

Las barreras lingüísticas pueden obstaculizar la comunicación efectiva en entornos laborales y sociales, demandando un esfuerzo adicional para superarlas. Por otro lado, las cuestiones legales y administrativas, como los visados, permisos de trabajo y regulaciones laborales, pueden ser complejas y variar significativamente de un país a otro, requiriendo una comprensión detallada y un cumplimiento riguroso de los requisitos legales. Además, la gestión del tiempo y la distancia implica coordinar actividades y comunicaciones entre múltiples zonas horarias y ubicaciones geográficas, lo que puede impactar la eficiencia y la productividad. Estos desafíos demandan una planificación cuidadosa, recursos adecuados y habilidades de gestión para garantizar el éxito en la movilidad internacional.

¿Cuáles son esas habilidades que garantizan el éxito en la movilidad internacional?

Las habilidades interculturales y el liderazgo inclusivo son pilares fundamentales para impulsar el éxito y la eficacia en entornos laborales internacionales. Las habilidades interculturales requieren respeto y tolerancia hacia las diferencias, la capacidad de comprender y adaptarse a diversas culturas, comunicarse de manera efectiva en entornos multiculturales, mostrar empatía y sensibilidad hacia las diferencias culturales, y resolver conflictos interculturales de manera constructiva.

El liderazgo inclusivo implica fomentar un entorno laboral que valore y respete la diversidad, promover la participación equitativa de todos los miembros del equipo, y crear un ambiente en el que cada individuo se sienta respetado, valorado y empoderado.

Un líder inclusivo promueve activamente y celebra la diversidad en el equipo, demuestra empatía y receptividad al escuchar activamente las opiniones, preocupaciones y perspectivas de todos los miembros del equipo, independientemente de su posición jerárquica, fomenta un ambiente de trabajo en el que cada individuo se sienta seguro para expresar sus ideas, opiniones y preocupaciones. Si bien la práctica de un liderazgo inclusivo es clave en las organizaciones, en el entorno internacional se transforma en una habilidad crítica.

4. Reto 4. Desafíos relacionados con la seguridad, la salud y el bienestar emocional.

La movilidad internacional plantea desafíos significativos en términos de seguridad, salud y bienestar emocional, particularmente para grupos diversos como personas LGTBI, personas con discapacidad y mujeres.

Las personas LGTBI que se desplazan internacionalmente pueden enfrentar discriminación, estigmatización y riesgos asociados con su orientación sexual o identidad de género, lo que puede afectar su bienestar físico, emocional y psicológico. En algunos países, las leyes y actitudes hacia la comunidad LGTBI pueden ser menos inclusivas, lo que agrega desafíos adicionales.

Las personas con discapacidad pueden enfrentar obstáculos relacionados con la accesibilidad, la disponibilidad de servicios de apoyo y la consideración de sus necesidades específicas en entornos internacionales, lo que impacta su seguridad y su acceso a atención médica y recursos necesarios.

En cuanto a la seguridad de las mujeres, la movilidad internacional puede exponerlas a riesgos adicionales como acoso sexual, discriminación de género y falta de seguridad en determinados entornos culturales o laborales.

Para hacer frente a estos desafíos, es crucial que las organizaciones implementen políticas y programas que fomenten la seguridad, la salud y el bienestar emocional de todos los empleados en movilidad internacional. Esto implica sensibilización sobre la diversidad e inclusión, provisión de recursos y apoyo específico para personas LGTBI, personas con discapacidad y mujeres, así como acceso a servicios de salud y apoyo psicológico adecuados. Además, es fundamental promover entornos laborales inclusivos y seguros que respalden la igualdad de género, la diversidad sexual y la accesibilidad para personas con discapacidad en todos los contextos internacionales.

El futuro de la movilidad internacional está intrínsecamente ligado a la promoción de la diversidad, la equidad y la inclusión. Al abordar estos aspectos de manera integral, las organizaciones pueden no solo garantizar el éxito de sus operaciones internacionales, sino también contribuir positivamente a la construcción de un entorno laboral más inclusivo y a la evolución hacia un mundo más equitativo y sostenible.

CONCILIACIÓN FAMILIAR EN EL MARCO DE LA MOVILIDAD INTERNACIONAL

MARÍA JOSÉ LÓPEZ ÁLVAREZ
Prof. Derecho del Trabajo y SS
Universidad Pontificia Comillas

La situación familiar de la persona trabajadora es uno de los elementos clave que condiciona la decisión de expatriación y que contribuye, en muchas ocasiones de manera decisiva, al éxito de ésta. Si bien habitualmente son los aspectos económicos los que han gozado de un mayor protagonismo en estos procesos, las compañías manifiestan una preocupación creciente por el bienestar emocional de sus empleados, y una voluntad de proporcionar apoyo a éstos y a sus familiares durante toda la experiencia internacional[72].

A este respecto, una primera cuestión a tomar en cuenta es el marco normativo interno de referencia, que resulta claramente insuficiente para garantizar la protección de los intereses familiares de la persona trabajadora en estos episodios. El art. 40 ET regula la movilidad geográfica con una perspectiva local que difícilmente puede proyectarse a supuestos de expatriación[73], sin que, hasta el momento, y pese a la normalización de estas situaciones a remolque de la expansión internacional de nuestras empresas, se haya proyectado un cambio que dé cobertura a los mismos. El legislador parte de una distinción entre desplazamientos- de duración inferior a un año- y traslados, y parece que

---

72 Así lo reflejan algunos estudios recientes en esa materia, https://www.aon.com/en/insights/reports/international-people-mobility-report.

73 MATORRAS DÍAZ-CANEJA, A.- LÓPEZ ÁLVAREZ, M.J. (2013) "Conciliación y expatriación: la protección jurídico-laboral de los intereses familiares en el marco de la movilidad internacional de trabajadores" en Globalización y Derecho: desafíos y tendencias, Universidad de Deusto, Bilbao, p. 1081-1092.

presupone que la persona trabajadora viaja sola en los primeros, reservando en exclusiva para los segundos las garantías propias de un eventual acompañamiento familiar. De tal forma que únicamente para los traslados contempla la obligación de la empresa de asumir los gastos de mudanza de los familiares a cargo de la persona trabajadora; así como el "derecho profesional de consorte", esto es, la posibilidad de que el cónyuge del empleado, si presta servicios en la misma empresa, pueda solicitar a su vez un traslado a la misma localidad.

El escenario de la movilidad internacional requiere, sin duda, un acercamiento distinto a las necesidades familiares de la persona trabajadora. El coste social y personal asumido por el expatriado en estos períodos, que puede ser especialmente elevado según las condiciones del país de destino (por la lejanía, inestabilidad política, precariedad de servicios, entre otros), justifica que haya de prestarse una atención más detallada a estos aspectos, y ello con independencia de la mayor o menor duración prevista para la asignación. En consecuencia, y tanto si la expatriación se produce a iniciativa de la empresa, lo que podríamos considerar "forzosa", como si se acuerda voluntariamente entre las partes, tal y como es deseable y ocurrirá en la mayoría de las ocasiones, es fundamental que la empresa cuente con una política de movilidad en la que se regulen de forma específica los derechos de conciliación familiar. A estos efectos, debería tenerse en cuenta que:

(i) Es razonable que el paquete de beneficios familiares previsto por la empresa cubra, al menos, los derechos de conciliación familiar establecidos legal o convencionalmente en nuestro ordenamiento, con independencia del estatus jurídico que vaya a aplicarse al trabajador desplazado[74]. Pero, como

---

[74] Aunque no será lo más frecuente, el juego de las normas de solución de conflictos para la determinación de la norma aplicable puede conducir eventualmente a la aplicación del ordenamiento jurídico del país

se comentará más adelante, puede ser aconsejable igualmente una aplicación más generosa y flexible de esos derechos (ampliando, por ejemplo, la duración de algunos permisos), así como la articulación de otras medidas que atiendan al caso concreto de la movilidad (por ejemplo, sufragar total o parcialmente los costes de colegio de los hijos en países en los que el acceso a una educación de calidad asequible puede resultar más complicado).

(ii) Conviene diseñar una oferta lo más individualizada posible, adaptada a la situación personal y familiar del trabajador expatriado. Las estructuras familiares han experimentado cambios profundos y son ahora mucho más complejas y heterogéneas que hace unas décadas. La incorporación de la mujer al ámbito profesional ha marcado un hito decisivo- aunque en este ámbito puede complicar la movilidad familiar y con ello la decisión de expatriación- pero hay otros muchos elementos, que conforman un mosaico variopinto: hogares monoparentales, divorcios y familias reconstituidas, familiares mayores y dependientes... En este sentido, como ya se ha indicado, el art. 40 ET, a la hora de delimitar el ámbito de protección, emplea una expresión abierta, al referirse a los "familiares a cargo" del trabajador. Por su parte, la Directiva (UE) 2019/1158 de Conciliación de la vida familiar y la vida profesional, extiende por vez primera las obligaciones de cuidado del trabajador más allá del núcleo familiar, incluyendo a los convivientes en condiciones de vulnerabilidad o dependencia. La transposición de la norma comunitaria a nuestro ordenamiento[75] ha llevado, en este punto, a que algunos de los derechos "clásicos" para la

receptor, con un menor nivel de protección en estas cuestiones, vid. MATORRAS-DIAZ CANEJA, A.- LÓPEZ ÁLVAREZ, M.J. "Conciliación y expatriación...", cit.

[75] La adaptación parcial de la Directiva se llevado a cabo a través del Real Decreto-Ley 5/2023, de 28 de junio.

conciliación familiar- como la reducción de jornada, la excedencia o el permiso por hospitalización y enfermedad grave- ahora se reconozcan para la atención no sólo de familiares, sino también de convivientes. Parece oportuno, pues, que a la hora de determinar cuáles van a ser los beneficios y facilidades de los que va a disponer la persona trabajadora, se eviten categorizaciones rígidas y cerradas, procurando una protección suficiente que alcance al círculo afectivo más próximo del expatriado, esto, es, aquellos con los que le unen lazos más intensos de parentesco, con quienes convive o con los que mantiene una relación de dependencia económica o afectiva análoga por algún otro motivo.

Con estas premisas, pueden hacerse algunas otras consideraciones a lo largo de las diferentes fases del proceso de movilidad:

i) En el momento de la asignación, las responsabilidades familiares de la persona trabajadora no pueden convertirse en un elemento de exclusión, que se utilice como filtro para descartar a eventuales candidatos, lo que constituiría una discriminación indirecta[76]. Indudablemente, el perfil del expatriado sigue teniendo un sesgo marcadamente masculino, pero es una tendencia que poco a poco comienza a revertirse[77]. El componente familiar no es, además, el único factor que dificulta la movilidad de las mujeres, ya que inciden de igual forma otros aspectos,

---

76 El art. 4.2.c) ET reconoce el derecho de las personas trabajadoras a "no ser discriminadas directa o indirectamente para el empleo o, una vez empleados, por (...) razón de sexo, incluido el trato desfavorable dispensado a mujeres u hombres por el ejercicio de los derechos de conciliación o corresponsabilidad de la vida familiar y laboral".

77 Se calcula que un 72% de los trabajadores expatriados son hombres frente a un 28% de mujeres, vid. https://www.equiposytalento.com/noticias/2024/07/30/mas-mujeres-mas-jovenes-y-mas-diversidad-asi-se-ha-transformado-el-perfil-del-trabajador-movilizado.

como las condiciones de seguridad para la vida cotidiana en el país de destino. A ello se suma el hecho de que una proporción significativa de las empresas españolas con trayectoria en el campo de la movilidad internacional pertenecen a sectores tradicionalmente masculinizados (construcción, tecnología). En todo caso, de lo que se trata es de que las cargas familiares no se conviertan, de entrada y aunque sea implícitamente, en un obstáculo insalvable para la expatriación. Es clave, por tanto, que la empresa realice la selección atendiendo exclusivamente a la idoneidad técnica y profesional para el puesto. Así como que cuente con medidas suficientes de soporte para facilitar la conciliación familiar de aquellos trabajadores que se desplazan al extranjero y así lo requieran.

En este sentido, es interesante que la empresa ponga a disposición de la persona trabajadora una información sobre estos extremos lo más completa y detallada posible[78]. Ello contribuye a facilitar la toma de decisión y garantiza la transparencia del proceso, en prevención de los conflictos que puedan surgir con posterioridad. Ha de procurarse, asimismo, que la persona trabajadora conozca la fecha de salida con la debida antelación (el art. 40 ET fija un preaviso mínimo de 30 días para los traslados de más de un año, pero sólo cinco días laborables para los desplazamientos de más de tres meses). Y, eventualmente, puede ser necesario articular permisos adicionales para facilitar la salida, el establecimiento (mudanza, selección de centros educativos, contratación

---

78 La Directiva (UE) 2019/1152, de 20 de junio relativa a unas condiciones laborales transparentes y previsibles en la Unión Europea señala la obligación de proporcionar a los trabajadores enviados al extranjero por períodos superiores a cuatro semanas consecutivas, información complementaria específica para su situación (art. 7).

de suministros básicos...) y la adaptación inicial de la persona trabajadora al nuevo entorno cultural y social.

Por otra parte, aun cuando no sea el supuesto más habitual ni probablemente el más recomendable, si la decisión de movilidad se impone unilateralmente por la empresa, debe recordarse que no existe un derecho legal de resistencia por parte de la persona trabajadora amparado en circunstancias familiares. El art. 40.7 ET contempla la posibilidad de que el convenio colectivo o el acuerdo alcanzado con los representantes de los trabajadores reconozca prioridades de permanencia en estos supuestos a determinados colectivos, entre otros los trabajadores con cargas familiares. Si no se han previsto estas preferencias[79], la persona trabajadora no podrá invocar razones familiares para oponerse a la decisión de la empresa, quedando abierta únicamente la vía de la extinción indemnizada (20 días de salario por año de servicio) del contrato para los traslados con duración superior a un año. En cualquier caso, en circunstancias excepcionales en las que existan elementos de peso de esta índole que dificultarían extraordinariamente el desplazamiento de la persona trabajadora, o lo harían enormemente gravoso (piénsese, por ejemplo, en un hogar monoparental con algún miembro discapacitado en un país lejano y con condiciones sanitarias y de seguridad deficientes), cabría pensar en la impugnación de la decisión empresarial por el procedimiento especial previsto para ello en el art. 138 LJS[80]. Fracasado el mismo, puede pensarse en úl-

---

79 Estas prioridades de permanencia deben entenderse renunciables, bien ex ante con la suscripción de una cláusula de movilidad, o en el momento de materializarse la decisión empresarial de desplazamiento.

80 Como señala la STSJ Castilla-La Mancha 23 de enero de 2007, si bien en un supuesto de movilidad nacional, los intereses familiares son un

timo término en la solicitud de resolución indemnizada del contrato ex art. 50 ET. Pero, como se ha señalado[81], ha de tratarse de situaciones de notoria gravedad, en las que la propia seguridad e integridad personal de la persona trabajadora está comprometida (una trabajadora embarazada) o en las que el núcleo familiar no sólo se ve imposibilitado para trasladarse al extranjero, sino que se vería totalmente desasistido con la ausencia del trabajador, generando un desequilibrio notable e injustificado en las prestaciones recíprocamente contratadas[82].

ii) Durante el período de estancia en el país de destino, ha de diferenciarse la situación de aquellas personas trabajadoras desplazadas con su familia, frente a los que se trasladan en solitario y mantienen en España el centro de sus intereses vitales y afectivos. En este último caso, es oportuno tomar en consideración, por una parte, desde un punto de vista económico, los desembolsos adicionales que se verá obligado a afrontar el trabajador, desde llamadas o envíos, hasta los viajes periódicos para visitar a sus familiares. Es conveniente, por tanto, y como ya venimos defendiendo, que se realice una planificación

---

factor más a considerar, que habrán de medirse a las razones más o menos consistentes que invoque la empresa, así como la a existencia de otros trabajadores disponibles con perfil idóneo.

81 MATORRAS-DIAZ CANEJA, A.- LÓPEZ ÁLVAREZ, M.J. "Conciliación y expatriación…", cit.

82 Cuestión distinta es que se haya suscrito una cláusula de movilidad debidamente compensada, en cuyo caso el trabajador asume de inicio su disponibilidad para estos desplazamientos internacionales y difícilmente podría oponerse a los mismos, salvo circunstancias sobrevenidas extraordinarias. A este respecto, puede ser aconsejable que estos pactos prevean una cláusula de escape, que contemple eventualidades de esta naturaleza y permita al trabajador el retorno o la permanencia en el destino por un tiempo mayor.

individualizada que atienda a las circunstancias particulares del expatriado. En función de sus necesidades, puede ampliarse la duración de los permisos para viajes, o incrementar la frecuencia de los mismos. De igual forma y en lo tocante a los derechos de conciliación, parece apropiado tratar de facilitar su disfrute por el trabajador, acumulándolos en la medida de lo posible (por ejemplo, la suspensión por nacimiento de hijo y el permiso para cuidado del lactante) o extendiendo su duración (los cinco días que se conceden para el cuidado de familiares y convivientes por hospitalización y enfermedad grave pueden resultar escasos si el trabajador se encuentra en un destino alejado con medios de transporte poco eficientes). Debe tenerse en cuenta, además, que la mayor parte de los derechos asociados a la crianza tienen actualmente en nuestro ordenamiento carácter intransferible, para favorecer la corresponsabilidad en el reparto de las cargas familiares. Ello impide que el trabajador pueda plantearse transferir a su pareja el disfrute del derecho si se ve imposibilitado para ejercitarlo; alternativa que, en estas situaciones particulares, podría resultar beneficiosa tanto para los menores como para los padres[83]. No obstante, el impulso del trabajo en remoto puede facilitar ocasionalmente los desplazamientos del trabajador a su hogar aun tratándose de períodos más prolongados, ya que estos derechos de conciliación admiten fórmulas de disfrute flexible (por ejemplo, a jornada parcial); garantizando con ello la atención a estas tareas de cuidado

---

[83] La reforma normativa aprobada recientemente en Suecia permite la transferencia de una parte del permiso parental a familiares o amigos para dar flexibilidad a las familias https://es.euronews.com/next/2024/09/26/suecia-permitira-a-los-abuelos-usar-el-permiso-parental-para-cuidar-de-sus-nietos#:~:text=La%20nueva%20normativa%20sueca%2

que, como se sabe, se vinculan con derechos constitucionalmente protegidos, como el derecho a la igualdad o la protección de la familia[84].

Cuando la persona trabajadora se traslada con acompañantes, la atención a los intereses familiares durante la movilidad pasa habitualmente por ofrecer facilidades para la estancia y la adaptación al nuevo entorno: colegios, formación en idiomas, vivienda, seguridad, gestión de situaciones de emergencia… No es extraño tampoco que la empresa pueda tratar de facilitar la continuidad de la carrera profesional de la pareja o cónyuge del expatriado, que como regla general se verá suspendida, o cuando menos limitada, como consecuencia del desplazamiento. Y el ejercicio efectivo de los derechos de conciliación puede resultar más sencillo de garantizar si el núcleo familiar se traslada con la persona trabajadora, pero no cabe descartar la atención a otras responsabilidades (padres de edad avanzada, enfermedad grave de familiares cercanos…) que exijan eventualmente la presencia de la persona trabajadora en España.

iii) Finalmente, en fase de retorno, las responsabilidades familiares de la persona trabajadora son un factor que ponderar para la negociación y la gestión satisfactoria del proceso: por ejemplo, la escolarización de los menores en el país de destino puede hacer aconsejable que la repatriación o la asignación de nuevo destino se planifique una vez finalizado el curso académico; o que, en su defecto, la empresa garantice la estancia del resto de la familia hasta que el traslado pueda ser realizado. Mayores dificultades pueden plantearse, sin embargo, en aquellos casos en los que la persona trabajadora solicita

---

84 STC 17/2003, de 30 de enero.

un retorno anticipado por causas familiares. Son múltiples las circunstancias sobrevenidas que pueden acaecer en el ámbito doméstico y familiar (divorcios, enfermedades, pérdida de seres queridos...), con capacidad para trastocar gravemente el entorno vital de la persona trabajadora. No hay una protección legal específica que contemple una garantía de repatriación por razones de esta índole. En la práctica, y considerando que estas situaciones pueden tener un impacto importante en la persona trabajadora que termine repercutiendo en su quehacer profesional, lo más frecuente es que la empresa trate de buscar soluciones negociadas que beneficien a todos los implicados. Pero es éste un extremo que puede ser conveniente tener previsto de antemano, especialmente en asignaciones de larga duración; de forma que, transcurrido un período mínimo de estancia, las razones familiares puedan justificar el retorno, o al menos una preferencia para el mismo, o bien la extinción indemnizada del contrato por iniciativa de la persona trabajadora. A este respecto, debe recordarse, no obstante, que el art. 34.8 ET concede a las personas trabajadoras el derecho a solicitar adaptaciones de las condiciones de trabajo por necesidades de conciliación familiar. En la redacción actual del precepto, tales adaptaciones no se limitan exclusivamente a la duración y distribución de la jornada y la ordenación del tiempo de trabajo, sino que se reconocen con un carácter más amplio, incluyendo las relativas a la "forma de la prestación" o el trabajo a distancia. Si bien esta previsión estatutaria no otorga un derecho incondicionado a la persona trabajadora, que deberá concretarse a través de la negociación colectiva o el acuerdo individual con la empresa, puede ser una vía alternativa para que, en situaciones límite, el expatriado trate de forzar el retorno anticipado al lugar de origen.

PREVENCIÓN DE RIESGOS LABORALES: RIESGOS PSICOSOCIALES Y BIENESTAR LABORAL EN EL ENTORNO DE LA MOVILIDAD Y TELETRABAJO INTERNACIONALES

SALUD Y BIENESTAR EN UN ENTORNO CAMBIANTE

JAVIER SANZ GONZÁLEZ
Director del Servicio de Medicina del Trabajo y Prevención de Riesgos Laborales
Deloitte

La sociedad actual y dentro de ella el mundo laboral impone una constante necesidad de dar respuesta a demandas que la persona percibe debe de hacer frente. Ello condiciona objetivamente una necesidad de adaptación continua a un entorno altamente cambiante.

Posiblemente la palabra psicosocial no se ajuste de forma adecuada a la realidad del hombre. No podemos separar lo social de lo psíquico y ambos de lo físico y en movilidad internacional se hace más patente este hecho. Por ejemplo, el nivel de salud de la persona condiciona mucho el nivel de seguridad percibida y muchas veces objetiva con el cual va a viajar o residir en un tercer país. Pongamos un ejemplo para poder ilustrarlo mejor, una persona sana de 35 años que va a residir en un país con unas condiciones sanitarias claramente inferiores a las del país de origen no percibe el riesgo de la misma manera que una de 50 años y que ha padecido un infarto y la incertidumbre si vuelve a tener una angina o una crisis coronaria, la percepción del riesgo es claramente distinta a la del primero. Es por ello que el nivel de desarrollo sanitario del país de destino es un elemento clave a la hora de evaluar el riesgo psico-físico-social. Y este teórico temor se acreciente en el caso de que viaje la familia al completo; las preguntas surgen claramente ¿son fiables los centros sanitarios a los que viajo con mi familia?, ¿qué hacer ante una urgencia como una apendicitis, o simplemente un cólico renal?. Son decenas de preguntas a las que es necesario dar respuesta desde las organizaciones que tienen profesionales moviéndose por el mundo.

Es por ello que comenzamos con unas primeras cuestiones a considerar en el caso de la movilidad internacional: ¿a dónde voy? ¿qué me voy a encontrar?

Por lo tanto no es sólo el factor motivacional de un posible mayor desarrollo profesional, el asunto es ¿qué condiciones higiénico-sanitarias voy a tener?. Esto se reflejó ya en la teoría de Herzberg en donde hay factores "higiénicos" que puede evitar o llevar a la insatisfacción y factores motivadores que aumentan el compromiso.

Dentro de estos factores que denominó higiénicos se encuentra como no puede ser de otra forma el salario, pero también otros aspectos como la de proporcionar condiciones de trabajo seguras y esto cuando el desarrollo profesional se realiza fuera de los ámbitos de las estructuras nacionales de las empresas se vuelve más complicado, porque no sólo debe brindarse condiciones de seguridad al profesional, también debe percibir que se encuentra en un entorno seguro su familia.

Otro aspecto es la sociedad a la cual va a tener que adaptarse en su nuevo destino: aspectos como el idioma, el tipo de cultura si es similar o radicalmente distinta, un ejemplo son las culturas asiáticas o islámicas frente a la cultura europea, desarrollo socioeconómico del país de destino, son factores a tener en cuenta.

Es por ello que deben explorarse sistemáticamente cuatro áreas de las relaciones humanas:

1. El entorno familiar
2. El propio trabajo
3. El ocio
4. Las relaciones sociales

1. El entorno familiar

Aspectos como si el cónyuge trabaja también, o tienen hijos juegan un papel de primer orden en la percepción del estado de incertidumbre que pueda tener un individuo. La gestión de estos procesos debe ir precedida de un análisis riguroso de las necesidades no sólo profesionales, sino especialmente personales y familiares: colegios, asistencia sanitaria similar a la del país de procedencia, condiciones de la vivienda, evaluación si el período va a ser largo de la posibilidad de socialización en destino.

La familia podemos considerarla, independientemente del tipo de núcleo familiar del que se trate, como una unidad social primaria. Esta unidad podemos estructurarla a efectos prácticos con el fin de estas líneas como un sistema abierto con muchos subsistemas, ejemplos de ellos tenemos las triadas constituidas por cada uno de los padres con cada uno de los hijos, la relación de la propia pareja, la "coalición" entre los hijos; pero pueden intervenir otros factores, como por ejemplo los padres, especialmente si son mayores y tienen una salud frágil; por el contrario el profesional puede ser una persona joven, sin "ataduras" familiares significativas. Es por todo ello que debemos ser conscientes de la teórica vulnerabilidad y el impacto psicológico que puede tener un desplazamiento prolongado en el tiempo.

El riesgo evidente es de una desadaptación personal, sintomática o no, tanto del empleado como de alguno de los integrantes de su familia, interviniendo elementos como el nivel de madurez personal de la pareja. Por ejemplo, una inmadurez de cierto calado puede llevar a uno de los esposos a un nivel de dependencia dentro de la familia similar a la de la progenie y en un entorno nuevo conducir a la enfermedad.

2. El trabajo

Dentro del trabajo debemos valorar entre otros, diferentes aspectos:

i) El nivel de apoyo: El nivel de apoyo en el trabajo, tanto de los compañeros como de los superiores en aspectos básicos de armonía y respeto, así como organizacionales en el sentido de conseguir y fomentar el trabajo en equipo, y en ayudar a resolver los problemas de trabajo, y/o las dudas técnicas que se presenten en el desempeño del mismo.

ii) Las exigencias psicológicas: cantidad de trabajo, tiempo de gestión del mismo, medios técnicos y humanos…

iii) La percepción de la estima tanto de jefes, de los compañeros como de los clientes. Es un reconocimiento moral y económico.

iv) El nivel requerido de implicación emocional, los requerimientos y habilidades derivadas de las relaciones humanas.

v) Nivel de control, de forma que se vea la posibilidad de aplicar las habilidades requeridas o el aprendizaje de ellas para dar una respuesta adecuada.

3. El ocio

El desarrollo emocional normal requiere una cierta capacidad para poder disfrutar del tiempo libre. Es evidente que el proceso de adaptación a un entorno nuevo genera que en muchas ocasiones este tiempo no sea el adecuado cuantitativamente. De igual forma, un apoyo psicológico en ocasiones es bueno para evitar la aparición de un ocio nocivo, dañino para la persona (adicciones al juego...) o un ocio ausente, es decir no es dañino en sí mismo pero el individuo no se siente a gusto.

El ocio debe conducir a un aspecto positivo, tanto por ser útil como auotélico (el ocio puro, desinteresado). Los responsables de equipo deben ser capaces de ayudar en el aterrizaje del profesional en el nuevo entorno.

4. Las relaciones sociales

Cuando se comienzan proyectos nuevos en sociedades muy diferentes de la de partida se puede producir una situación de aislamiento social que es un factor de primer orden para la aparición de procesos de ansiedad o depresión.

La especie humana es gregaria y eso ha permitido el progreso social, es por tanto necesario que la persona no viva en una jaula aislada, por muy de oro que sea la misma. Es cierto que las relaciones suelen sustentarse en protocolos y normas muchas veces condicionadas históricamente.

Es por ello muy importante que antes de viajar al país de destino tenga un mínimo conocimiento de los usos y costumbres del lugar. Saber qué se dice y qué se hace en diferentes situaciones diarias y cotidianas; ello es importante para lograr una mejor integración.

Debe existir un plan dentro de la movilidad internacional que fomente este conocimiento tanto para el profesional como para su familia.

En el último lugar, pero no necesariamente debe ser así, hablamos del aspecto físico.

i) Debe realizarse un estudio de las necesidades sanitarias que tiene el empleado y miembros de la familia que le acompañen, entre ellas se encuentran:

   - Vacunaciones necesarias en función del país de destino.
   - Garantizar el acceso a la medicación en el caso de pacientes con procesos crónicos, como y sólo a modo de ejemplo una diabetes mellitus o una cardiopatía isquémica.
   - Medidas de profilaxis en el caso de no existir inmunizaciones para esa condición, un ejemplo son los antimaláricos.
   - Medidas de prevención ante enfermedades transmitidas por vectores.
   - Centros de urgencias de referencia en el caso de precisarse.
   - Sistemas concertados de repatriaciones urgentes.
   - Seguros de asistencia sanitaria

- En el caso de mujeres, especialmente si se encuentran durante el período de vida fértil, qué nivel de atención va a poder recibir.

ii) La seguridad física es igualmente importante, diría muy importante, no todos los países tienen el mismo nivel de seguridad para hacer actos como pasear por la calle o salir por la noche a cenar. Debe ofrecerse una información seria y actualizada del nivel de seguridad del país de destino y de haberlas cuáles son las zonas conflictivas o actividades a evitar.

En definitiva debemos caminar hacia el concepto de empresa familiarmente responsable, especialmente en un entorno sometido a fuertes cambios como es el de la movilidad internacional.

SALUD MENTAL Y MOVILIDAD INTERNACIONAL

SUSANA BURGUEÑO
Socia Tax & Legal, Mobility & Compensation
Deloitte

¿Es el estrés la pandemia del siglo XXI?

Lo cierto es que vivimos en una sociedad cada vez más estresada y, en consecuencia, desde el entorno laboral, la salud mental de los empleados se está convirtiendo en una de las prioridades emergentes que las compañías han de gestionar respecto al talento.

Según la Agencia Europea para la Seguridad y Salud en el Trabajo, entre los trabajadores europeos, el estrés, la ansiedad y la depresión constituyen el segundo problema de salud laboral más común. Resulta asimismo llamativo que, según esta misma agencia europea, aunque las cuestiones de salud mental siguen afectadas por el miedo al estigma, el porcentaje de trabajadores que declaran enfrentarse a factores de riesgo que pueden afectar a su salud mental es de casi el 45%.

Las estadísticas relacionadas con el número de trabajadores afectados por riesgos psicosociales no reflejan un buen panorama de la salud mental. Estas estadísticas incluso empeorarían respecto a determinados colectivos de trabajadores especialmente sensibles o sujetos a particulares condiciones de trabajo (como, por ejemplo, en el ámbito del presente Libro, podría ser la adaptación a un país extranjero, ya que la experiencia nos dice que el estrés propio de cualquier actividad laboral se agrava si se ha de afrontar en un país extranjero).

Precisamente, los riesgos psicosociales en los casos de desplazamiento internacional de trabajadores o situaciones de teletrabajo internacional están posicionándose, por su especialidad y relevancia, entre las materias que requieren de mayor atención y cuidado en la gestión de la movilidad internacional de las empresas.

Esta es una de las tendencias que, al igual que en otros ámbitos, creemos que irá adquiriendo cada vez mayor protagonismo en el mundo de la movilidad internacional: el mayor nivel de consciencia respecto a la relevancia del cuidado y atención a la salud mental de los trabajadores en asignación internacional.

Con carácter adicional a los riesgos psicosociales que puedan derivarse de una posición concreta, son muchos los factores en los escenarios de movilidad internacional que pueden contribuir a aumentar dichos riesgos, como pueden ser: el cambio de horario, la frecuencia de los desplazamientos, la alteración de los ritmos circadianos como consecuencia de las nuevas costumbres, el clima o las condiciones de trabajo, el aislamiento, las condiciones particulares del país de destino (como pueden ser países en situación de conflicto, etc.), entre otros.

Asimismo, con carácter independiente a la posición o país concreto de desplazamiento, podemos apuntar el "choque cultural" como uno de los factores que puede derivar en un riesgo psicosocial para los empleados en asignación internacional, si bien el nivel en qué afectará a cada empleado, así como sus consecuencias, dependerá tanto de factores personales como ambientales.

Este factor de "choque cultural" se refiere al proceso psicológico de adaptación que experimenta una persona que se traslada a vivir a otro país, que cuenta con un nuevo marco cultural. Este proceso de adaptación cuenta con diferentes fases que podemos resumir como las siguientes:

i) "Luna de miel" o "Incubación": en esta fase todo es nuevo e ilusionante. Euforia de los primeros tiempos.

ii) Crisis: aproximadamente tras los primeros 4 meses de residencia, comienzan a aparecer los problemas. Comienza el proceso de transición entre culturas, el empleado puede sentir que no encaja y le resulta complicada la comunicación.

iii) Recuperación, autonomía: el empleado comienza a entender la nueva cultura. Se familiariza con el ambiente y aumenta el sentimiento de pertenencia. Se empiezan a superar las emociones y sentimientos surgidos en la etapa anterior.

iv) Adaptación, independencia: aumenta el sentimiento de pertenencia. El empleado se desenvuelve sin dificultad en el nuevo país y disfruta de las experiencias vividas. A partir de los dos años podrá lograrse una integración más o menos completa.

v) Choque inverso: al regresar al país de origen al finalizar el movimiento internacional, el empleado puede experimentar los sentimientos vividos en un principio, así como sus etapas de adaptación. Es necesario un reajuste a la cultura inicial.

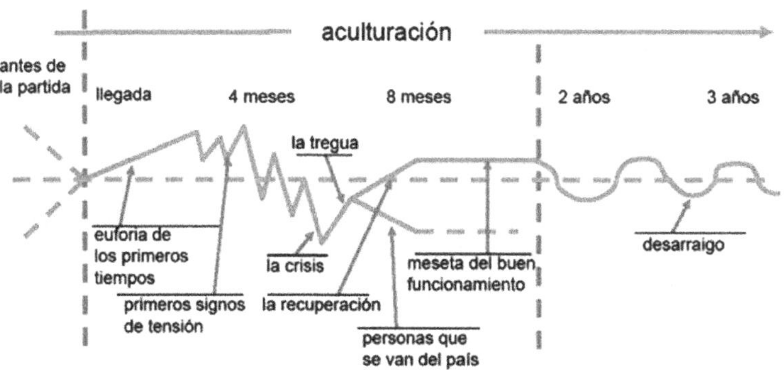

© Véronique Schoeffel y Phyllis Thompson: Communication Interculturelle I. Bienne: CINFO, 2007.

Como puede observarse en el gráfico, los cambios emocionales pueden ser críticos en los ocho primeros meses y acabarán determinando el abandono o continuidad en el país de destino, por lo que resulta fundamental su consideración por parte de la compañía desde la perspectiva preventiva y de vigilancia de la salud, a efectos de evitar que se deriven consecuencias en la salud física y mental del empleado.

Es cierto que la gestión de los riesgos psicosociales y sus consecuencias en la salud mental y física no es una tarea sencilla para las empresas. De hecho, la Encuesta europea de empresas sobre riesgos nuevos y emergentes (ESENER) de la EU-OSHA, refleja que los riesgos psicosociales se consideran más complejos y difíciles de gestionar que los riesgos de seguridad y salud en el trabajo más "tradicionales". En el entorno de la movilidad internacional podemos decir que esta complejidad crece debido a la distancia física del empleado de su centro de trabajo habitual (que sale, así, del "radar" habitual de control del empresario).

Sin embargo, resulta de vital importancia adoptar las actuaciones necesarias para prevenir y gestionar con éxito los riesgos psicosociales. Esta gestión no solo resulta de una obligación moral y de una buena inversión para las empresas (que verán, así, reducidas las bajas médicas, el bajo rendimiento, el absentismo, la rotación e índice de accidentes y lesiones) sino que viene establecido por imperativo legal.

De este modo, en el ámbito de los desplazamientos en la Unión Europea, en virtud de la Directiva de desplazamientos, las empresas deberán cumplir las obligaciones en materia de prevención de riesgos laborales también en los países de destino, sin perjuicio de que, si la norma española fuese más beneficiosa para el trabajador, deberá cumplirse, además de la normativa del país de destino, la norma española. El ámbito de la prevención de riesgos laborales debe ser completo: esto, tanto los relativos a la salud física como la salud mental.

Del mismo modo, fuera del ámbito de la Unión Europea, si se mantiene vivo el vínculo laboral con la empresa empleadora en España, también en estos casos resultará aplicable la normativa española en materia de prevención de riesgos laborales, además de las obligaciones que, en esta materia, puedan establecerse desde la perspectiva del país de destino (es preciso tener en cuenta que en muchos países la normativa de prevención de riesgos laborales formaría parte de las "normas de orden público" o "leyes de policía" que, en todo caso, resultarían de aplicación, con independencia de la legislación laboral aplicable al contrato de trabajo).

La normativa española de prevención de riesgos laborales sería así aplicable, con independencia de las obligaciones que adicionalmente pudieran existir en destino, siempre que el vínculo laboral con la empresa empleadora en España continuara vivo. En todo caso, será necesario estar a la realidad de la prestación de servicios: esto es, en un escenario en el que se celebre un contrato de trabajo en destino con la finalidad de solicitar un permiso de trabajo y se suspenda el contrato de trabajo en España (para evitar un escenario de "doble contrato"), creemos que sería difícil defender que la empresa española pueda "desentenderse" de sus obligaciones en materia de prevención de riesgos laborales respecto a ese trabajador. El deber de cuidado de las empresas respecto de sus empleados debe primar por encima de toda formalización jurídica documental que pueda llevarse a cabo.

Como ya hemos mencionado, la prevención de los riesgos psicosociales en un entorno de movilidad internacional reviste especial complejidad. A la hora de hacer una valoración de los riesgos, es necesario incluir aquellos datos objetivos (consecuencia de la propia posición, situación y características del país concreto, posible choque cultural, etc.) además de los obtenidos a través de acciones que permitan conocer la percepción de los trabajadores afectados. La exploración física y psíquica del trabajador antes de iniciar el episodio de movilidad internacional será esencial a la hora de poder considerar riesgos adicionales que pueden derivarse durante el episodio de la movilidad internacional, así como el tratamiento curativo o preventivo necesario.

En función de los riesgos identificados, deberá prepararse un programa personalizado de vigilancia de la salud del trabajador en asignación internacional, con el que la compañía deberá mantenerse en permanente contacto a efectos de prestarle la asistencia necesaria en formación, información y protección, así como detectar posibles riesgos adicionales y prevenirlos.

La tecnología puede desempeñar aquí una labor fundamental: "acercando" a los que están lejos y permitiendo a las empresas poder acompañar y cuidar a sus empleados en asignación internacional de una manera más completa e integrada: poniendo al empleado en el centro y atendiendo a todas sus dimensiones.

CÓMO AFRONTAR LOS PROBLEMAS DE COMUNICACIÓN QUE GENERAN LAS BARRERAS LINGÜÍSTICAS EN LA PREVENCIÓN DE LOS RIESGOS LABORALES EN LOS ENTORNOS EN QUE SE PRACTICA LA MOVILIDAD LABORAL INTERNACIONAL

MANUEL VELÁZQUEZ FERNÁNDEZ
Inspector de Trabajo y Seguridad Social
Jefe de la Unidad Especial de Coordinación en la lucha contra el fraude en el trabajo transnacional

1. El problema de las barreras lingüísticas en la movilidad laboral internacional

En los entornos laborales en los que se produce movilidad laboral internacional, entendiendo por tal la que tiene lugar cuando los trabajadores migran a otros países para buscar o iniciar una relación laboral o cuando la empresa les desplaza temporalmente a otro país para prestar un servicio, suele plantearse con frecuencia el problema de las barreras lingüísticas y culturales en las comunicaciones interpersonales.

En la prevención de riesgos laborales estas barreras son un elemento clave y esencial en muchas situaciones, especialmente en aquellas que suponen un riesgo grave e inminente, en los estados de emergencia, como la evacuación ante el peligro de incendio, o en general en la recepción de todo tipo de informaciones e instrucciones verbales o escritas sobre la forma de realizar el trabajo. También estas barreras juegan un papel importante en las relaciones interpersonales informales en el trabajo, ya sea con mandos o compañeros, y las que se desarrollan en el entorno social en el que viven las personas que han migrado o se han desplazado temporalmente a otro país.

La Agencia de Europea de Seguridad y Salud en el Trabajo define las barreras lingüísticas como los retos que derivan de tener que comunicarse con compañeros o empleados cuyo dominio de la lengua es limitado y que a menudo pueden conducir a un entorno laboral fracturado y menos productivo[85]. De acuerdo con la encuesta ESENER 2, que realiza dicha Agencia, el 6% de los centros de trabajo de la UE tienen trabajadores con dificultades para entender la lengua hablada en sus centros de trabajo y esto es más agudo en países como Luxemburgo, Malta y Suecia en los que este fenómeno afecta a entre un 15 y 16% de su mano de obra[86]. Otro informe de la Agencia, el relativo a las tendencias en seguridad y salud en el trabajo en 2023, señala que los problemas que pueden plantearse en el futuro de la prevención podrían derivar cada vez más del bajo nivel de dominio lingüístico de las personas afectadas, en concreto, de los problemas de comunicación y la dificultad de dar instrucciones a personas con diferentes capacidades de hablar y entender la lengua que se emplea en el lugar de trabajo ya que en el contexto de una mano de obra culturalmente diversa se ponen en evidencia distintas concepciones sobre el significado de la jerarquía, diferentes formas de comunicación verbal y no verbal y distintas percepciones sobre las conductas que en cada caso se consideran como violencia y acoso en el trabajo[87].

Debido al carácter intrínsecamente temporal del desplazamiento, y esto también sucede con los trabajadores que migran a otro país para hacer trabajos de temporada en la agricultura

---

85 https://osha.europa.eu/en/tools-and-resources/eu-osha-thesaurus/term/70176i

86 European Agency for Safety and Health at Work. "Second European Survey of Enterprises on New and Emerging Risks (ESENER-2)" https://osha.europa.eu/sites/default/files/esener-ii-summary-en.PDF

87 European Agency for Safety and Health at Work. "Occupational safety and health in Europe: state and trends 2023". https://osha.europa.eu/en/publications/occupational-safety-and-health-europe-state-and-trends-2023

o la hostelería, las personas móviles que migran o se desplazan no tienen tiempo material para adquirir conocimientos y habilidades lingüísticas en el idioma del país de acogida y eso dificulta su comprensión de las instrucciones que reciben en el trabajo por parte de los que coordinan las actividades empresariales en un mismo lugar de trabajo y condiciona la imposibilidad de acceso a la información y, en su caso, a la formación debida en el país de acogida.

Se da en estos casos la circunstancia agravante de que muchos de los trabajadores desplazados normalmente prestan servicios en los sectores considerados más peligrosos, como la construcción, en los que la falta de conocimientos lingüísticos suficientes puede suponer un agravamiento del riesgo de sufrir accidentes laborales[88].

En todo caso, a la hora de analizar este aspecto hay que diferenciar entre dos contextos diferentes, por un lado, el contexto laboral de relaciones dentro de cada empresa y de la coordinación de actividades empresariales en cada centro de trabajo, y, por otro lado, el contexto social, externo al trabajo, en el que los trabajadores deben desenvolverse para encontrar alojamiento, manutención, atención sanitaria y administrativa y resolver, en su caso, las necesidades básicas de los familiares que también se hayan desplazado con ellos hasta el país de acogida.

2. *Afrontar las barreras lingüísticas en el contexto laboral*

En el contexto laboral hay que diferenciar a su vez entre dos tipos de relación, por un lado, la que corresponde a la relación

---

88 Eszter Zólyomi and Sonila Danaj “Language barriers and the occupational safety and health of posted workers”. https://www.euro.centre.org/publications/detail/3474

contractual laboral entre empresas y trabajadores y, por otro, la relación que deben mantener las empresas que actúan en un mismo lugar o centro de trabajo para cooperar en la adopción de medidas preventivas.

En el caso de los trabajadores desplazados en una prestación de servicios transnacional, la diversidad lingüística no suele tener lugar en la estructura y organización de cada empresa sino más bien en el contexto de la relación entre personas de empresas de diferente procedencia cultural que comparten un mismo lugar o centro de trabajo. En todo caso, hay que tratar cada una de ellas de forma independiente puesto que en el primer caso el elemento principal es la obligación de prevención de la empresa empleadora respecto a los trabajadores a su servicio y en el segundo es la obligación de coordinación de actividades empresariales.

Además de esto, también las directivas de la Unión Europea que regulan el desplazamiento han contemplado la necesidad de que haya unas redes de información pública de los Estados miembros sobre la legislación laboral aplicable dirigidas a las empresas y los trabajadores desplazados. Estas redes juegan también un papel relevante en las relaciones laborales ya que tanto trabajadores como empresas pueden hacer uso de ellas para conseguir los medios que precisan ya sea para hacer valer sus derechos o bien para cumplir con sus obligaciones legales. Se examinan a continuación estos tres aspectos.

2.1. Cómo las empresas deben afrontar los problemas de comunicación de sus empleados

La Directiva Marco 89/391/CEE sobre seguridad y salud en el trabajo prevé en sus artículos 6.1 y 10.1 la obligación general de las empresas de proporcionar información relativa a los riesgos de seguridad y salud en el trabajo a sus empleados.

Señala al respecto el Art. 10.1 (transpuesto en España en el Art. 18.1 LPRL) y por extensión el Art. 8.2 de la Directiva Marco que la empresa debe facilitar a los trabajadores todas las informaciones necesarias correspondientes a los riesgos para la seguridad y la salud, así como las medidas y actividades de protección o de prevención que afecten tanto a la empresa o al centro de trabajo en general como a cada tipo de puesto de trabajo o de función y las medidas adoptadas ante situaciones de emergencia para designar a los trabajadores encargados de poner en práctica los primeros auxilios, la lucha contra incendios y la evacuación de los trabajadores.

En lo que se refiere a las obras de construcción, el Art. 11 de la Directiva 92/57/CE señala el deber de las empresas de informar a los trabajadores y/o a sus representantes de todas las medidas que vayan a adoptarse en lo que se refiere a su seguridad y su salud en la obra y señala expresamente en su apartado 2 que *"la información deberá resultar comprensible para los trabajadores afectados"*. En la legislación española el Art. 15 del RD 1627/1997, hace una transposición bastante similar del mencionado artículo de la Directiva.

En principio, si en el seno de una empresa hubiera trabajadores de distintas nacionalidades o procedencias culturales los problemas de comunicación que afecten a la prevención deben ser abordados en la evaluación de riesgos. La forma más adecuada es su tratamiento en la evaluación de riesgos psicosociales ya que el contenido de estos riesgos se define tanto por factores organizativos, como los que determinan la distribución y la carga de trabajo y el modo de ejecutar las tareas, como por los factores sociales que afectan a las relaciones interpersonales, entre los cuáles se encuentra la comunicación, así como por factores materiales que afectan a los dos anteriores, como las condiciones del espacio para trabajar, la iluminación y el diseño de los equipos, etc.

A este respecto, la Guía del SLIC (Comité Europeo de Altos Responsables de la Inspección de Trabajo) sobre los *Principios para los inspectores de trabajo en relación con las evaluaciones de riesgos teniendo en cuenta la diversidad, especialmente en lo relativo a la edad, el sexo y otras características demográficas*[89] señala que los inspectores deben comprobar en sus actuaciones si los trabajadores pueden llevar a cabo todos los procesos, las tareas y las medidas a los que se hace referencia en la evaluación de riesgos teniendo en cuenta las limitaciones que conllevan determinadas características como la edad, el sexo o el idioma.

Del mismo modo, el Criterio Técnico 104/2021 sobre actuaciones de la Inspección de Trabajo y Seguridad Social en riesgos psicosociales[90], que fue en parte la adaptación al ordenamiento español de la Guía del SLIC *para evaluar la calidad de las evaluaciones de riesgos psicosociales*[91], señala en el apartado 4) del Anexo IV, relativo a las medidas preventivas más frecuentes, que en el caso de grupos de trabajo multiculturales en los que se integran trabajadores de diferentes países en el centro de trabajo, *los empresarios deben afrontar la diversidad cultural para superar barreras lingüísticas y sociales y la información básica en prevención de riesgos laborales debe facilitarse en diferentes idiomas cuando sea imprescindible y la información sobre métodos de trabajo seguros, riesgos y circunstancias inseguras debe presentarse en forma gráfica. Empresas y trabajadores deben desarrollar conjuntamente una cultura de seguridad.*

---

89 https://circabc.europa.eu/ui/group/fea534f4-2590-4490-bca6-504782b47c79/library/e9ec023f-cb5f-4e09-ac6a-6b5ffe05e729?p=1&n=10&sort=modified_DESC

90 Disponible en https://www.mites.gob.es/itss/ITSS/ITSS_Descargas/Atencion_ciudadano/Criterios_tecnicos/CT_104_21.pdf

91 https://circabc.europa.eu/ui/group/fea534f4-2590-4490-bca6-504782b47c79/library/22e5a918-47d6-4646-93f3-ebd341f6c571?p=1&n=10&sort=modified_DESC

2.2. Cómo deben de coordinarse entre sí las empresas para afrontar las barreras lingüísticas en las comunicaciones dentro de un mismo centro o lugar de trabajo

El segundo contexto laboral en el que se deben adoptar medidas preventivas en cuanto a las comunicaciones interpersonales en el trabajo es el de la coordinación de actividades empresariales en un mismo centro o lugar de trabajo. Esto es lo que sucede con carácter más frecuente y habitual en el sector de la construcción, pero también en los demás sectores de la economía ya que la tendencia hacia la externalización de servicios (outsourcing) se ha generalizado.

El Art. 10.2 de la Directiva Marco 89/391/CEE establece que la empresa titular del centro de trabajo ha de adoptar las medidas adecuadas para que las empresas externas que presten allí servicios, normalmente en calidad de subcontratistas, reciban la información necesaria para la prevención de riesgos laborales y esta obligación se encuentra transpuesta en legislación española en el Art. 24.1 LPRL y el RD 171/2003.

En lo que se refiere a la normativa específica de prevención en el sector de la construcción la Directiva 92/57/CEE señala en el Art. 6.d) entre las tareas de los coordinadores de obra la de organizar *entre los empresarios, incluidos los que intervengan en la obra, la cooperación y coordinación de las actividades con vistas a la protección de los trabajadores y a la prevención de accidentes y riesgos profesionales que puedan atentar contra la salud, así como su información mutua.*

Sobre el contenido de esta obligación cuando haya en el centro de trabajo personas que hablan diferentes idiomas, algunos Estados miembros han establecido normas que precisan más este deber de los coordinadores de obra. Así, en concreto el Real Decreto de 25 de enero de 2001 sobre obras de construcción de Bélgica establece la obligación de impartir formación básica en seguridad para mejorar las comunicaciones en las obras y el anexo I parte A sección III de este reglamento señala que el plan de seguridad y salud de la obra debe contemplar entre las medidas de prevención las previstas en los apartados 7º y 8º sobre los momentos, lugares y frecuencia para consulta y cooperación entre las personas y las empresas afectadas respecto a las formas de comunicación verbal y no verbal con vistas a transmitir información, instrucciones y órdenes a los trabajadores de tal manera que estas sean comprensibles para ellos, para posibilitar que tales trabajadores puedan ser entendidos mediante los medios de comunicación que sean apropiados y definir los medidas prácticas que permitan una comunicación y entendimiento de tales trabajadores en un entorno multilingüe.

En Francia, el Código de Trabajo contempla en el Art. R8294-8 que se entregue a los trabajadores desplazados que presten servicios en la construcción y servicios públicos un documento disponible en varios idiomas en el que se describa el contenido de sus derechos laborales en Francia y la forma de hacerlos efectivos, el Art. L1262-4-5 señala que en las obras de construcción públicas la autoridad adjudicataria informará a los trabajadores desplazados sobre las normas que le son aplicables y el Art. D1263-21 indica que en los vestuarios de los centros de trabajo con trabajadores desplazados debe haber un póster informativo sobre las normas de jornada, salarios, alojamiento, prevención de caídas de altura, equipos de protección personal y el derecho de resistencia que debe estar traducido a las lenguas habladas por los trabajadores desplazados y que debe ser debidamente conservado para que sea legible.

En todo caso, en la Unión Europea la Directiva 92/58/CEE, transpuesta por el Real Decreto 485/1997 de 14 de abril, ha establecido unas señales de seguridad comunes en los lugares y centros de trabajo y también hay documentos de la Asociación Internacional de la Seguridad Social (AISS) sobre señales de seguridad en el sector de la construcción[92] que pueden servir de orientación a los que dirigen centros de trabajo con personas multilingües. Las reglas más comunes en estos casos son el uso preferente de señales sobre comunicaciones escritas en las obras de construcción que sean entendibles por todos los trabajadores cualquiera que sea su lengua, que se designen personas que puedan servir como puente de comunicación por su dominio de varias lenguas y que se imparta formación básica sobre conocimientos lingüísticos y culturales a los trabajadores migrantes.

2.3. Las redes públicas de información sobre seguridad y salud para trabajadores desplazados

El tercer elemento a tener en cuenta son las redes públicas de información sobre seguridad y salud en el trabajo. Todos los Estados miembros de la Unión Europea tienen entidades encargadas de dar esta información en internet y las redes sociales y esta es la labor que cumple la Agencia Europea de Seguridad y Salud en el Trabajo con sede en Bilbao, el Instituto Nacional de Seguridad y Salud en el Trabajo y todas las entidades autonómicas dedicadas a esta función.

Pero en lo que se refiere a los desplazamientos el Art. 5 de la Directiva 2014/67/UE exige a los Estados miembros que proporcionen información pública gratuita y por medios electrónicos de manera clara, transparente, inteligible sobre las condiciones de trabajo a las que se aplica la legislación laboral del país de acogida conforme al Art. 3 de la Directiva 96/71/

---

92 Disponible en https://www.issa.int/sites/default/files/documents/prevention/wcms_383797-3-160736.pdf https://es.slideshare.net/slideshow/pictures-booklet-about-safe-and-unsafe-practices-in-construction-sites/236722467

CE[93], transpuesto por el Art. 3 de la Ley 45/1999 sobre desplazamiento de trabajadores en una prestación de servicios transnacional. Entre estas condiciones se encuentra la seguridad y salud en el trabajo. Para que esta información sea inteligible, tal y como exige la Directiva, la misma deberá hacerse en los idiomas que puedan comprender las personas que se han desplazado.

A este respecto, la Directiva (UE) 2019/1152 de 20 de junio relativa a unas condiciones laborales transparentes y previsibles en la Unión Europea, que todavía no se ha transpuesto al ordenamiento español, establece en su Art. 7.2.c) que los Estados miembros velarán por que los trabajadores desplazados reciban información sobre *el enlace al sitio web oficial único a escala nacional desarrollado por el Estado o Estados miembros de acogida de conformidad con el artículo 5, apartado 2, de la Directiva 2014/67/UE del Parlamento Europeo y del Consejo.*

---

93 Este Art. 5 de la Directiva 2014/67/UE se completó después con el nuevo contenido del Art. 3.1 de la Directiva 96/71/CE por la Directiva (UE) 2018/957 que estableció que *Sin perjuicio de lo dispuesto en el artículo 5 de la Directiva 2014/67/UE, los Estados miembros publicarán la información sobre los términos y las condiciones de trabajo, de conformidad con la legislación o las prácticas nacionales, sin demoras indebidas y de manera transparente, en el sitio web nacional oficial único a que se refiere dicho artículo, incluidos los elementos constitutivos de la remuneración a que se refiere el párrafo tercero del presente apartado y todas las condiciones de trabajo de conformidad con el apartado 1 bis del presente artículo. Los Estados miembros garantizarán que la información facilitada en el sitio web nacional oficial único sea exacta y esté actualizada. La Comisión publicará en su sitio web las direcciones de los sitios web nacionales oficiales únicos. En caso de que la información recogida en el sitio web nacional oficial único a escala nacional no indique, contrariamente al artículo 5 de la Directiva 2014/67/UE, las condiciones de trabajo que han de aplicarse, esa circunstancia se tendrá en cuenta, de conformidad con la legislación o las prácticas nacionales, a la hora de fijar las sanciones aplicables por infracción de las disposiciones nacionales adoptadas con arreglo a la presente Directiva, en la medida necesaria para garantizar su proporcionalidad.*

En España la información sobre la legislación laboral aplicable a los trabajadores desplazados está disponible en la web del Ministerio de Trabajo y Economía Social[94] y en principio está disponible en ocho idiomas además de español. Sin embargo, respecto a la seguridad y salud el enlace de esta web conduce a la web del INSST que solo proporciona información de la normativa vigente en esta materia en español[95]. Del mismo modo, la Agencia Europea también proporciona información sobre los sistemas legales de seguridad y salud en el trabajo en los Estados miembros a través de la red OSHwiki[96], pero la misma solo es accesible en inglés y no ha sido concebida para dar información a los trabajadores desplazados. En consecuencia, no hay por lo general suficientes medios, tanto a nivel de la Unión Europea como de los Estados miembros, que faciliten que los trabajadores desplazados encuentren información pública disponible sobre la legislación de seguridad y salud de los países de acogida en su lengua propia.

Es de reseñar, en todo caso, que hay algunas webs que sí facilitan alguna información sobre las obligaciones de seguridad y salud en el trabajo de la legislación española en otros idiomas. Por ejemplo, el INSST dispone de otra página web con algunos documentos en inglés[97], entre ellos algunas normas básicas, la Fundación Laboral de la Construcción dispone de una

---

94 El sitio web es https://www.mites.gob.es/es/sec_trabajo/debes_saber/desplazamiento-trabajadores/index.htm

95 La página web sobre normativa vigente solo puede consultarse en español: https://www.insst.es/normativa

96 Información sobre los sistemas legales de los Estados miembros en esta materia solo accesible en inglés: https://osha.europa.eu/en/safety-and-health-legislation/national-legislation-safety-and-health-work

97 https://www.insst.es/documentacion/documents-in-english

guía básica de prevención en este sector en varios idiomas[98] y la Junta de Castilla y León también dispone en su biblioteca virtual de manuales multilingües de seguridad y salud para el sector de la construcción[99].

3. Afrontar las barreras culturales y lingüísticas en el ámbito social

El otro ámbito en el que las empresas y los trabajadores tienen que abordar los problemas derivados de las barreras culturales y lingüísticas es relativo al entorno social. La presencia de estas barreras en este entorno suele ser más disruptiva que en el medio laboral puesto que lo que suceda en este ámbito escapa del poder de control de las empresas y no existen, por tanto, los mecanismos protectores que son propios de aquel medio.

Sobre la vivienda de los trabajadores móviles no hay normas armonizadas de la Unión Europea salvo aquellas que se establecen en el Reglamento (UE) n.º 492/2011 respecto al derecho a la igualdad de trato de dichos trabajadores con los nacionales de los Estados en el ejercicio de la libre circulación en cuanto al acceso a todos los mismos derechos y ventajas concedidos a los trabajadores nacionales en materia de alojamiento, incluyendo el acceso a la propiedad de la vivienda que necesite. (Art. 9), en cuanto al acceso a las ventajas sociales y fiscales (art. 7) y a los derechos a la escolarización de los familiares (Art. 10). Sin embargo, estos derechos no afectan a los trabajadores desplazados y, en todo caso, fuera del ámbito de la Unión Europea las únicas normas que regulan las condiciones

---

98 https://www.lineaprevencion.com/recursos/consejos-preventivos-para-la-construccion-en-6-idiomas https://www.lineaprevencion.com/recursos/consejos-preventivos-para-la-construccion-en-rumano

99 https://trabajoyprevencion.jcyl.es/web/es/prevencion-riesgos-laborales/construccion.html?param1=11&plantillaObligatoria=17PlantillaComponenteListadoSinImagen

de trabajo en la movilidad laboral solo serían las que determinan la legislación aplicable a los contratos laborales en el Art. 8 del Reglamento (CE) n.º 593/2008 (Roma I).

Las normas de seguridad y salud españolas no regulan el derecho de alojamiento de los trabajadores salvo en los casos excepcionales en que exista alejamiento entre el lugar de trabajo y su lugar de residencia[100]. En los demás Estados las normas son desiguales y en la mayoría de ellos se considera que estos aspectos no son laborales y solo están bajo la supervisión y regulación de las entidades locales[101].

Por lo tanto, la única regulación laboral de estos aspectos normalmente se encuentra en algunos convenios colectivos y con mayor seguridad y frecuencia solamente en los contratos de trabajo que se formalizan entre las empresas y el personal que se desplaza, así como en la legislación que se aplica a dichos contratos. A este respecto, las empresas se ven siempre obligadas a negociar con los trabajadores afectados y tener en cuenta las circunstancias del entorno social en el que van a vivir durante la estancia en otro país para conseguir su aceptación a ser desplazados, ya que los problemas de adaptación al entorno social son los que más condicionan su voluntad de ser

---

100 Así lo establece con carácter general el RD 486/1997 sobre condiciones mínimas de seguridad en los lugares de trabajo en el Anexo V) apartado A) 4 sobre locales provisionales y trabajos al aire libre y para el sector de la construcción el RD 1627/1997 en el Anexo IV apartado 16 sobre locales de descanso y alojamiento. Se trata, sin embargo, de normas que no están en las directivas de la UE sobre seguridad y salud en el trabajo y sobre las que no existe, por tanto, una armonización legislativa.

101 A este respecto un buen ejemplo de regulación es el que ha tenido lugar en Países Bajos en la Ley del Buen Arrendamiento (2023) que está especialmente dirigida a que los alojamientos arrendados a los trabajadores migrantes estén bajo el registro y control de las entidades locales.

desplazados y su decisión de permanecer en el país de acogida. En concreto, facilitar una vivienda digna, procurar un entorno social multilingüe fuera del trabajo con servicios básicos de sanidad y educación para los familiares son elementos fundamentales para conseguir esa aceptación.

NUEVAS ESTRUCTURAS Y TENDENCIAS EN LA MOVILIDAD INTERNACIONAL

GLOBAL TALENT MOBILITY: EVOLUCIÓN DE ALTERNATIVAS Y FACTORES QUE FAVORECEN LA ATRACCIÓN DE TALENTO GLOBAL Y LA FIDELIZACIÓN DE LOS EMPLEADOS

DEBBIE WARDLE
Directora, Tax & Legal
Deloitte UK
CLARE FAZAL
Directora, Tax & Legal
Deloitte UK
SARA FRAGUA SOBRINO
Asociada Senior, Tax & Legal
Deloitte

Cuando hablamos de movilidad internacional, no hay una solución única que se adapte a cualquier situación. Hoy en día, se dan por sentadas estrategias y soluciones que antes ni siquiera se consideraban, y en algunos casos los empleados ejercen presión sobre las empresas para obtener lo que necesitan, lo que obliga a las compañías a encontrar formas de retener a los mejores empleados (y atraer a nuevos), dada la gran necesidad de mantener al mejor talento.

El panorama de la movilidad global está evolucionando en respuesta a los cambios que influyen sobre el modo y el lugar en el que trabajamos. Algunos de los factores clave que condicionan esta evolución podrían ser:

i) Una mayor capacidad de trabajar desde cualquier lugar (en lugar de limitarse a una ubicación concreta).

ii) Las exigencias que apremian a las empresas a atraer y retener el talento clave a cambio de ofrecer más flexibilidad.

iii) La búsqueda de una mayor agilidad organizativa para responder a los rápidos cambios de las tendencias geopolíticas o de la demanda del mercado.

iv) El deseo de aprovechar un grupo de talento más amplio ofreciendo oportunidades laborales basadas en competencias y sin limitaciones geográficas y

v) Dar respuesta empresarial a los objetivos de expansión en el extranjero.

Las organizaciones se enfrentan cada vez más al reto que supone barajar distintas alternativas y factores que facilitan la movilidad para promover sus objetivos empresariales. En este capítulo analizamos la necesidad de que los empleadores logren un equilibrio entre la flexibilidad de los empleados, el cumplimiento fiscal y legal y la gestión del talento global, y reflexionamos sobre cómo las compañías están respondiendo a las peticiones de los empleados y las empresas para aumentar la agilidad, a través de la implementación de modelos de fidelización del talento y de políticas de movilidad que se encuentran en constante evolución.

1. Conseguir un equilibrio entre la flexibilidad de los empleados y las responsabilidades de las empresas

Conseguir el equilibrio adecuado entre la flexibilidad de los empleados, las necesidades de la plantilla, el cumplimiento normativo por parte de las empresas y la gestión del colectivo de trabajadores puede resultar complicado y tensionar cualquier organización. En un lado de la balanza, el deseo de los empleados de conseguir más flexibilidad tiene un peso considerable, ya que algunos de ellos creen que poder teletrabajar es una expectativa o incluso un derecho comparable a sus principales prestaciones laborales. En el otro lado de la balanza, se encuentra la necesidad de equilibrar dicho trabajo en remoto con otras cuestiones de tipo empresarial, como fomentar la cultura corporativa y la necesidad de generar un ambiente de creatividad y colaboración.

Si esta flexibilidad se extiende más allá de las fronteras, ya sea por necesidades personales o profesionales, es común que surjan complicaciones. Para algunas empresas, tener una plantilla global más distribuida geográficamente implica una mayor presión en términos del tiempo y los recursos que deben invertir los expertos en cada área, para evaluar el riesgo normativo y el cumplimiento de las medidas de protección del negocio. Además, se requiere un seguimiento y control más exhaustivo para medir el impacto en las finanzas corporativas y cumplir con las obligaciones de protección que tienen las empresas. Todo esto genera una serie de retos que las compañías deben considerar para encontrar el equilibrio correcto y adecuado para ellas.

2. *Un entorno en evolución: la nueva movilidad como complemento a la tradicional*

Aunque los retos empresariales varían significativamente entre organizaciones y sectores, se plantean las siguientes preguntas y cuestiones comunes:

i) ¿Cómo pueden las empresas hacer posible que los empleados trabajen a distancia a largo plazo o de forma permanente desde una ubicación donde la organización no tiene presencia física?

ii) ¿Cómo puede aprovechar una empresa acceder a un *pool* de talento global y aprovecharlo, ofreciendo oportunidades basadas en competencias sin limitaciones geográficas?

iii) ¿Cómo puede expandirse el negocio rápidamente en nuevas regiones?

Algunas organizaciones están dándose cuenta de que deben reevaluar sus estrategias globales de talento y ajustar su enfoque en cuanto a la movilidad internacional, tanto de manera presencial como virtual. Aunque es posible que la movilidad internacional "tradicional" (es decir, los desplazamientos de corto y largo plazo) no haya alcanzado los niveles previos a la pandemia en algunas empresas, se está observando un abanico muy diverso de fórmulas para acceder al talento global y fidelizar a la plantilla, las cuales evolucionan constantemente en función de las necesidades de las empresas y son complementarias a las opciones tradicionales de movilidad. La necesidad de contar con este tipo de fórmulas puede surgir a raíz de solicitudes de los empleados o de las exigencias del negocio; así, pueden darse acuerdos tanto a corto como a largo plazo, algunos de los cuales suponen un cambio en la naturaleza o la estructura del compromiso adquirido con cada empleado.

En una encuesta de *Deloitte EMEA Dbriefs* de junio de 2024, al preguntar a los participantes sobre este panorama en evolución y sobre sus fórmulas de acceso al talento global y su fidelización, afirmaron que en 2024 analizarán con más detalle las siguientes opciones, a los efectos de poder aplicarlas en sus negocios:

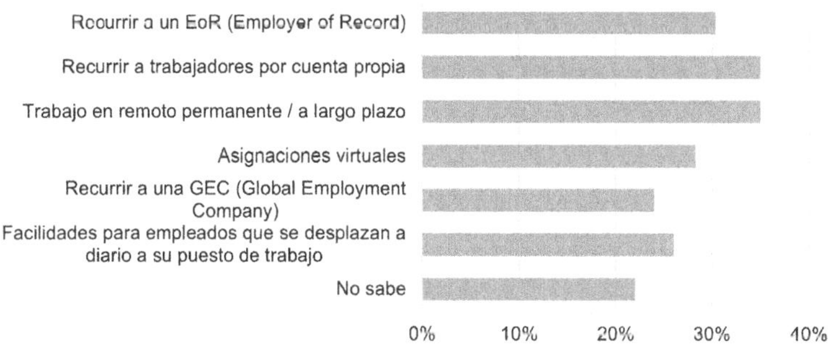

Los participantes podían elegir más de una respuesta, siendo las más seleccionadas el teletrabajo internacional a largo plazo o permanente, y recurrir a trabajadores por cuenta propia (mediante contratos de prestación de servicios). Las opciones de recurrir a un Employer of Record (EoR) o a una Global Employment Company (GEC) también surgieron como alternativas elegidas, y la previsión del uso de ambas ha aumentado en comparación con una encuesta anterior de *Deloitte EMEA Dbriefs* realizada en junio de 2023.

En el resto del capítulo nos centraremos en explorar algunas de estas opciones, destacando beneficios y limitaciones que permitan hacer un análisis comparativo, teniendo en cuenta el enfoque que las compañías pueden adoptar para decidir si incorporar estas fórmulas a su conjunto de herramientas de movilidad internacional.

3. Resumen de modelos alternativos de fidelización de empleados

Al no existir una fórmula única que proporcione una solución milagrosa, las empresas están utilizando diversos modelos de atracción y fidelización para responder a los distintos retos empresariales. Algunos de los más comunes actualmente son:

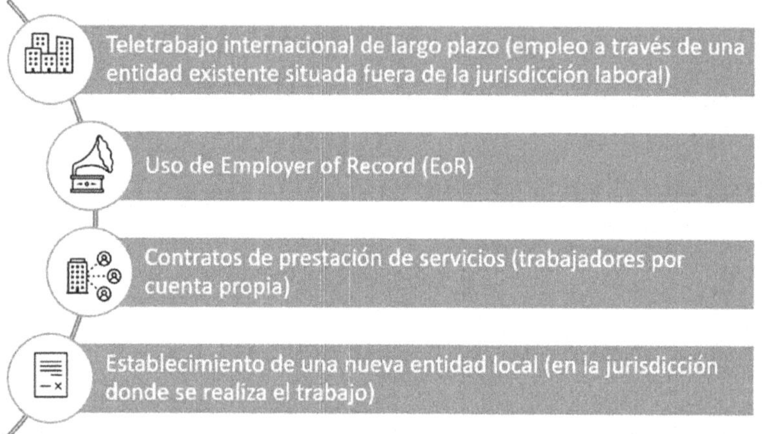

Antes de poner en práctica cualquiera de estas opciones, las empresas deberían evaluar sus retos de negocio específicos, así como sus necesidades y prioridades, para asegurarse de que las distintas partes interesadas (*stakeholders*) conocen bien los objetivos estratégicos y están al tanto de las ventajas y limitaciones asociadas a cualquiera de las diferentes alternativas que se estén planteando. Será clave también comprender la naturaleza y la jerarquía de los roles dentro de la compañía, ya que puede influir en la decisión a tomar.

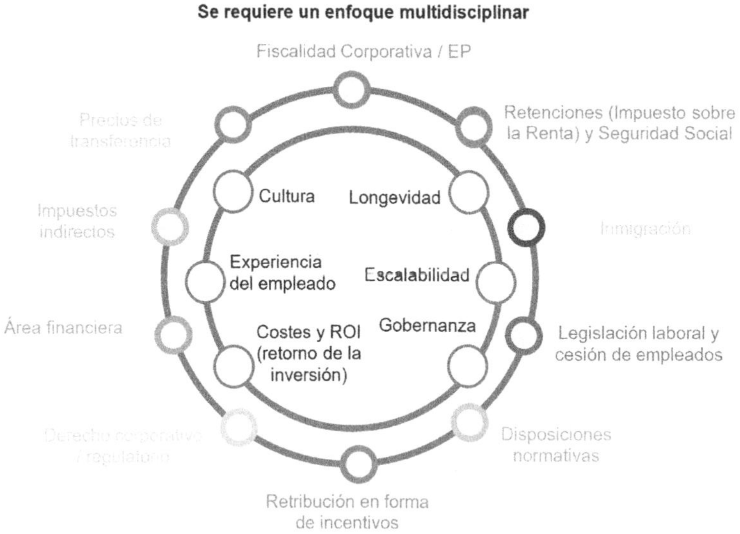

Se requiere un enfoque multidisciplinar

Fiscalidad Corporativa / EP
Retenciones (Impuesto sobre la Renta) y Seguridad Social
Inmigración
Legislación laboral y cesión de empleados
Disposiciones normativas
Retribución en forma de incentivos
Derecho corporativo / regulatorio
Área financiera
Impuestos indirectos
Precios de transferencia
Cultura
Longevidad
Experiencia del empleado
Escalabilidad
Costes y ROI (retorno de la inversión)
Gobernanza

Además, habrá que tener en cuenta otras consideraciones prácticas, como la experiencia de los empleados, la afinidad cultural, la escalabilidad, el coste y el retorno de la inversión, junto con el riesgo fiscal y legal, la retribución, la normativa y los aspectos financieros.

Cada opción presenta ventajas y limitaciones que deben sopesarse cuidadosamente durante el proceso de toma de decisiones, requiriéndose un enfoque multidisciplinar (véase el diagrama superior). Es decir, es necesario que los distintos *stakeholders* identifiquen y pongan en común las acciones prioritarias y los objetivos, para crear una estrategia óptima y compartida de movilidad de talento con vistas al futuro.

Vamos a centrarnos en tres alternativas para acceder al talento global: (1) Global Employment Company (2) Employer of Record y (3) Recurrir a trabajadores por cuenta propia:

3.1. Global Employment Company (GEC)

Una GEC es una entidad constituida que forma parte de la estructura de grupo de la propia organización. Por lo general, emplea a un grupo internacional de personas para cumplir con ciertos requisitos de talento empresarial y puede permitir, por un lado, que las personas sean contratadas en lugares donde actualmente no hay presencia comercial de la empresa y, por otro, que sean adscritas a una entidad comercial en otra jurisdicción.

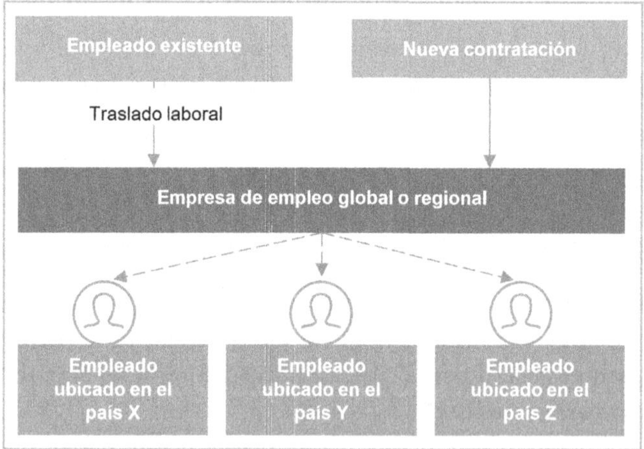

La GEC es el empleador y el medio de pago. Podría asimilarse a un centro de excelencia, pues ayuda a gestionar de manera centralizada a los diferentes grupos de empleados internacionales (por ejemplo, expatriados y, más recientemente, a los trabajadores en remoto).

Los contratos laborales se formalizan entre la GEC y sus empleados, pero, generalmente, los trabajadores no desempeñarán sus funciones en la ubicación donde la GEC está constituida sino que serán trasladados para trabajar en las oficinas de otra entidad del grupo o trabajarán en otra jurisdicción donde el grupo no cuente con una entidad jurídica (siempre y cuando el profesional tenga el permiso de trabajo necesario en dicha ubicación y se cumplan otros requisitos locales de cumplimiento normativo).

La GEC facturará los costes de los empleados a las empresas o la empresa del grupo «anfitrión» a la que el profesional esté prestando sus servicios, con un recargo adecuado calculado de acuerdo con principios de precios de transferencia que, en algunos casos, podrá ser una comisión o tasa de administración.

Ejemplos de posibles ventajas	Ejemplos de áreas objeto de revisión o consideración
• El empleado es un profesional del grupo que puede contribuir positivamente a la cultura corporativa y experiencia laboral en comparación con otros modelos • Centraliza la administración de la movilidad internacional • Ofrece una plataforma de control y gobernanza • Facilita una estructura de incentivos global o regional • Puede contribuir a la supervisión y prestar soporte a la gestión de fiscales obligaciones potenciales • Fácilmente ampliable	• Su puesta en práctica suele ser más lenta que la de otros modelos • Conviene realizar un análisis de la ubicación para decidir dónde debería estar situada la GEC • Aún faltan por contemplar las normas locales aplicables en la ubicación de trabajo, por ejemplo, el riesgo de EP (establecimiento permanente), los precios de transferencia, las retenciones salariales, el cumplimiento normativo en material fiscal y de seguridad social del empleador y el empleado, cuestiones regulatorias, consideraciones relativas a inmigración, derechos locales según la legislación laboral y cualquier restricción legal asociada a cesiones de empleados. • Debe analizarse con detenimiento el número de empleados, el nivel de esfuerzo interno y externo, los costes y el posible retorno de la inversión.

3.2. Employer of Record (EoR)

Un EoR es un proveedor de servicios externo que actúa como el empleador legal de un individuo y realiza funciones de empleador en la ubicación de trabajo, por ejemplo, actividades de RR. HH., preparación de contratos de trabajo, retención de nóminas e impuestos sobre la renta y seguridad social, etc.

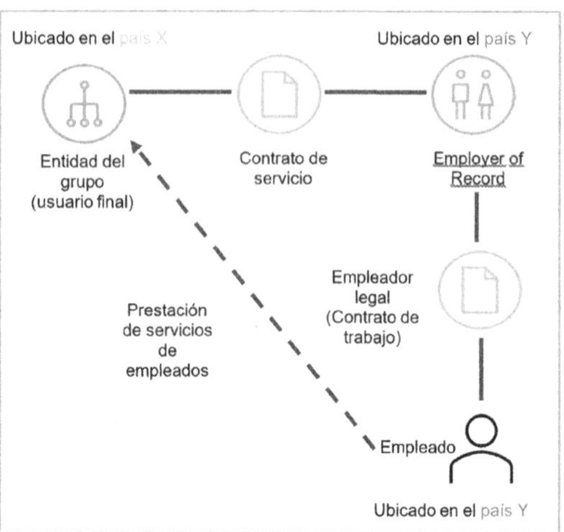

El EoR asigna al individuo exclusivamente a la compañía que es el usuario final, a cambio de una tarifa y a través de un acuerdo de servicios, que proporciona control sobre las actividades diarias, las obligaciones laborales y las responsabilidades del trabajador.

Es preciso resaltar que, con carácter previo a su implementación, es necesario verificar la adecuación jurídica de estas entidades a las legislaciones de los países involucrados, ya que en algunos estados la utilización de estas estructuras podría entenderse como una cesión ilegal de trabajadores.

Ejemplos de posibles ventajas	Ejemplos de áreas objeto de revisión o consideración
• Rápida puesta en práctica • Permite gestionar las retenciones salariales y del Impuesto sobre la Renta o seguridad social en el país de trabajo • Consideración de condiciones contractuales locales de acuerdo con la legislación laboral local • Puede ofrecer acceso a planes locales de prestaciones (posiblemente, costes más económicos gracias a las economías de escala) • Puede utilizarse como medida provisional para tantear la situación de un país antes de acometer una expansión mayor	• ¿Se crea un EP de la organización para la que se prestan los servicios, en la ubicación de trabajo físico del empleado? • ¿Puede el EoR ser el *sponsor* a un individuo, desde un punto de vista migratorio, para trabajar en otra compañía? • Los contratos laborales deben analizarse detenidamente, por ejemplo, en cuanto a la idoneidad de los acuerdos restrictivos, propiedad intelectual y protección de datos, etc. • Hay que tener en cuenta el efecto de la legislación laboral en los cambios contractuales para los empleados existentes • Las normas laborales relativas a la cesión de empleas laboral pueden suponer que el EoR no sea una opción viable en algunas jurisdicciones. • El empleador legal es el EoR. Será preciso tener en cuenta la idoneidad del acuerdo según la cultura o estrategia corporativa y su impacto en la experiencia del empleado

3.3. Trabajadores por cuenta propia

En este contexto, el profesional que presta servicios a la organización sería contratado por la entidad para la que trabaja como un profesional autónomo. El trabajador puede desempeñar sus funciones en remoto desde otro país.

La particularidad sería la no existencia de una relación laboral (es decir, el individuo trabaja para la organización de forma independiente, y podría prestar servicios a otras empresas). Las posibles ventajas y limitaciones dependerán de si, de acuerdo con la legislación laboral aplicable, el país que contrata al individuo y el país de trabajo en remoto lo consideran un trabajador por cuenta propia o un empleado. En algunas ubicaciones es habitual que los trabajadores por cuenta propia desempeñen sus funciones por medio de una empresa de servicios personales.

Las empresas recurren a trabajadores por cuenta propia por diversos motivos, por ejemplo, para reforzar la plantilla en determinadas épocas del año, para cubrir un periodo de ausencia de un empleado o para beneficiarse de competencias especializadas en el desarrollo de un proyecto.

Ejemplos de posibles ventajas	Ejemplos de áreas objeto de revisión o consideración
Rápida puesta en marcha Puede reducir significativamente los requisitos de cumplimiento normativo y administrativos para las organizaciones en el país de trabajo Puede utilizarse como medida provisional para tantear la situación de un país antes de acometer una expansión mayor Puede permitir que una organización dimensione su plantilla según las necesidades, accediendo rápidamente a conocimientos especializados y consiguiendo rentabilidad	Es necesario analizar la prestación de servicios desde un punto de vista laboral para determinar si el individuo debe considerarse un empleado Los trabajadores por cuenta propia pueden suponer aun así un riesgo de EP–¿Se crea un EP de la organización de usuarios finales en la ubicación de trabajo? Los contratos deben analizarse detenidamente, por ejemplo, en cuanto a la idoneidad de los acuerdos restrictivos, la propiedad intelectual, protección de datos, etc. ¿Se adapta el acuerdo a la cultura y estrategia corporativas? Observación: el individuo no sería un empleado. Limitaciones en cuanto a retribución – por ejemplo, la capacidad de conceder incentivos en forma de acciones a no empleados.

4. Evaluación proactiva de las diferentes alternativas

En este capítulo hemos abordado la necesidad de que los diferentes stakeholders estén alineados a la hora de evaluar la idoneidad de las diferentes alternativas. Un factor diferenciador en la búsqueda de una mayor agilidad es la capacidad de respuesta a las necesidades empresariales, que a menudo son urgentes. Por lo general, el grado de preparación se clasifica en tres escenarios:

(i) Proactivo – «Estoy listo para cuando sea necesario»

(ii) Reactivo – «Lo resolveré cuando llegue el momento»

(iii) Retrospectivo – «Lo resolveré cuando todo haya pasado»

Es evidente que el escenario óptimo es el proactivo, ya que es capaz de reducir el esfuerzo y tiempo a emplear por los expertos en cada materia, los costes y los riesgos de incumplimientos fiscales y legales, al disminuir considerablemente la necesidad de corrección o readaptación. Idealmente, deberían ser escasas las ocasiones en que se apliquen fórmulas para ofrecer una solución rápida, aunque parcial, sin considerar íntegramente las necesidades estratégicas del negocio o las implicaciones empresariales a más largo plazo. A veces puede ocurrir que sea necesaria una solución a corto plazo y que puedan existir estructuras laborales más adecuadas, por ejemplo, los EoR o los trabajadores por cuenta propia. Sin embargo, los stakeholders deberían ponerse de acuerdo para aplicarlas y conocer los costes (internos y de terceros) que conllevará la evolución a una nueva estructura en el futuro.

A continuación se plantea un enfoque de cinco áreas que consideramos esenciales y que las organizaciones deben tener en cuenta cuando el negocio obligue a impulsar una mayor agilidad a través de su estrategia de talento global:

i) Alineación con la estrategia empresarial. Se trata del punto de partida para comprender qué requisitos se necesitan en cuanto a talento y movilidad, considerando una serie de habilidades o *skills* (tanto actuales como futuras), las principales ubicaciones del negocio y los proyectos, así como cuestiones presupuestarias y temporales.

ii) Selección del modelo alternativo de fidelización de empleados. Conviene identificar casos prácticos que sirvan como objeto de prueba, y evaluarlos proactivamente para determinar qué modelo(s) cumple(n) con la estrategia empresarial y con el enfoque ante los riesgos. Para ello, será clave contar con el acuerdo de los stakeholders acerca de la fórmula más idónea para la empresa, teniendo en cuenta cualquier implicación y/o cambio necesario respecto a los procesos fiscales y legales. Además, será necesario acordar un marco de políticas considerando aspectos como la retribución, el cumplimiento normativo, los costes (teniendo en cuenta la complejidad administrativa), el tiempo y el esfuerzo requeridos. Por último, dentro de este área cobra especial relevancia planificar la estrategia de comunicación y formación, y documentar cómo se tratarán las excepciones a la política, si es que se fueran a permitir.

iii) Planificación proactiva. Resulta esencial promover una interacción temprana y fluida entre los stakeholders (incluidos los responsables de la captación de talento). Para lograrlo, conviene definir y asignar canales de comunicación para evaluar cada caso y obtener el acuerdo de las diferentes partes involucradas respecto de todas las áreas identificadas anteriormente, de cara a evitar retrasos. Conseguir crear un marco de toma de decisiones permitirá llevar a cabo el proceso de una forma eficaz. Por ejemplo, aunque se considere que los EoR son una opción comparativamente rápida, sigue siendo necesario saber si están permitidos en la legislación de un país en concreto, establecer medidas para realizar la selección de dicho EoR, acordar el modelo de contrato laboral que se formalizará entre el trabajador y el EoR, etc.

iv) Gestión de riesgos. Es siempre fundamental. Cuando se detectan señales de alerta, las compañías deben identificar opciones y explorar soluciones para el negocio. Podría ser que para algunas empresas su enfoque ante los riesgos se esté transformando (por ejemplo, que algunos aspectos que antes no eran negociables ahora ya no sean tan inflexibles a la hora de buscar el talento adecuado en cualquier lugar). Conocer las líneas rojas de nuestra organización es esencial para asegurar el cumplimiento normativo de los nuevos modelos.

v) Operaciones y gestión. Por último, habría que revisar las operaciones y la gestión para asegurarnos de que mejoran continuamente la experiencia de los empleados, la retención de talento y las iniciativas de diversidad, equidad e inclusión (DEI). Además, es fundamental conocer el valor y la rentabilidad de la inversión en actividades innovadoras de recursos humanos que se alejan de la movilidad tradicional, así como coordinar a los diferentes grupos de trabajo para poder hacer un seguimiento de la evolución del plan, y comprobar si es necesario revisar y evolucionar los ecosistemas tecnológicos y de proveedores, para prestar soporte a una plantilla global más repartida.

5. Conclusiones

Se prevé que el uso de modelos alternativos de fidelización de empleados para complementar la movilidad internacional continúe aumentando a medida que las empresas busquen progresivamente soluciones de talento más flexibles o aborden su expansión internacional. Como ya se ha indicado, aplicar estas opciones puede plantear ventajas, pero es importante que las organizaciones efectúen evaluaciones de viabilidad adecuadas, análisis de rentabilidad, seleccionen a los proveedores apropiados y realicen procesos de gestión continua para garantizar que cualquier modelo que se añada al conjunto de herramientas de movilidad utilizadas en una empresa cumple las necesidades estratégicas de negocio ahora y en el futuro.

Aunque hay muchos factores que deben tenerse en cuenta en un entorno ágil como este, pueden sortearse los obstáculos prestando la debida atención, planificando previamente y adaptando el negocio a las opciones alternativas y a los factores que contribuyen al compromiso de los empleados, desarrollando políticas, contribuyendo a los procesos de cumplimiento y al uso de la tecnología.

¿HACIA DÓNDE VA LA MOVILIDAD INTERNACIONAL? VISIÓN CONJUNTA DE LA ASOCIACIÓN ESPAÑOLA DE MOVILIDAD LABORAL INTERNACIONAL-FEEX

ÁNGELES GONZÁLEZ-VIGIL
Secretaria General
Asociación Española de Movilidad Laboral Internacional-FEEX

La movilidad internacional de trabajadores está en constante evolución en un mundo tan cambiante y volátil como el actual. Desde la pandemia mundial motivada por el Covid en 2020 el desplazamiento de trabajadores ha ido adaptándose al cambio de paradigma que supuso la inmovilización frente a la necesidad de seguir avanzando en los negocios internacionalmente.

Nuevas figuras laborales de movilidad han surgido como es el teletrabajador internacional, y nuevas formas de abordar los desplazamientos internacionales para dar respuesta a las necesidades del negocio, en definitiva, las empresas se han adaptado y van definiendo nuevas estructuras en la movilidad internacional de sus trabajadores. Los modelos de trabajo se transforman para atraer y fidelizar el talento adecuado en un mercado cada día más abierto y flexible, las organizaciones tienen que ser atractivas y competitivas para tener el mejor talento, en el lugar adecuado, cuando sea necesario.

En medio de todos los cambios macroeconómicos que están aconteciendo, que hacen que las actividades de las organizaciones sean más complejas, se requiere de la movilidad internacional como un aliado operativo influyente para el cumplimiento de la estrategia de negocio.

La tecnología y digitalización es uno de los aspectos claves en las nuevas estructuras de movilidad internacional. Las herramientas digitales son cada vez más importantes, transformando la gestión de trámites y facilitando la movilidad y contratación de trabajadores, tanto nacionales como internacionales, así como plataformas que mejoran la comunicación y el bienestar de las personas.

La movilidad virtual abre nuevas oportunidades para el talento, y las habilidades digitales son fundamentales para acceder a estas posiciones y para la formación continua en un entorno laboral en constante cambio.

La flexibilidad y trabajo en remoto permite a las organizaciones evolucionar hacia modelos de trabajo más flexibles, permitiendo a los empleados trabajar desde diferentes ubicaciones y fomentando el fenómeno de los nómadas digitales.

En países como España, se han introducido cambios significativos como la Ley de Startups, que busca atraer a profesionales digitales de todo el mundo con visados y un régimen fiscal atractivo. La adaptación de la normativa al contexto actual permite que las regulaciones, como las mejoras en el sistema de Seguridad Social para trabajadores movilizados al extranjero, proporcionen un marco de seguridad jurídica tanto para el talento como para las empresas.

La atención a la salud mental y el bienestar emocional de los trabajadores seguirá siendo una prioridad, con más recursos destinados a manejar el estrés y la ansiedad relacionados con trabajos exigentes.

Cada vez más empresas ofrecen a los empleados expatriados la posibilidad de elegir los beneficios que más les convengan, además de teletrabajo y horario flexible. Es de esperar que los modelos de compensación se adapten para ofrecer mayor flexibilidad y satisfacer las demandas de los trabajadores, manteniendo un equilibrio entre la vida profesional y personal.

Estas tendencias reflejan un cambio hacia un entorno laboral más centrado en la persona, con un enfoque en la calidad de vida y la satisfacción laboral, lo que a su vez puede influir positivamente en la productividad y la retención de talento.

Una combinación de las necesidades de las empresas con las de su talento.

La mejor manera de ilustrar estas tendencias es contar con la visión de dos empresas de sectores diferentes que tienen un gran impacto en la economía por sus procesos de internacionalización, Repsol y Técnicas Reunidas.

En la opinión de Repsol en los últimos años se ha abordado una racionalización del número de expatriaciones. Sin embargo, pese a disminuir el número de expatriados, los retos actuales son mayores puesto que muchas de las movilidades están vinculadas a la estrategia de negocio y no son las movilidades estándar a las que estaban acostumbrados sino necesidades en ocasiones complejas y que requieren actuación rápida. Más allá de los desafíos habituales, en el entorno actual la movilidad nos enfrenta a escenarios complejos que requieren soluciones creativas y ágiles. A menudo, son vistos como el recurso crítico dentro de la organización para resolver problemas transfronterizos, lo que les obliga a encontrar soluciones innovadoras para los cuales no siempre existe un manual de instrucciones. En el contexto actual, la flexibilidad es clave.

Todos sus negocios están en un momento de transformación y requieren un abanico de soluciones que, en líneas generales, se resuelve disponiendo un abanico de modelos amplio y creciente que permita ofrecer soluciones atractivas, pero siempre garantizando la coherencia y equidad interna.

En esta evolución, se han actualizado y desarrollado políticas y procedimientos que soportan el programa de movilidad lo cual les permite facilitar y gestionar con mayor eficacia sus operaciones.

En relación con las estructuras, su experiencia les indica que lo óptimo para tener un modelo de movilidad que cubra las necesidades de negocio y empleados, es trabajar de forma coordinada entre todas las partes implicadas: business partners, áreas de gobierno, equipos de gestión de la movilidad y proveedores de servicios asociados.

En opinión de Técnicas Reunidas los aspectos claves para una buena gestión de RRHH, en el ámbito de la movilidad internacional que viene para los próximos años serán:

i) Valor estratégico

La movilidad internacional es una herramienta estratégica para el desarrollo organizacional de Técnicas Reunidas. Permite expandir su presencia global, acceder a nuevos mercados y fomentar el intercambio de conocimientos y mejores prácticas. Integrar la movilidad internacional en su estrategia corporativa fortalece su liderazgo en el sector.

ii) Valor al empleado

La movilidad internacional no solo beneficia a la empresa, sino también a sus empleados. Ofrecen oportunidades únicas para el desarrollo profesional y personal, enriqueciendo las habilidades y experiencias de sus ingenieros y especialistas. Su programa de movilidad internacional incluye paquetes de beneficios personalizados, apoyo en la reubicación y oportunidades de formación continua para maximizar el valor para sus empleados.

iii) Inclusión y Diversidad

La inclusión y la diversidad son valores esenciales para Técnicas Reunidas, que se reflejan en su programa de movilidad internacional. Buscando promover una cultura de respeto e integración entre sus empleados, independientemente de su origen, género, edad o cualquier otra diferencia. La movilidad internacional les permite aprovechar la riqueza de las distintas perspectivas, conocimientos y experiencias de sus equipos multiculturales, generando un ambiente de trabajo más innovador y creativo. Asimismo, impulsando iniciativas para fomentar la igualdad de oportunidades y el desarrollo profesional de todos sus empleados, especialmente de aquellos grupos históricamente subrepresentados en el sector.

iv) Digitalización

La digitalización es uno de los puntos más retadores entendiendo que se deberá trabajar en desarrollar herramientas de comunicación y colaboración en línea para trabajar de manera más eficiente y efectiva. La digitalización deberá facilitar la gestión de los procesos de movilidad, incluyendo la administración de cualquier procedimiento, y el seguimiento de las asignaciones internacionales.

v) Teletrabajo Internacional

El teletrabajo internacional se ha convertido en una realidad. En Técnicas Reunidas es especialmente relevante para facilitar la conciliación familiar. Sería interesante, a futuro, explorar para qué puestos de trabajo se podría implementar el teletrabajo internacional, para poder acceder a un pool de talento global sin las restricciones tradicionales de ubicación.

vi) Políticas de Asignación Internacional y su comunicación

Desarrollar y comunicar efectivamente las políticas de asignación internacional es fundamental para el éxito de la movilidad. Para ello, se deberá atender a las tendencias en la movilidad internacional y estar actualizados en materia de compensación, beneficios, adaptación cultural y apoyo familiar.

vii) Enfoque en el Bienestar del Empleado

El bienestar de sus profesionales es muy relevante para la empresa y trabajar en el bienestar de los empleados durante sus asignaciones internacionales es fundamental. Los aspectos que trabajar consistirían en un asesoramiento cultural, asistencia psicológica y planes de bienestar.

En conclusión, se evidencia que en los próximos años aumentará la complejidad y la importancia estratégica de la movilidad internacional. Una gestión adecuada de ésta influye de manera notable en la obtención de los objetivos empresariales, teniendo siempre al empleado como palanca principal.

Los cambios que se están experimentando debido a la globalización y los avances tecnológicos hacen que las organizaciones deben adaptarse a estas tendencias para mantenerse competitivas y cuidar tanto del talento como del bienestar de sus trabajadores. Asimismo, las habilidades digitales son esenciales para navegar y aprovechar las oportunidades que presenta la movilidad internacional de trabajadores, y serán aún más críticas a medida que nos acercamos a la próxima década.

La movilidad del futuro se centrará en la sostenibilidad y la tecnología. Se buscarán soluciones que eviten movimientos físicos innecesarios mediante el uso de herramientas digitales y la inteligencia artificial.

Capítulo 4.

Consecuencias económicas y fiscales de la movilidad internacional

ASPECTOS FISCALES

INTRODUCCIÓN

FERNANDO LÓPEZ OLCOZ
Socio, Tax & Legal, Mobility & Compensation
Deloitte

En esta breve introducción, lo primero que quiero hacer es dar un gracias enorme a las personas que han participado en este capítulo del libro; gracias por las extraordinarias ganas e ilusión que mostraron desde el primer momento para colaborar en su elaboración y también, por supuesto, por sus interesantes aportaciones.

Pensar en cómo puede ser el futuro de la fiscalidad ligada a la movilidad internacional de los trabajadores, no es un ejercicio ni habitual, ni sencillo. Esta ha sido la abierta petición que hemos hecho a nuestros colaboradores, aun a sabiendas de que, en un mundo con un índice de inestabilidad alto como el que vivimos, tratar de anticipar, o casi mejor de adivinar, lo que está por llegar, no deja de ser un ejercicio en el que lo normal sea no acertar.

En todo caso, puestos a la labor, pensaría si el sistema actual nos ofrece la cobertura adecuada a la realidad existente y si, aun ofreciéndola, resulta mejorable.

Respecto de la primera cuestión, mi opinión es que los conceptos de residencia, de fuente, de reparto de potestades tributarias entre los Estados, de sistemas para evitar la doble imposición... en definitiva, el marco normativo que rige en la actualidad, más allá de su complejidad práctica, proporciona, o ha proporcionado, la suficiente cobertura para poder llevar a cabo los procesos de internacionalización y, por tanto, de movilidad internacional que las empresas han puesto en marcha.

Matizo con el "o ha proporcionado", porque quizá quepa preguntarse si, ante una nueva realidad tan presente como es la del trabajo en remoto o el teletrabajo internacional, seguimos teniendo la misma capacidad de cobertura. Desde una óptica teórica puede decirse que sí. Sin embargo, los obstáculos de gestión y de coste que nos encontramos en la práctica pueden llegar a ser de tal calado que hagan inasumible la implantación de ese teletrabajo.

Desde mi punto de vista, partiendo de la base de que el teletrabajo internacional se solicita por voluntad del empleado y no por necesidades de la empresa, el mayor obstáculo fiscal para dar luz verde a la solicitud será la posible constitución de un establecimiento permanente (EP) y/o las posibles obligaciones de registro y retenedoras; es decir, las implicaciones fiscales que se deriven para la compañía. Parece difícil que, ante este tipo de consecuencias, el empleador vaya a aprobar un teletrabajo internacional que, repito, parte de la voluntad del trabajador. En cualesquiera otro tipo de desplazamientos internacionales, las compañías que los promueven, que conocen las reglas de juego, estarán en disposición de poner en marcha y de asumir los mecanismos y los costes que sean necesarios para llevar a cabo su propósito.

Flexibilizar de manera inequívoca (y asumida por todos, al menos, en el ámbito OCDE) los criterios para la constitución de un EP, no debiera ser una meta inalcanzable teniendo en cuenta los avances que se produjeron en esta materia con ocasión de la pandemia. Sin embargo, una evolución en acuerdos internacionales que modifiquen, por ejemplo, la potestad tributaria de los Estados en un modo similar al establecido en materia de seguridad social me parece más que improbable, más si cabe en un contexto de competencia fiscal internacional en el que los países aprueban medidas y regímenes fiscales para atraer y retener contribuyentes.

Entro en la segunda de las cuestiones que más arriba planteaba: dando cobertura el sistema, ¿resulta mejorable? Y aquí, como es lógico porque casi todo es mejorable, la respuesta es afirmativa. En los tiempos que vivimos, en mente de todos está la importancia de la experiencia del usuario, de la colaboración entre la administración y los administrados, de la accesibilidad de la información, de la tecnología y el dato... Sin embargo, la realidad tributaria que viven tanto las compañías como los empleados en desplazamiento internacional resulta excesivamente compleja y tremendamente exigente, no sólo en cuanto a coste, sino también en cuanto a modelos y requerimientos fiscales a los que atender. Con toda la evolución tecnológica, habida y por haber, y la tremenda capacidad e información en manos de las administraciones, los avances experimentados en forma de facilidades hacia el contribuyente son difícilmente apreciables, más bien lo contrario. Mi apuesta, seguramente imbuido por el espíritu de esta obra, es que en algún momento se produzca un giro de enfoque y se ponga al administrado sino en el centro, y no de las sospechas precisamente, al menos no tan descentrado.

Dando nuevamente las gracias doy paso a otras reflexiones.

RETOS FUTUROS DE LA FISCALIDAD

MANUEL DE MIGUEL MONTERRUBIO
Subdirector General de Impuesto sobre la Renta de Personas Físicas
Dirección General de Tributos

Con carácter preliminar al análisis de cuáles podrían ser los avances o retos que en materia de fiscalidad vinculada con la movilidad internacional de trabajadores resulta necesario efectuar una primera reflexión extraordinariamente sencilla: el diseño de cualquier sistema tributario viene condicionado por la realidad social y económica del momento en el que es implantado, de manera que permita hacer efectivo esos principios por todos conocidos, entre los que debe destacarse el principio de suficiencia, esto es, la captación de los recursos necesarios para poder atender al presupuesto de gastos. Por tanto, es innegable que la correcta proyección de dicho escenario futuro es una condición necesaria para poder determinar cómo puede evolucionar nuestro sistema fiscal en los próximos años.

Y es en este momento en el que nos enfrentamos a un primer gran reto: predecir de forma correcta ese futuro. Y mucho me temo que para tal cometido no queda más remedio que acudir a recursos tan básicos como la imaginación. Porque solo la imaginación nos puede llevar a mundos futuros en los que nunca estuvimos.

Y haciendo uso de esa cualidad, la imaginación, y desligándome de toda prudencia, reconociendo previamente la dificultad de esta tarea y la alta probabilidad de equivocarme, no resulta difícil imaginar futuros cambios que van a condicionar el futuro diseño de nuestra política tributaria y, en particular, de la fiscalidad vinculada a la movilidad internacional de trabajadores.

Pero antes de empezar a desarrollar cualquier ensoñación me gustaría destacar la importancia actual del Impuesto sobre la Renta de las Personas Físicas, en adelante IRPF, en nuestro sistema tributario, ya que esto es un elemento clave para proyectar futuros cambios. Si analizamos la información del año 2023 contenida en el Informe Anual de Recaudación elaborado por la Agencia Estatal de Administración tributaria, se observa que la recaudación del IRPF en dicho año alcanzó los 120.280 millones de euros, lo que representa un crecimiento del 9,9% respecto del año anterior y que, de los casi 16.500 millones de euros de mayores ingresos totales obtenidos en dicho ejercicio por el sistema tributario, 10.795 millones de euros correspondieran al IRPF, es decir, un 65 por ciento de dicho incremento lo ha generado este impuesto. Pero aún resulta más llamativo el peso relativo del mismo en comparación con el conjunto de ingresos tributarios que, de acuerdo con dicho informe, asciende a 271.935 millones de euros. En consecuencia, como puede observarse, estamos hablando de un impuesto que aporta, aproximadamente, el 44 % de los ingresos de nuestro sistema tributario.

Entendida la magnitud del mismo en cifras absolutas podemos acudir a las últimas estadísticas publicadas de dicho Impuesto para a su vez comprender el peso relativo que tiene en dicha recaudación una fuente concreta: las rentas del trabajo. En los últimos años dicha fuente de renta viene a representar el 80 por ciento de la base imponible. Este gran peso relativo de esta fuente de renta explica el incremento sufrido en su recaudación en el último ejercicio, ya que como se señala expresamente en dicho informe: «...la positiva evolución del empleo, sumada al aumento de salarios y pensiones medias y la consiguiente subida del tipo efectivo, fueron los principales factores que explicaron el buen comportamiento de los ingresos.».

Pues bien, este escenario de partida condiciona enormemente la proyección de la fiscalidad futura, pues el principio de suficiencia siempre será un objetivo básico para cualquier administración tributaria y la dependencia de nuestro sistema tributario al mantenimiento de una base agregada estable de esta fuente de renta es total.

A partir de aquí podemos empezar a pensar en cambios futuros que pueden afectar al mantenimiento de dicha base agregada. Y en ese sentido existen varios elementos que no podemos obviar: el envejecimiento de la población, los movimientos migratorios y la aparición de nuevas tecnologías.

i) Por una parte, el envejecimiento de la población determinará, tal y como se está produciendo ya en la actualidad, un importante consumo de ingresos tributarios para complementar las necesidades de un sistema público de pensiones incapaz de generar los recursos necesarios para ser autosuficiente. Es cierto que las pensiones se configuran como una "renta de sustitución", pero su cuantía es sustancialmente inferior al previo salario del trabajador, produciendo una clara rebaja en la masa salarial agregada que conforma la base imponible total del Impuesto.

ii) Por otra parte, nuestros jóvenes se están ya enfrentando a un escenario de encarecimiento del precio de la vivienda, lo que unido a un ecosistema de salarios bajos incrementará su salida a terceros países en búsqueda de mejores oportunidades laborales. Esa pérdida de mano de obra podrá ser compensada con la llegada de personas inmigrantes de terceros países, intensificándose, en consecuencia, los flujos migratorios y abriendo una importante incógnita sobre el efecto de los mismos en términos de base imponible agregada.

iii) Y el tercer condicionante vendrá determinado por la irrupción de nuevas tecnologías lo que de la mano de la robótica y la inteligencia artificial se sustituirá una gran parte de esa mano de obra por máquinas que desempeñen dicho trabajo de manera aún más eficiente, con la merma no solo de recursos tributarios derivados de ese salario eliminado, sino también de las correspondientes cotizaciones a la Seguridad Social.

Pues bien, en un escenario de dificultades presupuestarias derivadas de un sistema tributario basado en un modelo analógico que descansa en una fuente de renta específica, las rentas del trabajo, los Estados tratarán de adoptar varias medidas que condicionarán nuestra futura fiscalidad.

Por una parte, la búsqueda de nuevos impuestos que aporten nuevos recursos o la reconfiguración de los actuales para adaptarlos a esta realidad. Por otra, el mantenimiento de los restantes recursos en un escenario internacional de competencia entre países para lograr su captación.

En este escenario no resulta improbable que los Estados seguirán aprobando regímenes preferenciales cada vez más agresivos para atraer y, en su caso, mantener la residencia fiscal en su país de estos trabajadores. Por otra parte, teniendo en cuenta la posibilidad actual derivada de la irrupción de nuevas tecnologías de realizar el trabajo a distancia, los Estados en los que se ubiquen las empresas, a medida en que vean como dichos sueldos son soportados por su sistema fiscal, pero percibidos por residentes ubicados en otro Estado presionarán para repartir la potestad tributaria de forma diferente a como lo hace en la actualidad el Modelo de Convenio para evitar la Doble Imposición de la OCDE, estableciendo un nuevo concepto de estado de la fuente basado en la localización de la empresa, de manera que se separe del lugar efectivo de realización del trabajo.

Este debate podría resultar sencillo en un contexto de crecimiento y proliferación de recursos, pero en un escenario como el descrito, de dependencia de los Estados sobre esta fuente de renta, me temo que las posibilidades de avanzar en acuerdos multilaterales será limitada.

Pero puestos a imaginar ¿por qué imaginar un mundo peor? Es decir, si abandono esta visión catastrófica sobre el escenario futuro y los estados fueran capaces de captar los recursos necesarios para atender al citado principio de suficiencia, ¿cuáles podrían ser los principales cambios que podrán producir en el ámbito de la movilidad internacional de trabajadores?

Al respecto consideraría como una alternativa interesante, al menos en el ámbito de la Unión Europea, la tramitación de una nueva Directiva que regulara un impuesto armonizado sobre la renta de no residentes aplicable, exclusivamente a residentes fiscales en un Estado Miembro que obtuvieran rentas en otro Estado de la Unión Europea. Este nuevo impuesto permitirá superar dos importantes problemas actuales.

i) Por una parte, los múltiples problemas existentes en la actualidad entre nuestras instituciones comunitarias y los Estados Miembros derivados de la distinta forma de gravar dicha renta según se trate de residentes o no en dicho Estado (comparativa IRNR Vs. IRPF). Al respecto, el establecimiento de una normativa comunitaria permitiría superar los múltiples problemas derivados de un modelo actual no coordinado, esto es, se eliminarían todos los debates jurídicos sobre el respeto de los respectivos impuestos individuales de la renta de no residentes de los principios y libertades reconocidos por el ordenamiento jurídico comunitario.

ii) Por otra, permitiría abrir un debate sobre el reparto de potestades tributarias y, en particular, sobre una fuente tremendamente importante: las rentas del trabajo en contextos de movilidad internacional. Y en ese debate podrían plantearse fórmulas imaginativas de nuevas configuraciones de Estado de la Fuente que permita compensar, al menos parcialmente, la localización de esa mano de obra en otros Estados Miembros dentro, repito, del acuerdo y el consenso necesario entre países.

iii) Por último, se podría simplificar enormemente la gestión del impuesto y las cargas tributarias que actualmente soportan nuestros trabajadores y empresas, con un modelo de tributación plena en el estado de residencia y posterior compensación de dicho impuesto armonizado entre las Administraciones tributarias de los países afectados.

No sé cuánto habrá de cierto o no en estas reflexiones. Solo espero haberme equivocado en la configuración de escenarios apocalípticos y que realmente nos encontremos con un entorno de cooperación internacional que nos permita simplificar la incidencia de los distintos sistemas tributarios en la movilidad internacional de trabajadores. Y aunque la mente me pida llorar en vez de soñar, en mi sueño estamos todos compartiendo un mundo mejor.

ASPECTOS FISCALES A CONSIDERAR EN LA NUEVA MOVILIDAD INTERNACIONAL

PATRICIA JONES MALLADA
Directora RRHH – Movilidad Internacional
Banco Santander

ANA NUEVO LÓPEZ
Asesora fiscal
Banco Santander

Cuando hablamos de movilidad internacional y, en concreto, de sus principales aspectos fiscales, no nos limitamos al análisis de sus implicaciones fiscales sino también a cómo ese tratamiento fiscal nos lleva a introducir elementos determinantes de su diseño. Esto lo vemos tanto en la forma en que las personas se relacionan ahora son sus empleadores, propiciada por los avances tecnológicos que permiten trabajar como nunca en remoto, como en cuestiones más tradicionales, como el diseño de sistemas retributivos que, cuando benefician a empleados internacionales, plantean retos relacionados con su configuración y su gestión.

A lo largo de estas líneas cubriremos la problemática, para la empresa y el empleado, tanto en imposición personal como corporativa, que presentan los desplazamientos temporales y permanentes y cómo las empresas nos enfrentamos a ellos. También qué particularidades relacionadas con los planes de incentivos plantea el tener una fuerza de trabajo cada vez más internacional.

La nueva realidad social, especialmente a raíz de la pandemia de Covid, ha traído a las empresas nuevos retos en cuanto a la gestión de las personas, especialmente cuando se trata de combinar este aspecto con el cumplimiento de las distintas obligaciones legales.

Si bien es cierto que el teletrabajo era una petición que ya se venía percibiendo de forma discreta, el hecho de que de un día para otro se viera como una realidad la posibilidad de realizar el trabajo desde los hogares en lugar de en los centros de trabajo, sin que ello menoscabase el desempeño en la mayoría de los casos, ha creado un cambio de mentalidad radical.

En la actualidad, cuando uno de los aspectos más críticos para las empresas es la atracción y retención del talento en un entorno muy competitivo, se hace imprescindible atender a las cada vez mayores demandas de las personas trabajadoras. Y algunas de las peticiones más comunes giran en torno al lugar de trabajo: desde la posibilidad de trabajar en un formato híbrido, tanto en la oficina como en cualquier otro lugar (en casa, en muchas ocasiones, pero también desde otro país), a la posibilidad de trabajar en un entorno global, que permita el desarrollo de la carrera en algún país distinto a aquel en el que inicialmente se está contratando, o la cada vez más escuchada frase de "work from anywhere".

La movilidad internacional es una práctica que tiene ya muchos años de experiencia, y las empresas tienen en mayor o menor medida los procesos establecidos para poder realizar estos traslados o desplazamientos cuando son temporales.

Pero el trabajo en remoto crea un reto aún mayor. Cuando en España todavía estamos intentando adaptarnos a la normativa local (necesidad de firmar un anexo al contrato cuando se supere el 30% del tiempo de teletrabajo, implicar a los sindicatos en las negociaciones de los términos económicos, etc.), añadir las complejidades que derivan de traspasar una frontera se hace prácticamente ingobernable.

En este sentido, cada vez es más necesario para las empresas contar con unas políticas de movilidad internacional que sean flexibles, no sólo para poder adaptar sus términos económicos a una sociedad cambiante, sino también para adaptar estas nuevas peticiones, y también figuras, que están surgiendo. Todo ello en un entorno de gestión del talento, así como también desde una perspectiva de gestión de negocio, donde las empresas son cada vez más internacionales y quieren gestionar globalmente su plantilla. Dejamos tiempo atrás la figura de expatriado como predominante, tendiendo a favorecer una estructura de costes más contenidos a través de los traslados permanentes, pero los avances tecnológicos y de transporte hacen cada vez más común otras figuras como los viajeros de negocios, commuters, trabajadores virtuales, asignaciones por proyecto, programas de desarrollo de carrera, etc.

Aunque mucho se habla de la globalidad, la realidad es que las legislaciones son puramente locales, en todos los aspectos que rodean a la movilidad internacional. Empezando por los aspectos migratorios, es cierto que muchos países han pisado el acelerador y aprobado normativa específica que permite la prestación de servicios en el país sin necesidad de tener un empleador radicado en el mismo, o un centro de trabajo. En este aspecto la norma se ha adaptado de una forma bastante ágil a las nuevas circunstancias. Puede ser por el hecho de que la atracción de este tipo de talento tendrá en todo caso un impacto positivo en las economías del país.

Pero cuando se tratan temas como aspectos fiscales, o de seguridad social, la situación se complica: cualquier cesión en estos temas tiene un impacto en la recaudación por parte de los Estados, por lo que los cambios legislativos son más lentos. Así, se necesita que diferentes Estados se pongan de acuerdo si se quiere evitar una doble, o triple, tributación o cotización. En la actualidad, se ven tímidos pasos dentro de la Unión Europea para tratar de facilitar estos movimientos en temas de seguridad social, pero el resto de los acuerdos bilaterales sigue sin reconocer esta situación. Ejemplo de ello es el nuevo Convenio de Seguridad Social firmado entre España y los Estados Unidos de América que se firmó el pasado 8 de abril de 2024 y que, recogiendo mejoras tan importantes como la forma del cálculo de las pensiones, o el incremento en los años de duración del

Convenio, no ha aprovechado la ocasión para reconocer esta situación de teletrabajo internacional y establecer una regulación al respecto.

Por otra parte, desde el punto de vista del Impuesto sobre la Renta de las Personas Físicas, tampoco se ha hecho cambio alguno en ninguno de los acuerdos bilaterales firmados por los Estados considerando esta situación. Y en la práctica, la única alternativa para evitar un impacto fiscal en el país donde se lleve a cabo el teletrabajo internacional sería la posible aplicación del artículo relativo a la imposición de la renta del trabajo dependiente, que permite la no sujeción a tributación en destino cuando no se excedan los 183 días de presencia en el país, siempre que el resto de las condiciones también resulte de aplicación. En este punto, los Convenios para evitar la doble imposición, cuando han contemplado las particularidades de las situaciones fronterizas, supuesto más tradicional e histórico que las modalidades de trabajo a las que nos enfrentamos ahora, ni siquiera han dado siempre una misma solución: pueden establecer la tributación del trabajador fronterizo en el Estado de residencia (por ejemplo, en el convenio franco-belga de doble tributación), en el Estado donde trabaja (por ejemplo: convenio entre los Países Bajos y Alemania), o en ambos (convenio entre Suiza y Alemania).

Desde la perspectiva de la fiscalidad corporativa del empleador, tampoco encontramos una aproximación homogénea a estas situaciones. El trabajo de una persona en una jurisdicción distinta a la de su empleador puede generar, para este último, un establecimiento permanente. Para ello, hay conceptos que conviene revisar: lugar fijo de negocio, capacidad para vincular al empleador, funciones desarrolladas….

Teniendo en cuenta esta compleja situación, cuando llega la temida petición de una persona de la empresa de teletrabajar en otro país durante un período más o menos largo, y que puede derivar de innumerables circunstancias personales, las empresas se han visto obligadas a poner en marcha protocolos que pueden variar desde una simple negativa general a un proceso interno que implica una revisión inicial de la nacionalidad de la persona, para validar si podría trabajar en el país, generalmente pasando por un análisis exhaustivo de las funciones que se desarrollarán, duración, etc., y que puede tener que ser realizado por un proveedor externo para garantizar que el asesoramiento técnico es el adecuado, así como facilitar las explicaciones internas en caso de que, debido a los riesgos que se estarían asumiendo por parte de las empresas, se tenga que denegar la petición.

Todo ello implica mucho tiempo de gestión interna, además de los gastos económicos asociados, únicamente para poder finalizar el proceso. Y en la mayoría de los casos suele haber algún tipo de riesgos que pone en jaque a la empresa si quiere cumplir con todos sus deberes a la par que dar facilidades a sus empleados. Así, la realidad actual es que la mayor parte de las empresas que se encuentran en estas situaciones, cuando son realmente innovadoras, consiste en implementar algún tipo de política que permita a la globalidad de sus empleados hacer este teletrabajo internacional, pero por un tiempo tan limitado para evitar riesgos que en la práctica viene siendo lo que se conoce como Workation, es decir, prorrogar algunos días la estancia en algún país para poder compatibilizar un poco la vida personal con la laboral, pero que no cubren esas necesidades de mayor calado como puedan ser situaciones de enfermedad de algún familiar, cambios de ubicaciones laborales de la pareja, etc., que serían las que dan un valor añadido a nuestros trabajadores y trabajadores cuando necesitan de esa flexibilidad. Por tanto, en la práctica, vemos esta aplicación práctica por la cual se limitan los impactos fiscales para la empresa y el trabajador, pero con un esquema que, en muchos casos, es totalmente insuficiente para este último.

En situaciones de desplazamientos a corto plazo, o de commuting, la norma general pasa por mantener el contrato y la nómina en el país de origen (aquel en el que la persona desarrolla sus funciones), sin perjuicio de que viaje temporalmente a otro, o desde otro, país). El desplazamiento temporal puede resultar relativamente neutro en términos de la jurisdicción en la que se debe tributar por los rendimientos del trabajo, salvo cuando no exista un convenio para evitar la doble imposición, o se mantengan ciertos vínculos, muchas veces personales, y fuera del control de la empresa, en el otro país, ya que en esos casos se puedan generar obligaciones fiscales en países distintos al del empleador.

Estas obligaciones fiscales adicionales son todavía más evidentes cuando nos encontramos con trabajadores virtuales, que en ningún caso se desplazan a la jurisdicción de su empleador. En el proceso de búsqueda y retención del talento, nos hemos encontrado con supuestos en los que la persona seleccionada no quiere desplazarse al país en el que se encuentra su empleador, y en los que las consecuencias potencialmente adversas desde la perspectiva fiscal es preciso controlar o mitigar, por primar el objetivo de su incorporación al grupo. Los desafíos a los que hay que dar respuesta en casos como este son los siguientes:

i) ¿Qué entidad debe ser, formalmente, la empleadora? Si se debe tener un empleador local y el grupo no está presente en esa jurisdicción, ¿qué alternativas existen?

ii) ¿Las actividades y funciones desarrolladas por la persona son susceptibles de dar lugar a un establecimiento permanente? ¿Se puede limitar ese riesgo de alguna manera?

iii) En el supuesto de que la persona esté en nómina de una entidad local, pero preste sus servicios para otra entidad, ¿qué metodología de precios de transferencia debería emplearse para compensar los costes del empleado? ¿Cuál es el impacto para el grupo, en imposición directa e indirecta?

iv) ¿Dónde surgen obligaciones de retención? ¿Pueden estar duplicadas?

v) ¿En qué país debe cotizar el empleado en la seguridad social?

Todas estas preguntas acaban, necesariamente, en un análisis pormenorizado del caso, multiplicándose las obligaciones de cumplimiento de las empresas, tanto en la fase de diseño como en la posterior fase de ejecución. Ante esto se establecen, en la medida de lo posible, procedimientos que compatibilicen la flexibilidad y el correcto cumplimiento de las obligaciones, y que pasan por establecer qué categoría de empleado puede acceder a estos esquemas, qué actividades deben restringirse en estos supuestos o, incluso, países permitidos y no, de manera que, por ejemplo, sólo se pueda contar con personas desplazadas cuando el grupo tenga presencia en el lugar de residencia.

En cualquiera de los casos, los costes administrativos y de gestión son muy elevados, al no existir una manera homogénea de enfrentarse a estas cuestiones en los distintos países.

Así, los sistemas tributarios, en general conservadores, han establecido esquemas de retención en la fuente. Tal es el caso de España, donde para poder cesar dichas retenciones se hace necesario contar con un certificado de residencia fiscal en el extranjero, o un certificado expedido por la Administración Tributaria que acredite la posibilidad de aplicar la retención como no residente a las rentas abonadas a sus trabajadores.

En la medida en que en el país de destino se genere una obligación de tributación, bien mensual (a través del pago de retenciones o pagos personales a la Administración), o a través de la declaración final del Impuesto sobre la Renta de las Personas Físicas, nos encontramos en numerosas ocasiones en situaciones por las que la renta del trabajo de una persona puede llegar a estar gravada en dos Estados al mismo tiempo.

En estas ocasiones, y en tanto el desplazamiento se realice por orden del empleador, la empresa se ve obligada a facilitar a las personas desplazadas una solución para esta doble imposición, ya sea de forma temporal o permanente. Puede darse el caso en que se realicen los pagos en destino directamente por el empleador, o que se realicen anticipos personales, siendo necesario firmar acuerdos para la devolución de las cantidades anticipadas, y asumir los costes derivados de la potencial retribución en especie que esto genere. Y en tales casos, puesto que las devoluciones de retenciones se realizan generalmente al contribuyente, se hace necesario realizar un seguimiento personalizado para recuperar dichos anticipos.

Algunas jurisdicciones, como Reino Unido o Hong Kong, son particularmente complejas, pues a las dificultades aquí comentadas se añade el hecho de considerar años fiscales distintos.

Igualmente, las administraciones están incrementando las actuaciones de comprobación en cuanto a las deducciones por doble imposición aplicadas en las declaraciones de nuestras personas en movilidad. Ello genera un incremento en los honorarios de los proveedores que facilitan los servicios fiscales para asegurar el cumplimiento de sus obligaciones en ambos países, así como el coste adicional de las traducciones que generalmente se solicitan junto con la documentación soporte, amén de los retrasos que eso provoca en las devoluciones de impuestos.

Sería deseable que las administraciones tributarias buscasen mecanismos que ayudasen a las empresas a paliar estas situaciones tan costosas, y a poder actuar en un marco de mayor seguridad jurídica. En este sentido, algunas jurisdicciones permiten ya reducir los impuestos pagados o retenidos a la hora de hacer el cálculo de las retenciones a abonar en el país de origen, lo que permite el cobro de los impuestos debidos por cada Estado, minimizando muchas de las problemáticas aquí expuestas.

En España, la aplicación del artículo 7.p) de la Ley del Impuesto sobre la Renta ha servido para paliar este impacto en algunos supuestos específicos, pero únicamente sirve para determinados casos; y no podemos olvidar que el requisito de "en beneficio de la entidad en el extranjero" está sujeto a prueba y posible interpretación, por lo que todavía son muchas las empresas que no tienen los medios ni garantías suficientes para su aplicación en sede de retenciones.

También podría establecerse un proceso más sencillo de comprobación de deducciones, tipificando algunos mínimos que, aportando una determinada documentación soporte, facilitase la verificación, generando así una mayor eficiencia en la administración a la par que más seguridad y rapidez para los contribuyentes.

Por otra parte, estas nuevas realidades en la movilidad internacional coexisten con las situaciones más tradicionales, donde el empleado sí está vinculado a una única jurisdicción en un momento determinado, pero desarrolla su vida laboral a través de posiciones internacionales consecutivas, pudiendo impactar en aquellas retribuciones devengadas a lo largo de más de un año.

Sirvan de ejemplo los planes de incentivos como las opciones sobre acciones o bonos basados en el rendimiento, herramienta clave en la compensación de muchos empleados, especialmente en multinacionales. En aquellos casos en los que estos incentivos se otorgan en un país y la persona posteriormente se traslada a otro para trabajar, y finalmente cobra el beneficio en un tercer país, la situación fiscal se vuelve extremadamente compleja.

Para analizar adecuadamente la situación, podemos dividir los planes de incentivos en tres etapas principales: concesión, consolidación o vesting y cobro. Cada una de estas etapas puede estar sujeta a distintos tratamientos fiscales dependiendo del país en el que la persona se encuentre en ese momento.

Cuando se produce un cambio de residencia fiscal entre el momento de la concesión y el del cobro del incentivo, diferentes jurisdicciones pueden tener el derecho a gravar diferentes fases del plan.

Suele ser común que en el país donde se conceden los incentivos, no se considere que exista renta tributable hasta el momento de su consolidación o cobro, en la medida en que, hasta ese momento, solo existe una simple expectativa y no un derecho firme. Sin perjuicio de esta regla general, algunos países pueden gravar la concesión de las opciones sobre acciones si se consideran parte del salario ordinario, aunque este enfoque es menos común.

Cuando la persona se traslada a un segundo país antes de que el derecho al incentivo se consolide, el primer país podría reclamar el derecho a gravar parte o la totalidad del incentivo que corresponda al período en que el trabajador estuvo residiendo o trabajando allí, pudiendo, en algún caso, aplicar sus propias reglas sobre el reconocimiento de ingresos en relación con los planes de incentivos. Así, cabe la posibilidad de que el país donde la persona ha residido durante la consolidación del incentivo reclame la capacidad de gravar una parte proporcional del mismo basado en el tiempo trabajado en su territorio.

Finalmente, cuando se cobre finalmente el incentivo, por ejemplo, ejerciendo las opciones de compra de acciones o recibiendo un bono en efectivo, en caso de residir en un tercer país, ese tercer país también podría gravar el beneficio recibido. A menudo, los países gravan los ingresos obtenidos mientras la persona es residente fiscal, por obligación personal y sobre la renta mundial, incluso si esos ingresos están vinculados a trabajo realizado en otro país.

Además, el tercer país puede tener reglas fiscales específicas sobre la forma en que se gravan los planes de incentivos, por ejemplo, cómo se valora el ingreso a efectos fiscales (valor de las acciones en el momento de la consolidación frente al momento del ejercicio) o si permite aplicar alguna exención o crédito fiscal por los impuestos pagados en otros países.

El principal riesgo en estas circunstancias es el que los mismos ingresos sean gravados en más de una jurisdicción, cuestión que se puede llegar a mitigar, aunque en ocasiones no eliminar, entre otras razones, por la duración en el tiempo de los planes, con los mecanismos para evitar la doble imposición contemplados en la legislación de muchos países, tanto a través de un crédito fiscal en el país de residencia por los impuestos pagados en otros países (más habitual) como de una exención (mucho menos frecuente).

Para finalizar con este tema, la participación de diversos países en el gravamen de estos planes de incentivos tiene otras consideraciones como puede ser la determinación de su valor (para la que se sigan métodos distintos según la jurisdicción) o incluso los incentivos fiscales disponibles, que pueden ser diferentes y, por tanto, provocar asimetrías en el tratamiento fiscal de los mismos para los beneficiarios.

Hemos sido testigo de cambios en las legislaciones locales, que introducen nuevos esquemas de tributación para atraer a profesionales cualificados, y que ayudan a paliar situaciones como las descritas en relación con los planes de incentivos a largo plazo. Si bien también es cierto que estamos viendo algunos retrocesos en este tipo de políticas, como ha sido el caso de la eliminación del régimen especial de tributación en Portugal.

Podríamos decir que la realidad legal es muy compleja, que lo es, y que los países deben revisar bien los impactos económicos y sociales que dichos cambios regulatorios para adaptar estas situaciones tendrían, que lo tienen que hacer. Pero la realidad es que ese cambio se dio ya en el pasado cuando, a raíz del confinamiento obligatorio en la mayoría de los países del mundo, los estados tuvieron una mayor flexibilización, cediendo sus potestades tributarias en favor de otro estado, para facilitar el cumplimiento de las obligaciones fiscales que sobrevinieron en un periodo razonablemente largo en el tiempo.

En un mundo totalmente global y en el que las empresas desean poder dar flexibilidad a sus trabajadores, a la par que atender las necesidades empresariales de forma rápida, se hace necesario esa adaptación de las legislaciones fiscales de una forma más ágil, que permita cumplir con las obligaciones fiscales de una forma más ágil y sencilla, y bajo un entorno claro de seguridad jurídica tanto para la empresa como para los empleados. Esperamos que los avances tecnológicos, el mayor intercambio de información entre los países, y los cambios sociales que se están produciendo, ayuden en este propósito.

FISCALIDAD DE LA MOVILIDAD INTERNACIONAL E IMPACTO EN LAS COMPAÑÍAS

IÑAKI HERNÁNDEZ RIVAS
Head of International Mobility
NTT Data Europe & LATAM

Las compañías con presencia internacional, en concreto las áreas de Movilidad Internacional que gestionan los desplazamientos de los profesionales, se enfrentan a continuos retos para intentar alinear la estrategia de negocio, con el marco normativo y el contexto socio cultural y político, inmerso en una dinámica constante de cambios, muchos de ellos sobrevenidos, que normalmente provocan desde planes de acción proteccionistas con los mercados laborales locales a políticas de atracción de talento con medidas migratorias y fiscales más beneficiosas.

La pandemia, por ejemplo, ha acelerado cambios que hubieran sucedido en décadas, dando lugar a nuevos requerimientos y necesidades de nuestros profesionales, como el teletrabajo internacional, a los que las empresas hemos tenido que adaptarnos, generando posicionamientos que garanticen conciliación entre vida personal y profesional, garantizando el cumplimiento normativo para evitar riesgos a nivel compañía y empleado.

Entre los ámbitos de compliance asociados a la Movilidad Internacional, el de mayor impacto a nivel de complejidad, dificultad de gestión y previsión de costes, es la fiscalidad internacional.

La fiscalidad internacional, marca las obligaciones tributarias tanto en origen como en destino, normalmente con marcos regulatorios comunes a través de convenios de doble imposición, pero sin dejar de lado la interpretación de normativas locales a tal efecto.

La inclusión de una política fiscal adecuada en los programas de Movilidad Internacional, puede apoyar al cumplimiento de los objetivos que deben regir estas políticas, tales como, equidad interna, competitividad externa, engagement y riesgo cero.

1. Ecualización fiscal

Si bien es cierto que existen varios sistemas que una empresa puede elegir para establecer su política fiscal, es el denominado sistema de *Ecualización Fiscal* el más comúnmente utilizado.

El principal objetivo de la ecualización fiscal es garantizar la retribución neta del empleado, con independencia de su origen y destino, asumiendo la compañía tanto las cargas fiscales derivadas, como la gestión de los procesos asociados.

Es el método preferente porque mantiene el nivel impositivo del profesional, como si no se hubiera desplazado, evitando que la fiscalidad sea considerada como un elemento remunerativo o una motivación para aceptar la asignación.

De esta manera, se consigue un equilibrio interno y se evita la tentación de elegir destinos fiscalmente más atractivos a nivel personal, que pueden no estar alineados con las necesidades estratégicas corporativas.

Por otro lado, es el sistema que mejor permite monitorizar el cumplimiento normativo, a través de la gestión directa de los procesos fiscales por parte de la compañía, lo que reduce en gran medida el riesgo económico y reputacional.

Sin embargo, como punto menos favorable de una política de ecualización fiscal, se encuentra la complejidad para que sea fácilmente entendible por los profesionales, así como la cargabilidad que implica para los equipos de Movilidad Internacional que, en función del grado de control y flexibilidad que elijan, requerirá desde un equipo de profesionales experto, hasta sistemas y tecnologías que soporten los procesos.

La fiscalidad, que de por sí es un proceso arduo para el ciudadano de a pie, incrementa su complejidad cuando entran en juegos dos, o incluso 3 países, en los que cuadrar residencias fiscales, retenciones, gestión de campañas de renta o créditos fiscales.

En el momento actual, la propuesta de valor de un área de Movilidad Internacional debe velar por garantizar el marco normativo externo e interno, tener procesos ágiles y eficientes y mejorar la experiencia de los profesionales, todo ello alineado con la estrategia de la compañía.

Si trasladamos estos aspectos a los procesos fiscales, requiere que las compañías tengan que contar con proveedores expertos en la materia, con protocolos detallados para aquellos procesos que queden internalizados y por supuesto con un conocimiento suficiente para dar respuesta a su cliente interno en dos planos, la unidad de negocio y el propio profesional.

Si bajáramos al detalle, y pasáramos una lupa por los procesos de la ecualización fiscal, podemos diferenciar entre procesos que van destinados al cumplimiento de la legislación y aquellos destinados al cumplimiento de políticas internas, estos últimos principalmente relacionadas con la retribución neta a garantizar.

Los primeros cumplen el objetivo legal, y la necesidad de no tener riesgos legales, económicos o reputacionales, los segundos son más sensibles a nivel del profesional, ya que están relacionados con la compensación y por tanto puede afectar más a la experiencia del empleado y, en caso extremo, incluso al éxito de la asignación internacional.

En función de las necesidades, las compañías pueden externalizar en un proveedor experto todo el servicio fiscal, o bien sólo aquellos procesos en los que no se tiene el expertise ni la red suficiente como para realizarlos por sí misma, tales como elaboración y preparación de las declaraciones de renta, cálculo de retenciones mensuales o elaboración de la reconciliación fiscal.

2. Procesos fiscales asociados al ciclo de vida de la asignación internacional

Después de esta visión general, para entender el impacto de los procesos de ecualización fiscal y cómo las áreas que los gestionan en las compañías pueden afrontarlas, resulta bastante útil asociarlos al ciclo de vida de la asignación internacional, atendiendo a la clásica división temporal de los desplazamientos: antes, durante y después.

1. Inicio de la Asignación Internacional

i) Análisis de viabilidad y planificación fiscal

Antes de que se produzca el desplazamiento, es donde cobra más importancia el rol que tienen las áreas de Movilidad como asesores de sus unidades de negocio, de cara a planificar la estrategia de los movimientos, siendo los responsables de garantizar la viabilidad, anticiparse a los riesgos y sobre todo facilitar estimaciones de costes lo más precisas posible.

En un mundo ideal, las solicitudes de movilidad tendrían que ser informadas a las áreas expertas con antelación suficiente, para poder realizar estos análisis, ya que es clave planificar los movimientos acordes a las necesidades de compliance y por supuesto, tener en cuenta todos los costes asociados, donde el componente fiscal tiene un peso fundamental, y es muy recomendable realizar estimaciones de cara a tarificar correctamente las propuestas. De no hacerlo la rentabilidad, de los proyectos o del negocio, puede verse afectada.

ii) Compartir la información de forma transparente con las áreas de Negocio, explicándoles con coherencia la operativa asociada a los procesos fiscales y en qué momento se producen, es muy importante de cara a que entiendan la complejidad de cuadrar la tributación en dos países y, por tanto que los costes fiscales derivados pueden producirse incluso después de que el desplazamiento haya finalizado.

Con lo anterior se consiguen dos objetivos fundamentales. En primer lugar, gestionar las expectativas de nuestras áreas de negocio desde el inicio, lo que evita malentendidos futuros, y en segundo lugar, cambiar la concepción que históricamente se tenía de las áreas de Movilidad Internacional, pasando de ser vistos como áreas administrativas y generadoras de costes, a asesores de confianza con un espíritu previsor y ejecutivo.

iii) Establecer una calendarización de los procesos, al inicio de los ejercicios fiscales, es fundamental para los gestores de un área de Movilidad Internacional, de cara a cumplir deadline legales y poder explicar a los profesionales los diferentes hitos en los que se requiere su proactividad y colaboración.

Sin embargo, también es muy importante a nivel de conocer cuándo se pueden producir picos de trabajo y poder gestionar la capacidad del equipo durante el año.

iv) Hoja de Balance

Si hablamos de los instrumentos clave que soportan los procesos de ecualización fiscal en esta fase previa, tenemos que hablar de la Hoja de Balance.

Por definición, la Hoja de Balance se utiliza para garantizar al empleado la carga fiscal o el impuesto hipotético que le corresponde asumir, de acuerdo a la normativa vigente del país de origen y en base a sus circunstancias personales. Es decir, es la herramienta a través de la cual se le garantiza la retribución neta al empleado.

Los conceptos incluidos en una Hoja de Balance, no son fijos, sino que varían a lo largo de una asignación internacional, bien por cambios normativos que afecten al tipo de retención aplicado, bien por cambios retributivos asociados a las políticas de compensación de la compañía, o bien por cambios en los complementos asociados a la asignación.

El grado de revisiones o recálculos de la Hoja de Balance, es una decisión que se tienen que plantear las Compañías y debe tener en cuenta dos variables: la flexibilidad y la complejidad de gestión. Cuanto más flexible quiera ser la Compañía, de cara a ajustar más el cálculo, recogiendo los posibles cambios retributivos o normativos, más complejidad de gestión conlleva. No hay un posicionamiento mejor o peor, sino decisiones adecuadas a la cultura y capacidades de cada empresa.

2. Durante la Asignación Internacional

En el “durante” es donde se producen los procesos recurrentes que se van a dar durante todo el tiempo que dure el desplazamiento, como son el cálculo, procesamiento y pago de las retenciones mensuales, las campañas de renta y la reconciliación fiscal con el empleado (comúnmente llamada “Paralela”).

(i) Obligaciones mensuales

El cálculo de retenciones mensuales es un proceso clave de la ecualización fiscal, ya que es el mecanismo mensual para garantizar el neto al empleado en cuanto a rentas de trabajo se refiere e ingresar el impuesto correcto en las Haciendas locales. No es un proceso sencillo, ya que se requiere un cálculo en origen para garantizar el neto, y otro en destino para elevar el importe al íntegro y calcular la base a declarar.

Además entran otras variables en juego, como las legislaciones locales que hay que conocer, y que marcan las obligaciones laborales y de nómina, y su impacto en la fiscalidad.

Si bien el proceso de retenciones mensuales es una obligación de la compañía, las campañas de renta, son una obligación personal del empleado.

(ii) Campaña de renta

Sin entrar a detallar los procesos de campaña de renta, ya que todos estamos familiarizados con ella, todo se complejiza más al entrar en juego dos o incluso en algunas ocasiones tres jurisdicciones.

Cuanto más se ajusten las retenciones mensuales, menos ajustes se producirán en campaña de renta y más linealizado entrará el coste fiscal, evitando así imputaciones de costes de forma anual difíciles de cuantificar y prever y que pueden producir un efecto financiero bastante importante en las unidades de negocio que soportan el coste.

La situación perfecta sería que las distintas legislaciones de los países unificaran criterios fiscales de residencia, obligaciones en materia de retención, exenciones aplicables e incluso plazos de pago. Por no decir, que el uso de la tecnología podría permitir intercambios de información entre las administraciones que hicieran la vida más fácil en estos procesos.

Dado que lógicamente no nos encontramos en ese escenario, es imprescindible contar con asesores externos expertos, que cuenten con el conocimiento y la red suficiente como para dar servicio a las multinacionales que mueven su fuerza de trabajo en volúmenes importantes.

(iii) Reconciliación Fiscal

No podemos terminar esta reflexión, sin mencionar el proceso de la reconciliación fiscal de la compañía con el empleado, también conocido como "*Paralela*" en muchas organizaciones.

La Paralela es una simulación de la declaración de renta del empleado, bajo el supuesto de que no hubiera estado desplazado, considerando su situación personal, en base a deducciones que no hayan podido ser aplicadas y la compañía quiera considerar en su política, y donde también se ajustan los defectos de retención que hayan podido producirse durante el ejercicio fiscal en cuestión.

Es por tanto, un ejercicio que puede resultar en una devolución de la compañía al empleado o viceversa.

Todo el beneficio que reporta garantizando la equidad interna para todo el colectivo de Movilidad Internacional, lo tiene de punto de discusión, sobre todo cuando el resultado arroja una devolución a favor de la compañía.

Por ello, es muy importante que se explique en las entrevistas de inicio de asignación con el profesional, tanto del propio área de Movilidad Internacional como de los asesores, el proceso y el potencial resultado final, y por supuesto, generar espacios en el momento en cuestión para dar las explicaciones necesarias a nuestros empleados.

3. Fin de la Asignación Internacional

Una vez que finaliza la asignación internacional es necesario poner en marcha los procesos de gestión de altas y bajas en las administraciones tributarias locales dentro de los plazos marcados a tal efecto.

Estos, aunque no sean procesos complejos sino mucho más transaccionales desde un punto de vista de gestión, no deben ser minusvalorados, en tanto en cuanto, de no ser formalizados, pueden tener implicaciones sobre el estatus fiscal de nuestros profesionales con el potencial mantenimiento de la consideración de residentes fiscales en los países de destino, aunque no estén presentes físicamente allí, y todas las implicaciones que eso conlleva (tributación por renta mundial).

Es muy importante también tener en consideración que, algunos de los procesos fiscales del último año de asignación internacional, como por ejemplo las campañas de renta o la reconciliación fiscal, van a producirse en el año calendario siguiente una vez que el profesional ya ha retornado a origen.

Por ello, es clave que las áreas de Movilidad Internacional actúen con antelación suficiente y en coordinación con el asesor fiscal, en tres planos diferentes:

i) primero, coordinar con el proveedor de servicios fiscales la necesidad de nombrarles representantes en caso de que se requiera y sea legalmente posible, para actuar en nombre de los profesionales una vez hayan salido del país.

ii) segundo, gestionar con el profesional la necesidad de mantener cuentas bancarias abiertas ante potenciales devoluciones de las Haciendas locales y,

iii) en tercer lugar, gestionar expectativas de las unidades de negocio antes costes fiscales que pueden producirse una vez finalizada la asignación.

Por último, desde un punto de vista más estratégico, cabe la posibilidad de planificar fiscalmente el fin de las asignaciones internacionales y establecer la fecha de vuelta en aquellos momentos temporales más beneficiosos tanto para la compañía como para el propio profesional.

Esto requiere un ejercicio de coste oportunidad en función del posicionamiento que se quiera tomar respecto a este punto, ya que si se quiere mantener una equidad interna, la planificación fiscal debería hacerse cada vez que un profesional retorne con independencia del origen o categoría profesional, lo que implicaría añadir un nuevo servicio al catálogo de las áreas de movilidad internacional, así como un asesoramiento externo especializado que permita definir los pasos a seguir en cada fin de asignación.

3. Reflexión final

Las claves del éxito de una política de Movilidad Internacional, y por ende de la política de ecualización fiscal, radican en mitigar los riesgos y mejorar la experiencia del profesional y de las unidades de negocio que tienen que percibir que cuentan con un soporte de expertos que le dan tranquilidad y confianza. Para ello es necesario:

i) ser transparente compartiendo la información.

ii) realizar una correcta gestión de expectativas desde el inicio de la asignación.

iii) contar con procesos claros y eficientes tanto internos como con los asesores externos.

Para ello, en la Movilidad Internacional del futuro, la tecnología tiene que jugar un papel fundamental, pasando de ser un facilitador de la gestión, a un elemento disruptivo que cuestione la forma habitual de hacer las cosas. Esto tiene grandes sinergias en los procesos fiscales que como hemos comentado anteriormente son los de mayor complejidad e impacto en costes.

El futuro de la movilidad internacional estará profundamente influenciado por los avances tecnológicos, la globalización y la creciente complejidad de los procesos fiscales. Las áreas que gestionan la movilidad internacional, experimentarán una transformación significativa, caracterizada por una mayor automatización y personalización.

Los gobiernos tendrían que implantar sistemas fiscales integrados, reduciendo la complejidad de declarar impuestos en múltiples jurisdicciones, apoyándose en herramientas de inteligencia artificial las cuales podrían identificar automáticamente dónde se deben pagar impuestos, aplicando las legislación vigente y los convenios de doble imposición. Además los países, podrían intercambiar información en tiempo real sobre los contribuyentes en cualquier parte del mundo.

Por tanto, los beneficios de la digitalización, automatización o el uso responsable de la inteligencia artificial, pueden agilizar y eficientar los procesos fiscales. Esto, aplicado al ámbito tanto a nivel de las administraciones, como de los proveedores de servicios y las propias organizaciones, permitiría eficientar tiempos de ejecución, de seguimiento y control y orientar las capacidades y recursos a acciones con más valor añadido desde un punto de vista táctico y estratégico.

Cada vez se hace más necesario contar con un sistema de datos integrado y fiable, que permita extraer análisis objetivos sobre los que tomar decisiones en base a información consolidada, por lo que herramientas basadas en una mejor visualización de datos, con un sistema de reporting potente, redundarían muy positivamente en la capacidad de identificar oportunidades de ahorro en costes, en este caso fiscales, así como de reducción del riesgo con sistemas de monitorización y seguimiento de procesos en tiempo real.

Aunque se ha avanzado mucho en los últimos años, el margen de mejora e innovación es grande. La tecnología debe servir como un potenciador de capacidades para las áreas de Movilidad Internacional que les permita gestionar las asignaciones internacionales mediante reportes en tiempo real, que les proporcione indicadores para la toma de decisiones y que eficiente el flujo de trabajo y monitorización del compliance de forma integral y global.

En conclusión, el futuro de las áreas que gestionan la movilidad internacional estará marcado por una automatización, la integración de procesos fiscales y una cooperación global más estrecha. Las personas experimentarán un movimiento internacional más eficiente y flexible, con un mayor soporte para cumplir con sus obligaciones fiscales a nivel global y más accesible para todos.

FUTURO DE LA FISCALIDAD DEL TRABAJO INTERNACIONAL

JON DÍAZ DE DURANA
Socio, Tax & Legal, Tax
Deloitte

AIDA ORDOÑEZ RIAÑO
Asociada Principal, Tax & Legal, Tax
Deloitte

La práctica del teletrabajo internacional alcanzó su punto álgido durante la emergencia sanitaria mundial de la pandemia de COVID-19. Muchos países decretaron la obligatoriedad del trabajo a distancia en aquellos trabajos en que fuera posible. A partir de entonces, muchos trabajadores y también sus empresas, se dieron cuenta que esta práctica, hasta entonces poco implantada, podría ser una cuestión que valorar; para los trabajadores, mayor flexibilidad y conciliación; para los empleadores, menores costes y mayor oferta de talento a nivel internacional.

Bajo el marco normativo actual donde las reglas de reparto de tributación se fijan, esencialmente, en el lugar físico de presencia de empleadores y trabajadores, son varios los problemas fiscales que puede desencadenar el teletrabajo internacional; tanto para la empresa, como para los empleados que lo practican.

En lo que respecta a los trabajadores, los mismos pueden ser objeto de doble imposición, tanto en el país de residencia fiscal como en el país desde el que desempeñan su trabajo. Además de que la elaboración y presentación de estas declaraciones fiscales supone para los trabajadores el tener que lidiar con distintas Administraciones Tributarias al mismo tiempo, combatir esta doble imposición puede ser un proceso largo y costoso. Asimismo, los empleados podrían sufrir la pérdida de ventajas y créditos fiscales puesto que, en general, este tipo de trabajadores no pueden optar a que se tengan en cuenta sus circunstancias personales y familiares, como así sería en caso de que fueran residentes fiscales en dicha jurisdicción.

Por su parte, para las empresas, el teletrabajo internacional supone en numerosas ocasiones que surjan, de manera involuntaria, riesgos de establecimiento permanente en las distintas jurisdicciones desde las que teletrabajan sus empleados, pudiendo verse la empresa obligada a tributar en la jurisdicción del teletrabajador por parte de los beneficios que sean asignados al trabajo desempeñado por ese teletrabajador en dicha jurisdicción.

Del mismo modo, y dependiendo del rol o posición dentro de la compañía del teletrabajador, dicha empresa podría enfrentarse a conflictos de doble residencia si con el desplazamiento de los teletrabajadores pudiera entenderse, igualmente, que tiene lugar un desplazamiento de la sede de dirección efectiva a la jurisdicción desde la que trabajan.

Resulta evidente, por tanto, que las normas de fiscalidad internacional actual, que gravan las rentas obtenidas por los trabajadores y beneficios de las empresas con base a la presencia física del trabajador, y de la propia empresa, respectivamente, resultan insuficientes y obsoletas para este nuevo y creciente panorama de teletrabajo internacional donde la tecnología es la protagonista.

1. Futuro incierto

Durante la pandemia de COVID-19, la secretaría de la OCDE publicó en 2020, y revisó en 2021, una serie de pautas no vinculantes que los Gobiernos podían adoptar en relación con la situación de excepcionalidad que podían estar viviendo los contribuyentes como consecuencia de la pandemia, y en la que se abordaba la casuística del teletrabajador internacional en contexto de pandemia.

Desde entonces, somos conocedores que la OCDE ha creado un grupo de trabajo para intentar adaptar el marco fiscal internacional a esta nueva realidad ya fuera del ámbito de excepcionalidad de la pandemia. Asimismo, el Comité Económico y Social Europeo ("CESE") ha emitido algunos Dictámenes, a los que luego nos referiremos, para intentar impulsar un nuevo marco de tributación a nivel de la Unión Europea.

No obstante, a fecha de hoy, ninguno de los trabajos iniciados por la OCDE ha trascendido. En lo que respecta a los trabajos del CESE, los mismos no han sido aprobados por la Comisión. Nos encontramos, por tanto, ante un crecimiento exponencial del teletrabajo internacional, regido por normas ancladas a criterios de tributación presencial. De seguir en esta línea, la complejidad de la fiscalidad internacional, ante estos casos, no puede más que aumentar. Las medidas llegan tarde, cuestión habitual en el mundo del derecho, en el que la realidad se mueve más rápido que el legislador.

2. Medidas potenciales

Las medidas transitorias adoptadas por la OCDE y los gobiernos durante el periodo oficial de pandemia, así como los trabajos de opinión elaborados a iniciativa propia por el CESE en 2022 y más recientemente, en 2024, pueden ofrecer algunas pistas de cuáles podrían ser los primeros pasos a la hora de establecer nuevas reglas para la tributación de trabajadores y empresas en el ámbito del teletrabajo internacional.

1. Tributación del empleado en el país de residencia del empleador

La esencia del teletrabajador internacional reside en que el mismo, gracias al uso de medios electrónicos, puede desarrollar el mismo trabajo, pero en la distancia. Cada desplazamiento del trabajador supone el riesgo de tener que tributar en una jurisdicción distinta a la de origen, pero, además, la obligación para el empleador, potencialmente, de tener que retener en todas estas jurisdicciones sobre la remuneración del empleado.

Entiende el CESE, y nosotros compartimos, que puede resultar más sencillo y menos costoso determinar donde se encuentra el empleador, que el trabajador en cada momento. Por ende, y siguiendo el modelo de Convenio OCDE, una opción podría ser conferir la capacidad para gravar los ingresos de los trabajadores al país de residencia del empleador. De este modo, la tributación del trabajador no se vería afectada por la movilidad internacional del mismo.

2. Sistema de ventanilla única

Entiende el CESE que, de acudir a un modelo donde el empleado tribute en el país de residencia del empleador requeriría compensar la pérdida de ingresos del país de residencial del trabajador.

El CESE propone así que las autoridades tributarias puedan dividir los ingresos entre los países basándose en los datos sobre la presencia individual real en los Estados de que se trate (datos que el empleador, actuando como "ventanilla única"–de manera similar al sistema de ventanilla única del IVA–comunica a la autoridad fiscal de su país de residencia) o utilizando algún índice agregado macroeconómico.

3. Revisión del concepto de Establecimiento Permanente para los casos de teletrabajo internacional

El concepto de Establecimiento Permanente ("EP") es un concepto complejo y controvertido. Incluso aquellos países que han seguido la definición del modelo de Convenio de la OCDE tienen sus propias interpretaciones, como es el caso de España. Obviamente, también aquellos países con los que no existe CDI, o bien, han seguido otros modelos.

No obstante, y de forma muy general podemos afirmar que en la mayoría de las jurisdicciones un teletrabajador internacional trabajando desde una jurisdicción distinta a la de residencia fiscal de su empleador podría crear un riesgo de EP de su empleador, bien por la creación de un lugar fijo de negocios en la jurisdicción desde la que teletrabaja, o bien si se entendiese que pudiera estar actuando como un agente dependiente del empleador desde la jurisdicción en la que teletrabaja.

Con respecto a la posibilidad de que el teletrabajador constituya un EP por lugar fijo de negocios, durante el tiempo de pandemia la OCDE se preocupó en establecer guías para valorar si el domicilio de una persona física (modalidad de "home office") podría llegar a constituir un EP de la empresa extranjera. En este sentido, se entiende que el "home office" constituiría un lugar fijo de negocios en caso de que (i) el domicilio se utilice de forma continuada para llevar a cabo actividades empresariales para una empresa, y (ii) que de los hechos y circunstancias se desprenda claramente que la empresa extranjera ha exigido a la persona física que utilice ese lugar para llevar a cabo la actividad empresarial (por ejemplo, no proporcionando una oficina a un empleado en circunstancias en las que la naturaleza del empleo requiere claramente una oficina). A efectos de valorar si la empresa extranjera ha solicitado, o no, al empleado desplazarse a otra jurisdicción a desempeñar su trabajo, entiende la OCDE que resulta necesario valorar las siguientes características: (i) Si el empleado podía haber decidido acudir o no a las oficinas, (ii) si el empleado tiene a su disposición un espacio específico facilitado por su empleador para realizar su trabajo profesional diario y (iii) si la entidad no residente estaría asumiendo los gastos de alquiler, electricidad, internet, material de oficina, etc.

Por tanto, a la luz de las guías emitidas por la OCDE, y asumiendo que las mismas pueden resultar de aplicación tras el periodo oficial de pandemia, el "home office" no debería constituir un EP por lugar fijo de negocios de la empresa extranjera en caso de que pueda concluirse que, pese a que el domicilio se utilice de forma continuada por parte del empleado para llevar a cabo las actividades laborales, la empresa no tiene ningún interés particular en que el empleado trabaje desde otra jurisdicción, no habiendo solicitado la empresa el desplazamiento del empleado, sino que dicho desplazamiento se debe a una motivación personal del propio teletrabajador, no asumiendo la empresa ningún coste extra relativo a dicho desplazamiento, y manteniendo el empleado la capacidad de volver a las oficinas si así lo quisiera el propio empleado.

Las directrices por parte de la OCDE en relación con el riesgo de EP por lugar fijo de negocios para el caso de teletrabajadores internacionales son claras; si bien, existen jurisdicciones de la OCDE que se apartan de esta interpretación.

Bajo nuestro punto de vista sería deseable que, en aras de incrementar la seguridad jurídica, y crear un verdadero marco jurídico único para el teletrabajo internacional, estas interpretaciones de la OCDE sean incluidas como parte del texto de los Convenios de Doble Imposición, sin que dejen margen a la interpretación.

Con independencia de que exista o no un lugar fijo de negocios, también podría existir un EP en la jurisdicción del teletrabajador si pudiera considerarse que la entidad no residente actúa en dicha jurisdicción a través del teletrabajador como agente dependiente. En particular, y siguiendo los comentarios al modelo de Convenio de la OCDE, un EP por agente dependiente surgiría en el contexto del teletrabajo internacional cuando dicho trabajador que actúa en nombre de una empresa extranjera ejerce habitualmente la autoridad para celebrar contratos en nombre de la entidad no residente, incluyendo no solo situaciones en las que el teletrabajador celebra los contratos, literalmente, en nombre de la empresa, sino situaciones en las que el teletrabajador desempeña habitualmente el papel principal que conduce a la celebración de contratos que luego se celebran habitualmente sin modificaciones sustanciales por parte de la entidad no residente.

Bajo esta interpretación, no pensada en origen para situaciones de teletrabajo internacional, existen claramente posiciones dentro de las empresas tales como las de personal de ventas, de dirección de la empresa (CXO), que pudieran desencadenar, con solo su presencia, un riesgo de EP por agente dependiente para su empleador. Ello hace que, en muchos casos, las empresas prohíban expresamente, a determinados perfiles, el teletrabajo internacional, con las consecuencias de pérdida de talento que eso supone, en muchas ocasiones.

Entendemos que resultaría de gran utilidad que la OCDE revisitase la definición de EP por agente dependiente, elaborando comentarios específicos y aclaraciones de esta figura en relación con el teletrabajo internacional. Así, por ejemplo, aquellos trabajadores que hayan solicitado desplazarse a teletrabajar a otra jurisdicción de manera voluntaria, sin que la empresa obtenga ningún tipo beneficio derivado de dicho teletrabajo, deberían quedar excluidos de la definición de EP por agente dependiente en tanto que, al igual que ocurre para el EP por lugar fijo de negocios: (i) el empleado haya solicitado, de manera voluntaria, la modalidad del teletrabajo y (ii) la empresa no obtenga ningún beneficio o ventaja, directa o indirecta, derivada del teletrabajo desempeñado por el trabajador en otra jurisdicción, pudiendo medirse este requisito de manera análoga a los requisitos establecidos por la OCDE para el EP por lugar fijo de negocios anteriormente comentados. Incluso, si se pretende que exista completamente una ausencia de nexo empresarial con la jurisdicción de residencia del teletrabajador, podría incluirse como requisito adicional que el empleado no trabaje en favor de la jurisdicción desde la que teletrabaja; esto es, que no trabaje en favor de clientes, ni llevando asuntos de la jurisdicción desde la que teletrabaja.

Consideramos que estas aclaraciones ayudarían, sin duda, a flexibilizar y establecer unas reglas del juego más claras en materia de teletrabajo internacional.

4. Conflictos de doble residencia

En general, los países gravan a las empresas que han sido constituidas en dicho Estado. No obstante, es habitual que, además de la constitución, el lugar en el que se encuentre la sede de dirección efectiva de la compañía sea desencadenante de la residencia fiscal de una empresa, con independencia del país en el que la misma ha sido constituida.

Cuando determinados puestos directivos y ejecutivos de una compañía se desplazan a teletrabajar a otra jurisdicción, en función del peso de dicho directivo en la compañía, podría considerarse que la sede de dirección efectiva de dicha compañía se desplaza con el teletrabajador. Por tanto, los movimientos de teletrabajadores internacionales con determinado rango podrían desencadenar, igualmente, conflictos de doble residencia para la empresa no residente en la que trabajan.

De nuevo, y debido a esta posible complicación fiscal, muchas empresas no permiten a determinados qué rangos teletrabajar de manera internacional, con la consecuente pérdida, en muchas ocasiones, de talento para las compañías en puestos decisivos, puesto que, precisamente, son los más proclives para desempeñar las funciones en remoto desde cualquier jurisdicción.

En este sentido, se podría proponer que, en aras de fijar la residencia fiscal de una compañía, se tuviese en consideración el hecho, basado en pruebas, de la inquietud e interés personal de dicho directivo, especialmente en los casos en los que no existe un interés específico, ni ventaja directa o indirecta para la empresa por el hecho de que dicho directivo trabaje desde otra jurisdicción, atendiendo, igualmente, y como ya apuntamos anteriormente para el riesgo de EP, la ausencia de nexo entre el negocio y la jurisdicción de teletrabajo.

Por tanto, al futuro le pedimos regulación. Una regulación clara y coordinada entre impuestos. Una regulación armonizada a nivel internacional. En definitiva, una regulación que no limite la realidad de los negocios y que resuelva los problemas prácticos que conlleva el teletrabajo internacional.

IMPACTO ECONÓMICO EN ESPAÑA COMO CONSECUENCIA DE LA IMPATRIACIÓN

ESPAÑA, UN DESTINO ATRACTIVO MOTOR DE LA ECONOMÍA ESPAÑOLA

PATRICIA RUIZ RAMOS
Senior Manager, Strategy, Risk & Transactions, Monitor Deloitte
LAURA CAVERO GUILLÉN
Senior Consultant, Strategy, Risk & Transactions, Monitor Deloitte

1. España como destino clave receptor de movilidad internacional

España cuenta con unos activos estratégicos únicos en términos de infraestructura, oferta integral 360°, posición geográfica, capacidad de inclusión y sanidad que, junto con una serie de facilitadores y servicios clave (e.g. sanidad pública de primer nivel[102], niveles de seguridad altos[103]), le convierten en uno de los países a nivel mundial destacados por una buena calidad de vida (Top 3 mundial en Salud por WEF 2019[104]), y en un destino de preferencia turístico para el extranjero (situado

---

[102] La población califica con un 7,2 sobre 10 la atención hospitalaria y con un 6,2 la primaria. Por otro lado, en 2022 el gasto público per cápita en sanidad en España fue de 2.038 euros por habitante, situándose en el puesto 29 de 192 países evaluados. Fuente: Informe del Servicio Nacional de Salud (SNS) 2022

[103] España pertenece al top-20 de países del mundo con menor número de homicidios por 100 mil habitantes. Fuente: World Development Indicators (2023)

[104] Años de esperanza de vida saludable 72,1 años. The Global Competitiveness Report 2019 World Economic Forum. España tiene la primera posición compartida con otros dos países según el ranking.

en el top-5 de países más visitados del mundo desde 1995[105], y segundo país del mundo en 2019 y 2023, con 85M de turistas este último año[106]).

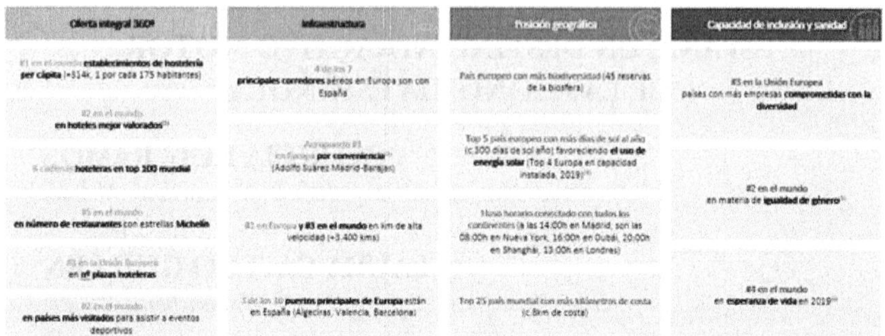

Sin embargo, España tiene margen para seguir capitalizando todo el potencial que ofrecen sus activos estratégicos a la hora de definir una propuesta de valor diferenciada y de alto valor añadido, y sigue mostrando recorrido de mejora en factores necesarios para posicionarse exitosamente como un destino global de referencia para residentes permanentes y temporales. Algunos elementos que podrían impulsar este posicionamiento de España a nivel internacional serían alcanzar una visión holística y coordinada entre sectores, lograr una fiscalidad atractiva para empresas e individuos, fomentar el apoyo legal ágil, la gestión migratoria y homologaciones educativas para atraer a residentes permanentes y temporales desde todas las partes del mundo, y alcanzar cierta estabilidad política (indicadores de estabilidad política y económica peor

[105] Fuente: UNWTO

[106] Fuente: INE

ranqueados que otros países europeos, ocupando la posición 25 de 44 en Europa[107]).

Visualizamos una España futura en la que la propuesta de valor de la oferta evolucione para maximizar la generación de valor transversal y la captación de inversión internacional en la economía española, impulsando el crecimiento de España a medio y largo plazo, y combatiendo los principales retos que enfrenta hoy la economía española:

i) Demografía estancada y envejeciendo: con una población >60 años de c.14M en 2020, que aumentó un 21% vs 2010 y un 48% vs 2000[108].

ii) Baja productividad y falta de competitividad: la falta de competitividad de España se agrava tras retroceder cuatro puestos en el Ranking de Competitividad Mundial (WCR) de 2023[109], que le sitúa en el puesto 40 de los 67 analizados, la peor posición registrada en los últimos diez años.

iii) Mercado laboral con problemas estructurales: la tasa de desempleo en el mercado laboral es 11p.p. superior a lideres europeos y nuestra tasa de desempleo juvenil y de mujeres es la mayor entre los mercados analizados (33% y 16% respectivamente)[110].

---

107 Incluye todos los países europeos (44 países) en base a la clasificación de Naciones Unidas. Se tiene en cuenta la media 2015-2020 de los siguientes indicadores de Worldwide Governance Indicators: Political Stability and Absence of Violence/Terrorism, Control of Corruption, Regulatory Quality y Government Effectiveness. Fuente: World Bank 2015-2020

108 Fuente: INE

109 [6] Fuente: Ranking de Competitividad Mundial (WCR) de 2023 que elabora anualmente el Institute for Management Development (IMD)

110 Fuente: OECD (Average annual wages; Hours Worked; Unemployment rates) de 2019; Mercados analizados: Francia, Alemania, Países Bajos,

iv) Desequilibrio en las finanzas públicas: España cuenta con un alto apalancamiento en deuda (c.108% del PIB en 2023[111]), y con una evolución de ingresos / gastos públicos desequilibrada, creciendo los ingresos por debajo de los gastos.

v) Sostenibilidad y equidad social: la transición hacia una economía verde y justa se presenta como un gran desafío que requiere esfuerzos conjuntos del gobierno, las empresas y la sociedad civil.

Así, se han identificado cinco ejes principales en los que España cuenta con una ventaja competitiva para posicionarse como un referente a nivel global y capitalizar sus activos estratégicos con la captura de residentes permanentes y temporales de alto valor y la inversión directa en infraestructura, servicios y hubs regionales: Jubilados, Teletrabajadores e Impatriados, Estudiantes, Pacientes y Turistas.

A continuación, se plantea una visión de cómo visualizamos a España dentro de unos años, bajo la premisa de que haya sido capaz de apalancar sus principales activos y que haya desarrollado una propuesta de valor ganadora en estos 5 ejes, permitiendo maximizar la atracción, retención y aumento del gasto de ciudadanos internacionales, y consiguiendo así multiplicar el valor generado en el país y crear un polo de atracción de inversión sostenida en el tiempo.

A futuro, el objetivo es crear un escenario donde Jubilados, Teletrabajadores e Impatriados, Estudiantes, Pacientes y Turistas (ocio y negocio) que busquen opciones en el extranjero piensen en España como primer destino global:

Bélgica, Italia, Portugal, Reino Unido y Japón

111 Fuente: Informe Anual Banco de España 2023

2. Vías para impulsar el posicionamiento y crecimiento de España en el largo plazo

2.1. La España del futuro: destino para jubilados

(i) Características demográficas de la población mundial.

Según el informe de Naciones Unidas "*World Population Prospects*" (2019), fenómenos demográficos como el descenso de la natalidad y el aumento de la esperanza de vida, así como la globalización y movilidad internacional, están alterando la estructura de la población presente y futura.

Si tenemos en cuenta las proyecciones de población mayor de 60 años por World Bank, en el periodo 2010-2030E este grupo de edad doblará su volumen, superando los 1.400 millones de personas y suponiendo el c.16% de la población total. La esperanza de vida aumentará hasta los 74 años, en comparación con 68 años en el 2000.

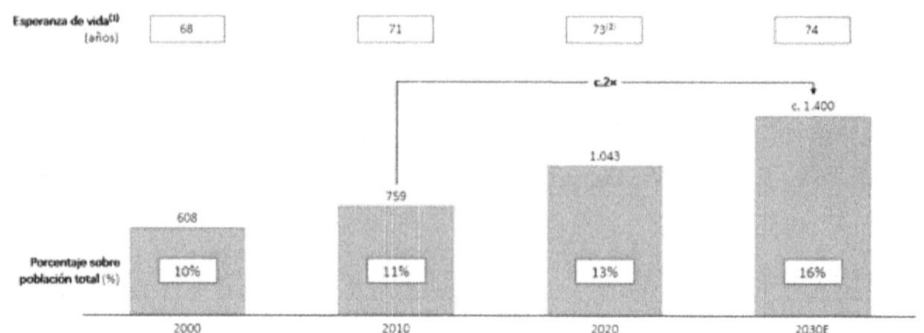

Por otro lado, datos de *United Nations Department of Demographic and Social Affairs* (UNDESA) indican que el número de personas mayores de 60 años que residen en el extranjero ascendió en 2019 a 45,8 millones de personas, siendo Estados Unidos el líder a nivel mundial en volumen, con casi 11 millones de personas extranjeras mayores de 60 años.

España se situó por detrás de países como Alemania, Francia o Reino Unido (ver cuadro 3). Sin embargo, en el futuro que visualizamos, España entrará en el Top 10 con una propuesta de valor redefinida maximizando el atractivo de los activos estratégicos y desarrollando una visión holística multisectorial.

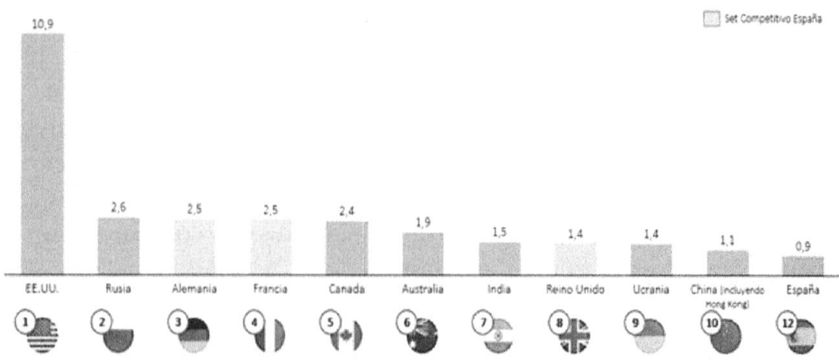

ii) Visión a futuro de España: captar nuevos jubilados internacionales priorizando mercados de alta renta, con buena conexión geográfica y en los que el consumidor priorice el buen clima y ocio

De acuerdo con los datos de población de INE, el número de residentes internacionales mayores de 60 años[112] en el país ha aumentado en un +5,9% CAGR 2010-2019, alcanzando los 883 mil extranjeros, un 5,2% sobre el total de jubilados internacionales en Europa.

Estos jubilados internacionales provienen mayoritariamente de Europa (c.50%), siendo Reino Unido el principal país emisor (c.16%).

La distribución geográfica de los jubilados internacionales no es uniforme en el territorio. Existe una preferencia por zonas costeras principalmente del Mediterráneo (Cataluña, Comunidad Valenciana, Andalucía o Baleares).

Sin embargo, visualizamos que la España del futuro será un país capaz de atraer a la población jubilada de países del Norte de Europa, debido a que cuentan con climas menos cálidos que España, tienen rentas más altas y mayor coste de vida y, dados los atractivos potenciados de España, ésta resultará su primera opción.

---

[112] A partir de los 60-62 años, en mercados clave se puede optar a la jubilación parcial o acceder a la pensión). En Reino Unido, se establece como edad mínima de acceso a la pensión privada con 55 años (House of Commons Library, UK Parliament); en Francia, Italia, Suecia y EE. UU. (European Commission, Social Security US Government), la edad mínima para retirar la pensión es 62 años (con reducciones); en España, se opta a la jubilación parcial con 60 años; en Alemania, la edad mínima de jubilación está en 63 años (European Commission).

Existen una serie de factores estructurales determinantes en la decisión para un jubilado internacional de cambiar de residencia, tales como el clima, el estilo de vida, el sistema sanitario o el coste de vivienda. En base a estos drivers, y teniendo en cuenta el contexto de mercado nacional e internacional, se ha elaborado una matriz de potencial de atracción por país emisor para España.

Dicha matriz analiza dos dimensiones; por un lado, el atractivo de mercado, en base al volumen de población mayor de 60 años en el país emisor y el ingreso medio de esta población; y por otro, la capacidad para ganar, teniendo en cuenta la distancia con España, la conectividad aérea, el volumen de turistas, el coste de vida y la calidad de vida respecto España.

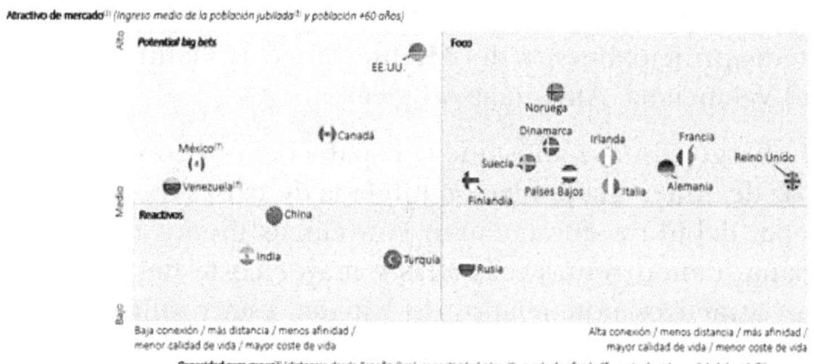

(1) Se ha realizado un filtro previo de países objetivo para el estudio (conjunto inicial de países de base de datos de OCDE Stats y LATAM); (2) Ponderaciones de eje "atractivo de mercado": 75% Mean Disposable income +65 años y 25% valor absoluto de población mayor de 60 años en el país; (3) Media *Disposable income* en euros para rango de edad 65-74 y 75+ años por OCDE (tipo de cambio 0,89 USD EUR - EIU); (3) Ponderaciones de eje "capacidad para ganar": 35% distancia con España, 25% afinidad, 5% conectividad, 25% calidad de vida y 10% calidad de vida; (4) IATA International Air Connectivity Index (2019); (5) Turismo destino España desde el país indicado; (6) Según el ranking de *Expat Insider* 2019, para el factor "Quality of Life"; (7) Se considera la población de Venezuela de ENCOVI fuera de la línea de pobreza (96,2% en 2019) y la población de México *Población no pobre y no vulnerable* según la encuesta de ingresos y condiciones de vida de México 24% (2018, INEGI)
Fuente: INE; OMT; OCDE; World Bank; Euromonitor; IATA (International Air Connectivity Index 2019); páginas web especializadas; Monitor Deloitte

Los resultados obtenidos de la matriz de potencial de atracción de jubilados internacionales señalan como oportunidad foco la población jubilada de países del Norte de Europa. Estos países, con climas menos cálidos que España, rentas más altas y mayor coste de vida se posicionan como objetivo para aumentar el número de residentes retirados de valor en el país.

En 2019, España capturaba el 0,3% del total de 85 millones de jubilados de estos países, que podría aumentar hasta el 1,0% en 2030, suponiendo un potencial aumento de +0,7 millones de jubilados en estos países foco en el país.

Bloque	Países analizados	Población +60 años 2019 [illegible]	% Captura actual [illegible]	Población +60 años 2030(1) [illegible]	Cuota potencial de captura 2030 [illegible]	Impacto España [illegible]
Focus	Noruega, Dinamarca, Finlandia, Reino Unido, Suecia, Irlanda, Alemania, Países Bajos, Francia, Italia	85.880 (8,5%)	293 (0,3%)	c. 102.250 (7,3%)	c. 1.020 (1,0%)	750
Potential Big Bets	EE.UU., Canadá, México(2), Venezuela(2)	86.181 (8,5%)	43 (<0,1%)	c. 110.000 (7,6%)	c. 250 (0,2%)	200
Otros		826.709 (83,0%)	546 (0,1%)	c.1.165.400 (85,0%)	c. 700 (0,1%)	150
TOTAL		**1.012.615 (100%)**	**883 (0,1%)**	**c.1.394.600**	**c. 2.030 (0,1%)**	**1.100**

(1) Proyecciones de población mayor de 60 años por World Bank, estimando a su vez la población internacional jubilada tomando como referencia el último año disponible por United Nations Department of Economic and Social Affairs (2019). (2) Se considera la población de Venezuela de ENCOVI fuera de la línea de pobreza (96,2% en 2019) y la población de México *Población no pobre y no vulnerable* según la encuesta de ingresos y condiciones de vida de México: 24% (2018, INEGI)

Fuente: INE, OMT, OCDE, World Bank, Euromonitor, IATA (International Air Connectivity Index 2019); páginas web especializadas, Monitor Deloitte

2.2. La España del futuro: imán para talento universitario

(i) Población universitaria mundial

La internacionalización de los estudios es una tendencia al alza y cada vez más asentada dentro del sector educativo. No es sorpresa ver cómo prestigiosas universidades abren campuses internacionales o cierran convenios para que los estudiantes puedan estudiar en diferentes geografías, como tampoco es sorpresa ver cada vez más estudiantes internacionales en las aulas.

Se espera que en la próxima década el número de estudiantes internacionales crecerá en c.3 millones de personas[113], con la educación de la población adulta (post-universidad) siendo cada vez más frecuente.

113 Fuente: UNESCO, Eurostat, OCDE, World Bank, Monitor Deloitte

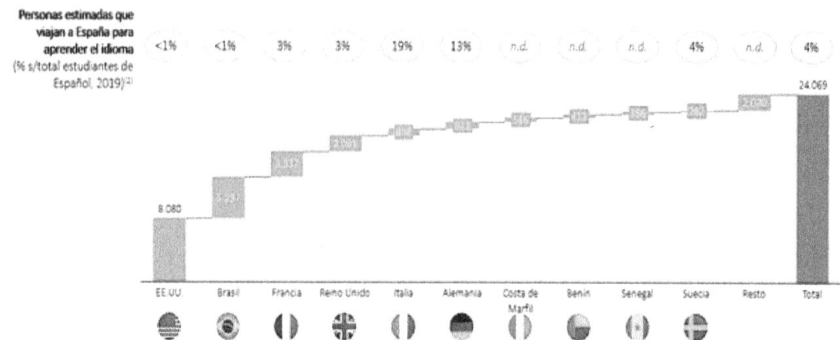

(1) Se incluyen países Europeos y aquellos no europeos citados en el informe de Instituto Cervantes (2021) *El Español: una lengua viva* (solo países con más de 30.000 estudiantes de español en el año de referencia) en el ranking, resto de países en "Resto" (2) El Instituto Cervantes estima que en 2019 cerca de 907.760 personas vinieron a España a estudiar español. Para calcular las distribuciones por países de origen, se han usado los datos del *Informe Sectorial 2019* de FEDELE. Federación Española de Asociaciones de Escuelas de Español para Extranjeros (Total Estudiantes: 138 mil en 2019)
Fuente: Instituto Cervantes; Eurostat (Pupils by education level and modern foreign language studied - absolute numbers and % of pupils by language studied); *Informe Sectorial* (2019) FEDELE; Monitor Deloitte

A nivel mundial, Estados Unidos es el principal destino de estudiantes internacionales con c.1 millón de personas en 2019. En Europa los principales destinos son Reino Unido, Alemania y Francia, todos pertenecientes al Top-10 mundial[10]. España en este caso se encontraría en la decimosexta posición mundial, pero con la oportunidad de redefinir su propuesta de valor y captar nuevos estudiantes internacionales. Se espera que el Brexit pueda acabar teniendo un impacto negativo en el número de estudiantes internacionales del Reino Unido y esto se presenta como una nueva oportunidad para España si genera una propuesta de valor adaptada a las necesidades internacionales.

En el caso de España, se presenta también la oportunidad de captar estudiantes internacionales temporales que quieran aprender el idioma. Actualmente el español es estudiado por más de 24 millones de personas y se calcula que solo el 4% de ellas viajaron a España para aprender el idioma en 2019.

Nuestra visión a futuro es que España captará los estudiantes de Estados Unidos, Canadá, LATAM y principales países europeos, países con coste de vida y educativo superior al de

España y con una calidad educativa comparable, así como una mayor afinidad con España, lo que les posiciona en países objetivo para aumentar el número de estudiantes internacionales en el país.

ii) Visión a futuro de España: captar estudiantes internacionales priorizando mercados de alto gasto en educación, tradición para estudiar fuera, alto grado de afinidad con España y con potencial de mejorar sus estudios

En 2019 España recibió cerca de 80 mil estudiantes internacionales, lo que supone un crecimiento del c.4% CAGR desde el 2019[114]. La mayoría de los estudiantes internacionales provienen de países latinoamericanos o de vecinos europeos como Francia o Italia y se calcula, según ICEX, que los estudiantes internacionales tienen un efecto multiplicador en la economía española de 2,27€.

La mayoría de los estudiantes internacionales que llegan a España lo hacen para estudios de máster y posgrado, si bien es cierto que España cuenta también con un alto atractivo para programas de corta estancia como Erasmus, donde en 2018 fue el país que más estudiantes acogió. Por ejemplo, escuelas de negocio y empresariales en España (e.g. IESE, ESADE, IE) cuentan con un fuerte reconocimiento internacional y alta demanda.

---

114 Fuente: ICEX (2020), OECD, UNESCO, QS Top Universities (2021), prensa y páginas web especializadas, Monitor Deloitte

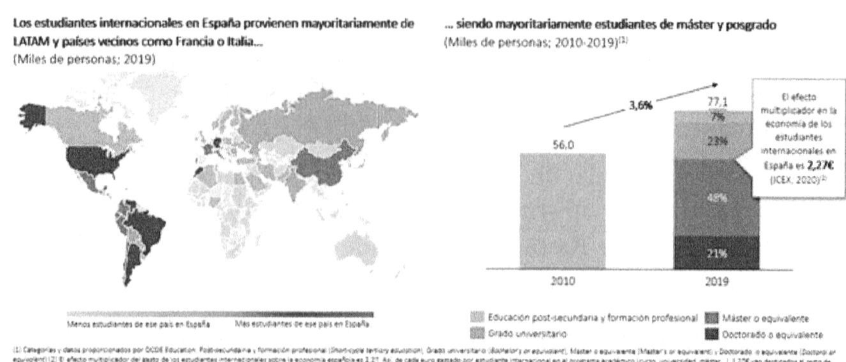

Existen una serie de factores determinantes en la decisión de estudiantes internacionales a la hora de buscar nuevos destinos, tales como el coste de la educación y de vida, idioma y cultura y tradición por acoger estudiantes internacionales. En base a estos drivers, y teniendo en cuenta el contexto de mercado nacional e internacional se ha elaborado una matriz de potencial de atracción por país emisor para España.

Dicha matriz analiza dos dimensiones; por un lado, el atractivo de mercado, en base al coste de educación y de vida y la cantidad de estudiantes internacionales que emiten; y por otro, la capacidad para ganar, teniendo en cuenta la distancia con España, la afinidad cultural y la calidad educativa respecto España.

Los resultados obtenidos de la matriz de potencial de atracción de estudiantes internacionales señalan como oportunidad foco los estudiantes de Estados Unidos, Canadá, LATAM y principales países europeos. Estos países, con coste de vida y educativo superior al de España y con una calidad educativa comparable, así como una mayor afinidad con España, se posicionan como objetivo para aumentar el número de estudiantes internacionales en el país.

En 2019, España capturaba el 4% del total de 0,6 millones de estudiantes internacionales de estos países, que podría aumentar hasta el 12% en 2030, suponiendo un potencial aumento de +0,1 millones de estudiantes internacionales de estos países foco en España.

[illegible]	[illegible]	[illegible]	[illegible]	[illegible]	[illegible]	[illegible]
Focus	EE.UU., Alemania, Francia, Reino Unido, Bélgica, Suiza, Irlanda, Canadá, Noruega, Países Bajos, Dinamarca, Italia, Austria, Chile, México, Suecia, Finlandia	685 (11%)	29 (4%)	c. 1.080 (12%)	c. 130 (12%)	c. 100
Smart Markets	Argentina, Brasil, Colombia, Perú, Ecuador, Uruguay, Portugal	227 (4%)	23 (10%)	c. 370 (4%)	c. 55 (14%)	c. 30
Reactive	Rusia, Polonia	73 (1%)	1 (2%)	c. 110 (2%)	c. 10 (5%)	c. 9
Resto		5.079 (84%)	24 (<1%)	c. 7.600 (83%)	c. 100 (1%)	c. 75
TOTAL		6.064	77 (1%)	c. 9.100	c. 295 (3%)	c. 214

2.3. La España del futuro: *work hard, play hard*

(i) Población mundial de trabajadores extranjeros en España

España es un reclamo importante para trabajadores extranjeros por la calidad de vida y condiciones meteorológicas del país. Actualmente, la población activa con nacionalidad extranjera en España asciende a cerca de 4 millones de personas, lo que supone el 17% del total nacional, mientras que los ocupados extranjeros suponen cerca de 3 millones de trabajadores[115], existiendo una oportunidad de atraer nuevo talento extranjero para ocupar posiciones de grandes multinacionales que se emplacen en nuestro país.

Desde el año 2002 la población española en edad de trabajar se ha reducido en más de un millón de personas mientras que la extranjera ha crecido en 4,2 millones. El incremento de población activa que se ha producido en España en los últimos 5 años se ha debido a la incorporación a la fuerza laboral de personas extranjeras, lo que demuestra el gran efecto que tiene el colectivo sobre las condiciones demográficas y el mercado laboral español.

En cuanto a la distribución de la fuerza laboral extranjera, el 50% se ubica en cinco provincias y el 35% se concentra en solo dos de ellas, Madrid y Barcelona, existiendo una oportunidad para atraer a nuevos trabajadores extranjeros a otras zonas, potenciando el desarrollo económico y social del resto de provincias y diversificando la presencia de trabajadores extranjeros en el país[116].

Además, la ola de teletrabajo como una opción más para el trabajador, que impulsó la pandemia en 2020 de manera forzada y que hoy sigue activa y se espera que se mantenga a futuro, supone un fuerte impulso para que extranjeros puedan

---

115 Fuente: Informe sobre la Integración de la Población Extranjera en el Mercado Laboral Español, Ministerio de Inclusión, Seguridad Social y Migraciones, 2022

116 Fuente: Informe sobre la Integración de la Población Extranjera en el Mercado Laboral Español, Ministerio de Inclusión, Seguridad Social y Migraciones, 2022

escoger España como destino. Cada vez estamos más acostumbrados a ver cómo empresas de todo el mundo implementan políticas de teletrabajo total o modelos híbridos que permitan alternar oficina con trabajo en remoto. Se espera que en 2030 sean unos 650 millones de personas alrededor del mundo las que trabajen en remoto por lo menos 2 días por semana, de las cuales el 10% de ellas podrían hacerlo internacionalmente.

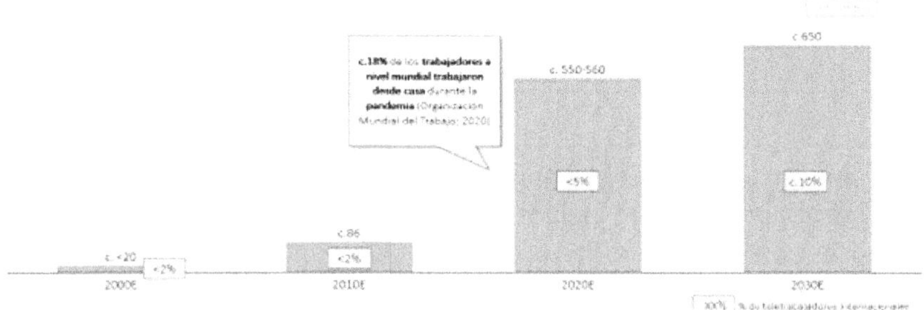

Es evidente que el nivel de teletrabajo puede variar según la profesión del empleado y se calcula que el sector tecnológico es el de mayor potencial de trabajo en remoto con un 60-70% de potencial de teletrabajo, seguido de las actividades financieras y de seguros.

La población ocupada española con trabajos que tienen alto potencial de teletrabajo es cercana al 30%, frente al c.45% de países como el Reino Unido, abriendo así una potencial oportunidad para captar teletrabajadores internacionales en España.

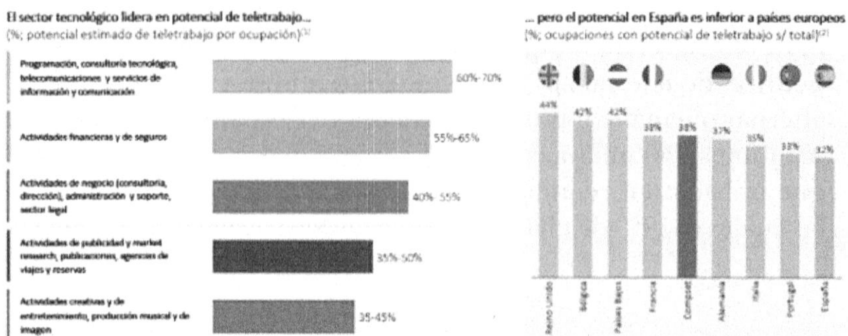

Nuestra visión a futuro es que España captará impatriados y teletrabajadores internacionales de nuestros vecinos europeos, países con coste de vida superiores a España y con un alto porcentaje de empleados con potencial de teletrabajo, que se verán atraídos por la calidad de vida española y las oportunidades en empresas multinacionales.

(ii) Visión a futuro de España: captar trabajadores extranjeros priorizando mercados de alto salario y mayor coste de vida, buena conexión geográfica y con un huso horario compatible con los horarios de trabajo.

Existen una serie de factores determinantes en la decisión de impatriados y teletrabajadores internacionales a la hora de buscar destinos, tales como el coste y calidad de vida, oferta de empleo, infraestructura para el teletrabajo y compatibilidad horaria, entre otros. En base a estos drivers, y teniendo en cuenta el contexto de mercado nacional e internacional, se ha elaborado una matriz de potencial de atracción por país emisor para España.

Dicha matriz analiza dos dimensiones; por un lado, el atractivo de mercado, en base al salario medio anual, el potencial de teletrabajo por profesión, y el coste de vida; y por otro, la capacidad para ganar, teniendo en cuenta la conectividad geográfica, la afinidad con España y la calidad de vida respecto España.

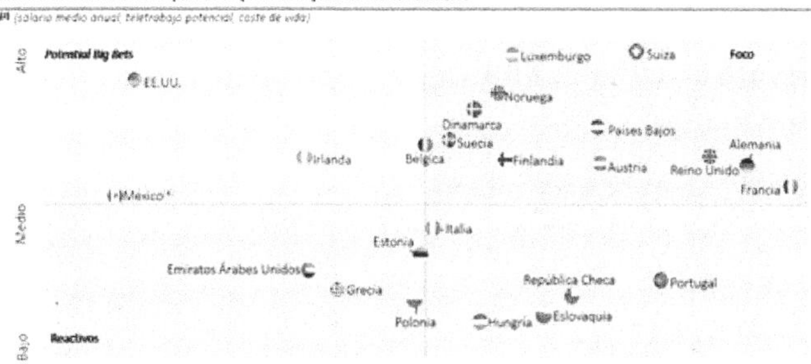

Los resultados obtenidos de la matriz de potencial de atracción de impatriados y teletrabajadores internacionales señalan como oportunidad foco nuestros vecinos europeos. Estos países, con salarios y coste de vida superiores a España, atraídos por la calidad de vida española y con un alto porcentaje de empleados con potencial de teletrabajo, se posicionan como objetivo para aumentar el número de impatriados y teletrabajadores internacionales en el país.

Los trabajadores extranjeros fueron cerca de 3 millones en España en 2023 (14% del mercado laboral), llegando a cifras que no se alcanzaban desde 2008 y suponiendo un incremento del 20% respecto a 2019, año previo a los impactos de la pandemia[117]. Manteniendo un ritmo de crecimiento a doble dígito mediante el fomento del atractivo del país, la atracción de empresas multinacionales y la implementación de políticas públicas que faciliten la integración, la formación y el acceso

[117] Fuente: INE 2019-2023

al mercado laboral, España se consolidará como uno de los destinos más atractivos para el talento extranjero.

Por otro lado, en 2030, España podría optar a captar el 2% de los teletrabajadores internacionales de los países foco, lo que supondría +0,17 millones de teletrabajadores internacionales en España.

[illegible]	Países incluidos	[illegible]	[illegible]
Focus	Luxemburgo, Bélgica, Austria, Suiza, Suecia, Reino Unido, Noruega, Finlandia, Alemania, Dinamarca, Países Bajos, Francia	c. 8.700 (13%)	c. 170 (2,0%)
Potential Big Bets	Irlanda, EE.UU., México[2]	c. 12.900 (19%)	c. 80 (0,7%)
Reactivos y otros	Italia, Hungría, EAU, Eslovaquia, Estonia, Resto mundo, Portugal, Grecia, Rep. Checa, Polonia	c. 43.400 (67%)	c. 80 (0,2%)
	TOTAL perímetro[1]	c. 65.000	**c. 330 (0,5%)**

2.4. La España del futuro: excelencia servicios médicos privados

(i) Servicios médicos privados a nivel mundial

La globalización de los servicios ha sido una tendencia creciente en las últimas décadas, permitiendo la posibilidad de que ciudadanos internacionales viajen a otros destinos, no solo de manera vacacional, sino también para cubrir servicios tan elementales como la salud o el bienestar. La posibilidad de recibir un tratamiento de mejor calidad o precio, o de mayor disponibilidad, es un avance en calidad de vida. Es por ello por lo que el turismo sanitario está cogiendo cada vez más fuerza en mercados con ventajas competitivas, y que diferentes gobiernos estén impulsando políticas de apoyo para ser más atractivos.

En 2019 se estima que alrededor de c.25 millones de personas viajaron a otro país siendo un motivo médico o de bienestar el principal motivo del viaje. La tendencia es creciente y se espera que en 2030 pudieran ser cerca de 70 millones de personas las que lo hagan.

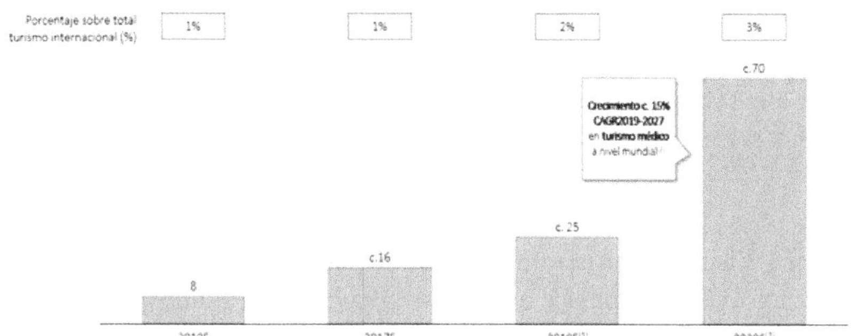

España cuenta con las capacidades necesarias para convertirse en un destino de referencia a nivel mundial del turismo sanitario: reconocido sistema sanitario, costes competitivos, y alta atracción turística. Actualmente España es la decimosexta potencia a nivel mundial en turismo sanitario internacional, por detrás principalmente de mercados asiáticos. Sin embargo, España no debería competir contra estos mercados asiáticos ya que se diferencian sobre todo por precio y no por calidad o innovación. Nuestra visión a futuro del ámbito sanitario en España es que gracias a la apuesta por las inversiones en I+D y la formación tanto a nivel MIR como a nivel de posgrado de especialistas médicos y enfermería, captará países del centro y norte de Europa, con costes médicos superiores a los de España, buena conectividad geográfica y atraídos turísticamente a España, aumentando así el número de turistas sanitarios internacionales en el país.

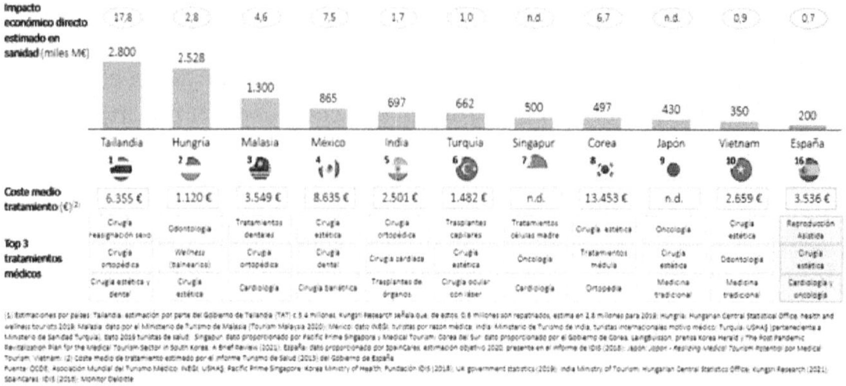

	Tailandia	Hungría	Malasia	México	India	Turquía	Singapur	Corea	Japón	Vietnam	España
(1)	17,8	2,8	4,6	7,5	1,7	1,0	n.d.	6,7	n.d.	0,9	0,7
Impacto económico directo estimado en sanidad (miles M€)	2.800	2.528	1.300	865	697	662	500	497	430	350	200
Ranking	1	2	3	4	5	6	7	8	9	10	16
Coste medio tratamiento (€)[2]	6.355 €	1.120 €	3.549 €	8.635 €	2.501 €	1.482 €	n.d.	13.453 €	n.d.	2.659 €	3.536 €
Top 3 tratamientos médicos	Cirugía reasignación sexo	Odontología	Tratamientos dentales	Cirugía estética	Cirugía ortopédica	Trasplantes capilares	Tratamientos células madre	Cirugía estética	Oncología	Cirugía estética	Reproducción Asistida
	Cirugía ortopédica	Wellness (balnearios)	Cirugía ortopédica	Cirugía dental	Cirugía cardíaca	Cirugía estética	Oncología	Tratamientos médula	Cirugía estética	Odontología	Cirugía estética
	Cirugía estética y dental	Cirugía estética	Cardiología	Cirugía bariátrica	Trasplantes de órganos	Cirugía ocular con láser	Cardiología	Ortopedia	Medicina tradicional	Medicina tradicional	Cardiología y oncología

(1) Estimaciones por países: Tailandia: estimación por parte del Gobierno de Tailandia (TAT) c.5,4 millones, Kungin Research señala que, de estos, 0,6 millones son repatriados, estima en 1,8 millones para 2018; Hungría: Hungarian Central Statistical Office, health and wellness tourists 2018; Malasia: dato por el Ministerio de Turismo de Malasia (Tourism Malaysia 2020); México: dato INEGI, turistas por razón médica; India: Ministerio de Turismo de India, turistas internacionales motivo médico; Turquía: USHAŞ (perteneciente a Ministerio de Sanidad Turquía), dato 2019 turistas de salud; Singapur: dato proporcionado por Pacific Prime Singapore y Medical Tourism; Corea del Sur: dato proporcionado por el Gobierno de Corea, Laingbuisson, prensa Korea Herald y The Post Pandemic Revitalization Plan for the Medical Tourism Sector in South Korea: A Brief Review (2021); España: dato proporcionado por Spaincares, estimación objetivo 2020 presente en el informe de IDIS (2018); Japón: Japan - Realizing Medical Tourism Potential por Medical Tourism; Vietnam: (2) Coste medio de tratamiento estimado por el informe Turismo de Salud (2013) del Gobierno de España

Fuente: OCDE; Asociación Mundial del Turismo Médico; INEGI; USHAŞ; Pacific Prime Singapore; Korea Ministry of Health; Fundación IDIS (2018); UK government statistics (2019); India Ministry of Tourism; Hungarian Central Statistics Office; Kungin Research (2021); Spaincares; IDIS (2018); Monitor Deloitte

(ii) Visión a futuro de España: captar turistas sanitarios internacionales de países europeos con costes médicos superiores y con buena conexión geográfica (e.g. poca distancia, vuelos internacionales).

Existen una serie de factores determinantes en la decisión de turistas sanitarios a la hora de buscar nuevos destinos, tales como el coste de los tratamientos, calidad sanitaria y conectividad geográfica. En base a estos drivers, y teniendo en cuenta el contexto de mercado nacional e internacional, se ha elaborado una matriz de potencial de atracción por país emisor para España.

Dicha matriz analiza dos dimensiones; por un lado, el atractivo de mercado, en base al gasto medio en salud y coste por tratamiento y número de casos en tratamientos en los que España cuenta con una ventaja competitiva; y por otro, la capacidad para ganar, teniendo en cuenta la conectividad geográfica y la afinidad con España.

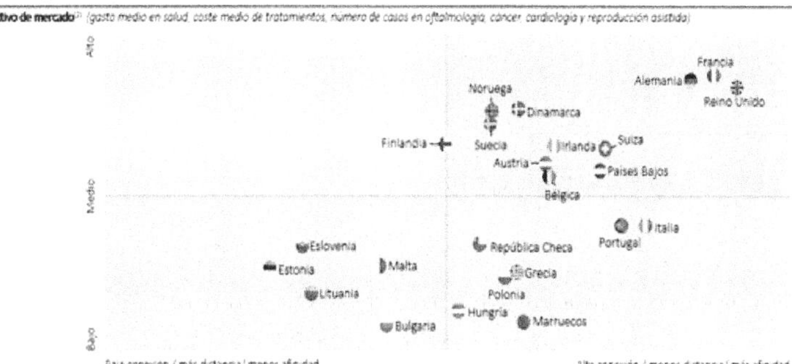

Los resultados obtenidos de la matriz de potencial de atracción de turismo sanitario internacional señalan como oportunidad foco países del centro y norte de Europa. Estos países, con costes médicos superiores a los de España, buena conectividad geográfica y atraídos turísticamente a España, se posicionan como objetivo para aumentar el número de turistas sanitarios internacionales en el país.

En 2030, España podría optar a captar el 6% de turistas sanitarios internacionales de los países foco (frente al c.5% de 2019) lo que supondría +0,6 millones de turistas sanitarios internacionales en España.

Bloque	Países incluidos	Turistas de salud 2019E (miles de personas; % s/total 2019E)[1]	% Captura actual (miles de personas; % total 2019E)[2]	Turistas de salud 2030E (miles de personas; % s/total 2030E)[3]	Cuota potencial de captura 2030E (miles de pers.; %)	Impacto España 2030E-2019E (miles de personas)
Focus	Francia, Reino Unido, Alemania, Suiza, Irlanda, Países Bajos, Austria, Bélgica, Dinamarca, Noruega, Suecia, Finlandia	c. 4.000 (17%)	c. 180 (5%)	c. 12.000 (17%)	c. 660 (6%)	c.550
Opportunistic	Portugal, Italia, Rep. Checa, Grecia, Polonia, Hungría, Marruecos	c. 1.200 (5%)	c. 10 (1%)	c. 3.000 (5%)	c.70 (2%)	c.60
Reactive	Eslovenia, Malta, Estonia, Lituania, Bulgaria	c. 250 (<1%)	c. 1 (<1%%)	c. 500 (<1%)	c.8 (1%)	c.7
Otros		c. 20.000 (c.80%)	7 (<0,1%)	c. 55.000 (c.80%)	c.35 (<0,2%)	c.80
		c. 25.000	**c. 200**	**c. 70.500**	**c. 900 (1,3%)**	**c.700**

(1) Dato de Reino Unido según informe Outword Medical Tourism (2016) 10.2% sobre total turismo en 2016. Para Francia, se usa el dato publicado por ISO (c.198 mil turistas). Para el resto de países, se usa el porcentaje de turistas sanitarios estimados sobre turismo total (c. 1,6%). (2) Cuotas de Captura en base al informe "Turismo de Salud en España" (2013) por el Gobierno de España. El resto (12,6%) se ha distribuido de forma proporcional a la llegada de turistas en España en 2019. (3) Se mantiene el porcentaje de turistas sanitarios a nivel mundial de 2019 estimado y se aplican a la estimación de Allied Market Research de 2030E

Fuente: Outword Medical Tourism (Gobierno Reino Unido, 2016); Turismo de Salud en España (2013); Health Tourism, Medical Tourism: Global Opportunity Analysis and Industry Forecast, 2021-2027 (Allied Research, 2020); FRONTUR (INE); Outbound Tourism UNWTO; Monitor Deloitte

2.5. La España del futuro: turismo de calidad

(i) Turismo mundial

El futuro del turismo mundial se vio amenazado en 2020 con el impacto de la pandemia, sin embargo, la reactivación turística estaba ya al 86% en 2023 vs 2019. Se espera que en 2040 el turismo internacional llegue a los 2.400 millones de personas frente a los 1.460 millones en 2019.

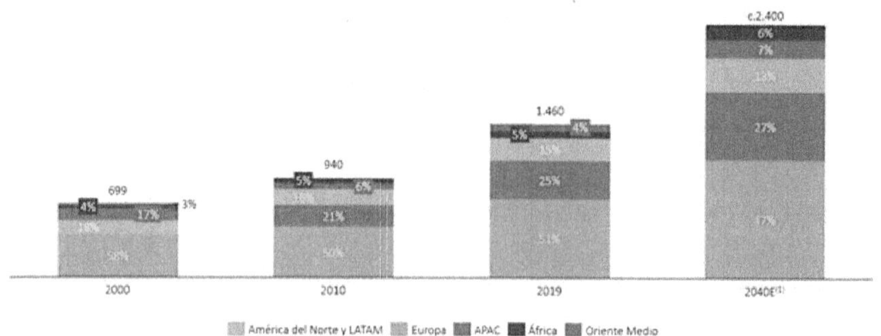

(1) Estimación en base a informe "NextGen Travellers and Destinations", realizado por Deloitte y Google en 4Q 2023-1Q 2024
Fuente: Inbound Tourism Country Profiles UNWTO (World); Monitor Deloitte

La reactivación de los destinos turísticos pasa también por definir nuevos enfoques y estrategias que permitan ofrecer una propuesta de valor diferenciada que apueste por la personalización y la sostenibilidad con el objetivo de recibir un turismo de calidad y maximizar el impacto en la economía del país. Y es que, en el pasado, países como España han apostado por un crecimiento acelerado en volumen, pero perdiendo gasto medio por turista a costa de una propuesta percibida de menor valor.

Volumen

Evolución de número de turistas recibidos por país (millones de turistas: 2010-2019)

2010	País	Turistas	2019	País	Turistas	Var. %
1	Francia	76,6	1	Francia	89,3[2]	
2	EE.UU.	60,0	2	España	83,5	c.+60%
3	China	55,7	3	EE.UU.	79,3	
4	España	52,7	4	China	65,7	
5	Italia	43,6	5	Italia	64,5	
6	Turquía	31,4	6	Turquía	51,2	
7	Reino Unido	28,9	7	México	45,0	
8	Alemania	26,9	8	Tailandia	39,9	
9	Malasia	24,6	9	Alemania	39,6	
10	México	23,3	10	Reino Unido	39,4	
	Total	423,6		Total	597,4	

Gasto por turista

Evolución del gasto medio de turistas recibidos por país durante estancia[3] (€, 2010-2019)

2010	País	Gasto	2019	País	Gasto	Var. %
2	EE.UU.	1.940	3	EE.UU.	2.242	
8	Alemania	1.296	1	Francia	n.d.	
3	China[5]	1.197	8	Tailandia	1.340	
7	Reino Unido	1.100	10	Reino Unido	1.195	
4	España	998	4	China[5]	1.145	
5	Italia	794	9	Alemania	1.062	
9	Malasia	658	2	España	852	c.-15%
1	Francia	656	5	Italia	687	
6	Turquía	643	6	Turquía	521	
10	México	460	7	México	488	
	Media ponderada[4]	1.025		Media ponderada	1.164	

Si hubiésemos mantenido el gasto medio de 2010 con el número de turistas de 2019 el gasto sería de + c. 12.000 M€ (vs escenario actual)

(1) Según la definición de turista de la Organización Mundial del Turismo, solo se consideran turistas a aquellos visitantes que pernoctan en el país destino. (2) Último dato disponible a 2018 por UNWTO. (3) Dato por UNWTO, inbound receipts per arrival (USD) 2010-2019, según Inbound Tourism Country Profiles – UNWTO 2010-2018. Dato base de la Balanza de Pagos (Banco de España), no tiene en cuenta transporte internacional. Tipo de cambio fijo a 0,89 USD/EUR (2019) por Economist Intelligence Unit. (4) Media ponderada por el volumen anual de turistas internacionales. (5) Incluye la media entre las regiones de China mainland, Hong Kong, Taiwán y Macao.
Fuente: World Tourism Organization (UNWTO); Monitor Deloitte

España, a pesar de ser un líder mundial turístico (situado en el top-5 de países más visitados del mundo desde 1995, y segundo país del mundo en 2019 y 2023, con 85M de turistas este último año), sigue enfrentándose a tres desafíos principales que dificultan el crecimiento sostenible del sector en el país: Alta estacionalidad del turismo, Concentración en destinos mediterráneos, y Mix desequilibrado en favor del turismo vacacional.

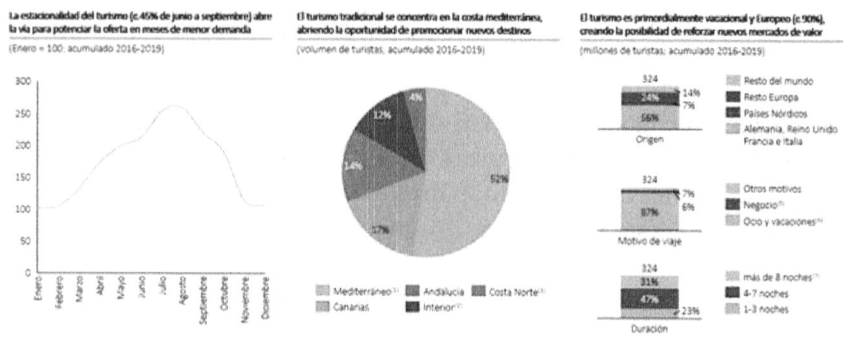

A futuro, visualizamos que España ponga foco en tres palancas principales para ayudar a mitigar el impacto de estos desafíos. La primera es intensificar la estrategia de atracción de mercados lejanos y de alto gasto por turista como el asiático, la segunda, potenciar la organización del sector MICE, fomentando la organización de eventos de primer nivel mundial, y la tercera, potenciar de forma efectiva el turismo internacional cultural, gastronómico y sostenible para acercar al turista a nuevos destinos dentro de España (e.g. zona interior).

(ii) Visión a futuro de España: intensificar la captación de turismo de alto gasto, potenciar el turismo MICE de alto nivel y promover el turismo cultural, gastronómico y sostenible en zonas interiores de España

El turista asiático ha tenido un fuerte crecimiento en España en los últimos años, pero sigue mostrando preferencia por otros mercados europeos como el francés o el británico (por cada turista del Este de Asia que viajó a España en 2018, 2,4 viajaron a Francia, 1,7 a Reino Unido y 1,5 a Alemania). Además, el turista asiático se caracteriza por tener un poder adquisitivo medio-alto, que viaja durante todo el año y que muestra alto interés en cultura, gastronomía y consumo de lujo.

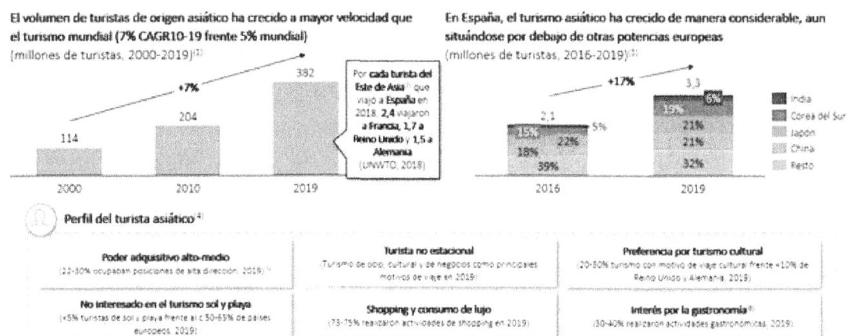

Por otro lado, España se encuentra en el Top-5 mundial en número de congresos internacionales, siendo tanto Barcelona como Madrid ciudades de referencia internacional en el sector MICE. Sin embargo, de los 20 principales eventos de negocio a nivel mundial, España solo organiza el Mobile World Congress, abriéndose una oportunidad para reforzar su liderazgo en la categoría con la organización de eventos de primer nivel que no solo tengan un fuerte impacto económico sino también intangible en valor de marca España.

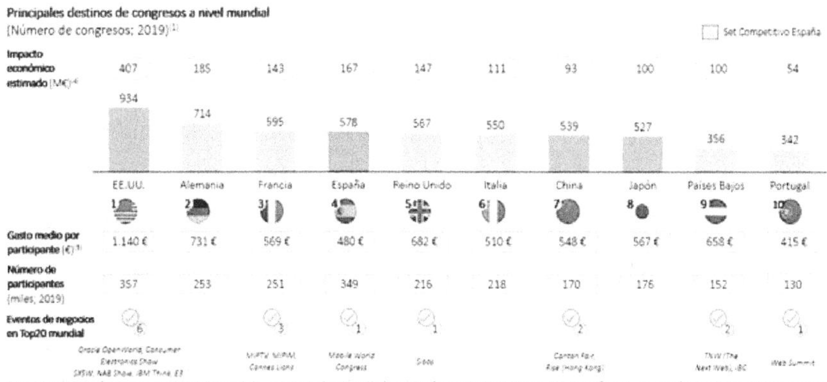

Por último, pese a que España tiene una oferta turística variada y diversa, a nivel internacional se muestra predominantemente una imagen de "sol y playa", dejando atrás zonas de interior que también son ricas en cultura, naturaleza y gastronomía. Y es que, en 2019, cerca del 65% de los turistas escogieron como destino principal uno costero, en parte causado por el predominio del viaje vacacional en meses de verano. Esta alta estacionalidad y dependencia del turismo "sol y playa" tiene un impacto directo en el empleo temporal y es que, según Hosteltur, cerca del 30% de los empleos generados en el sector en el año 2021 fueron de carácter temporal (vs c.25% antes de la pandemia).

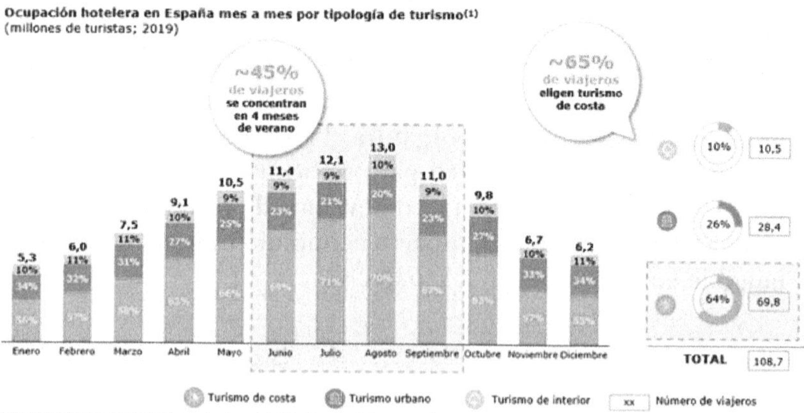

(1) Para la tipología de turismo se ha categorizado cada provincia de España en función de sus características en turismo de costa (Islas Baleares, St. Cruz de Tenerife, Cádiz), urbano (Madrid, Sevilla, Bilbao) o interior (Huesca, Segovia, Álava). Incluye viajeros internacionales y nacionales

Fuente: INE; Monitor Deloitte

3. Nuestra visión del posicionamiento de España a futuro: referente global en movilidad internacional

Nuestra visión del posicionamiento de España a futuro es que la redefinición de la propuesta de valor de la oferta y el fomento de la cooperación multisectorial, así como la visión holística a largo plazo, permitirá maximizar la generación de valor transversal y la captación de inversión internacional.

En concreto, creemos que la visión a futuro de España pivota sobre cinco principios básicos:

i) Promover un cambio de paradigma que potencie la generación de valor sostenible (valor económico, laboral, e intangible).

ii) Definir una propuesta de valor que esté apalancada en los activos estratégicos de España.

iii) Maximizar la colaboración entre sectores (incluido Sector Público) mediante alianzas y bloques de trabajo conjunto.

iv) Afrontar las oportunidades estratégicas con una visión holística, considerando el largo plazo, y con una mentalidad pragmática e innovadora.

v) Desarrollar un Plan concreto y medible que dé respuesta a los retos socioeconómicos y que sea adaptable a las oportunidades y disrupciones que se presenten.

Siguiendo estos principios y apalancando la ventaja competitiva con la que cuenta España, el escenario futuro que visualizamos para España es uno donde Jubilados, Teletrabajadores e Impatriados, Estudiantes, Pacientes y Turistas (ocio y negocio) que busquen opciones en el extranjero piensen en España como primer destino global, convirtiéndose en referente mundial y capturando residentes permanentes y temporales de alto valor e inversión internacional directa en infraestructura y servicios.

LA MOVILIDAD INTERNACIONAL DEL TALENTO DIGITAL-EMPRESAS VIRTUALES, NÓMADAS Y HUBS DIGITALES

ALBERTO SANZ SERRANO
Director de Financiación y Relaciones con Inversores
ICEX

1. Introducción

Aunque parezca ya un tópico señalarlo, la pandemia del Covid-19 precipitó profundos cambios en la organización empresarial. Obligó a muchas empresas a adoptar el teletrabajo y a la prestación digital de todo tipo de servicios, favoreciendo con ello el paso de un modelo basado en la coincidencia física a otro en el que las actividades económicas, laborales, comerciales y financieras se prestan a distancia sin interacción física. Esta radical transformación ha sido asumida de manera natural por los consumidores y por los trabajadores *nativos digitales* que se incorporan actualmente al mercado de trabajo.

El proceso de digitalización viene acompañado de nuevos fenómenos como la proliferación de empresas puramente virtuales, el aumento de los nómadas digitales y la creación de hubs digitales, tres fenómenos que se alimentan de la escasez de talento digital y la rápida transformación tecnológica. Nos interesa aquí preguntarnos sobre el talento digital necesario para alimentar esta transformación, las nuevas formas de movilidad internacional y la función y organización de los hub*s digitales.* Constataremos cómo España se está posicionando como un polo de atracción del talento digital internacional en sus diferentes modalidades y reflexionaremos, por último, sobre los retos que plantean estos nuevos fenómenos.

2. Talento escaso

El proceso de digitalización de la sociedad, con su vertiginosa superposición de tecnologías, genera una elevada rotación de perfiles tecnológicos especializados, una presión sobre los salarios y una creciente exigencia de flexibilidad en las condiciones de trabajo. Eurostat (2024) estima que en la UE solo un 13% de las grandes empresas (de más de 250 empleados) no tienen dificultades en encontrar personal informático especializado. Para cubrir estas necesidades, las empresas están recurriendo a proveedores externos que operan desde cualquier parte del mundo, así como a la formación interna y a cursos especializados de corta duración (*bootcamps*) que han superado a los estudios oficiales como forma principal de capacitación técnica. La contratación de personal con formación reglada es muy costosa, si bien resulta fundamental para garantizar la correcta integración de sistemas y para la prospección de nuevas tecnologías clave para el negocio.

Es cierto que la escasez del talento tecnológico parece haberse moderado en estos dos últimos años, tras el fin de la hiperabundancia de crédito que alimentaba al sector tecnológico, pero en su conjunto, la falta de perfiles digitales sigue siendo muy superior a la de otras profesiones.

Ahora bien, la propia digitalización abre nuevas vías para cubrir las vacantes; por un lado, empresas y trabajadores recurren a plataformas digitales, incluidas las redes sociales y al uso de la inteligencia artificial para casar oferta y demanda de personal cualificado, con acceso a información altamente detallada y mecanismos digitales de búsqueda y verificación cada vez más fiables. Por otro, el teletrabajo facilita enormemente la contratación de personal desde cualquier lugar del mundo.

3. Empresas virtuales

En este contexto, muchas empresas tecnológicas digitales ofrecen sus servicios exclusivamente *online*, desligados de cualquier referencia física, más allá de la adscripción legal, societaria o registral. Las plataformas SaaS, la interacción a través de apps y redes sociales, así como el recurso a la nube y a las aplicaciones de trabajo online les permiten prescindir prácticamente de cualquier tipo de referencia geográfica e instalación física. Más aún, resulta casi imposible descubrir desde dónde opera la empresa, si no es por alguna referencia en el *aviso legal* o por la procedencia del equipo directivo. La rapidísima proliferación de dominios .ia e .io entre empresas tecnológicas refleja su interés por sustituir cualquier referencia física por conceptos tecnológicos.[118]

En las empresas virtuales el uso de oficinas y almacenes se limita al mínimo imprescindible, a menudo mediante plataformas compartidas. El núcleo del negocio, el producto digital, queda en mano de desarrolladores digitales que operan desde cualquier ubicación, organizados en equipos de trabajo de gran flexibilidad, con escasa interacción física, bajo modelos de remuneración a caballo entre lo laboral y lo mercantil, ligados a la consecución de tareas y a la obtención de objetivos globales. El trabajador de la empresa virtual es, por naturaleza, un teletrabajador.

Todo ello plantea numerosas cuestiones sobre cómo aplicar la normativa laboral, mercantil o fiscal. A su vez, la escasa interacción física entre los equipos plantea graves problemas

---

[118] El dominio .ai, es original de la isla de Anguila en el Caribe se emplea actualmente para referirse a la inteligencia artificial. Por su parte, el dominio .io, estaba originariamente asociado al territorio británico del Océano Índico, pero entre la comunidad digital hace referencia a *input-output*.

organizativos; el modelo funciona de forma adecuada mientras la empresa está centrada en el desarrollo tecnológico; sin embargo, a medida que crece, los socios fundadores deben dar prioridad a otras tareas tales como la redefinición del modelo de negocio, las alianzas con terceros, la financiación, el cumplimiento normativo y la cohesión de los equipos. En particular, las empresas virtuales precisan, a partir de un tamaño, generar modelos de trabajo que cohesionen los equipos en un ambiente de colaboración creativa en el que puedan surgir nuevas ideas y proyectos.

4. Nómadas digitales

La proliferación de empresas virtuales y la extensión del teletrabajo a muchos sectores ha alimentado en estos últimos años el número de nómadas digitales. Es cierto que ya desde hace décadas muchos trabajadores prestaban servicios a distancia, pero el *nomadismo digital* eclosionó a raíz de la pandemia, en particular en EE.UU., impulsado inicialmente por el movimiento de la *gran renuncia*[119]. Cuatro años después de la pandemia, el número de nómadas digitales sigue en aumento en todo el mundo y ya puede considerarse como un estilo de vida propio de muchos profesionales del mundo digital. Se trata de trabajadores que prestan servicios por cuenta propia o ajena desde cualquier ubicación que pueden cambiar en función de sus circunstancias personales. El nómada digital buscar optimizar el uso de su tiempo y evitar desplazamientos rutinarios. Elige su lugar de residencia según le resulta de interés por el coste

---

[119] La *gran renuncia* es el fenómeno social que surge en EEUU después de la pandemia entre empleados que renunciaron de manera masiva a sus puestos de trabajo. Se liga a los nuevos modelos de organización empresarial, las nuevas tendencias de conciliación de la vida profesional y familiar.

de vida, las facilidades de ocio, culturales o las posibilidades de conciliación con cualquier otra actividad que desee realizar. Las empresas que emplean a nómadas digitales, por su parte, ven reducidos sus costes fijos y previenen la excesiva rotación del personal tecnológico.

Lamentablemente, no contamos con estadísticas oficiales sobre el número de nómadas digitales. Las estimaciones de diferentes portales de internet oscilan entre los 25 y los 80 millones en todo el mundo. MBO Partners (2024) [120] estima que, solo en EE.UU., existen 18 millones de nómadas digitales y que su número sigue creciendo a un ritmo del 4% anual en 2023-2024.

También el portal nomads.com (2024), que ofrece diferentes servicios a nómadas digitales, ha elaborado una estimación a partir de encuestas a sus suscriptores. Estima que el número de nómadas digitales en todo el mundo asciende a 80 millones, un cálculo que no queda debidamente documentada desde el punto de vista metodológico. Sí resulta más fiable la descomposición porcentual que ofrece sobre la procedencia y los destinos preferidos por los nómadas digitales, que se recoge en la tabla 1. Calcula que el 45% de los nómadas digitales de todo el mundo proceden de EE.UU., mientras que España es el segundo país más visitado por los nómadas digitales, después del propio EE.UU., seguido, de cerca, por Tailandia. Estima este estudio que algo más de la mitad del total de nómadas digitales en todo el mundo trabajan por cuenta ajena, si bien este porcentaje se reduce cuando nos fijamos exclusivamente en los nómadas digitales internacionales.

---

120 La estimación de MBO Partners (2024) se basa 6.526 entrevistas de campo, con resultados extrapolados al conjunto de la población de EE.UU.

Tabla 1 **Nómadas digitales** **Nacionalidad y destinos más visitados**					
Nacionalidad			Destinos más visitados		
#	**País**	%	#	**País**	%
1	EE.UU.	45%	**1**	EE.UU.	14%
2	R. Unido	7%	**2**	España	5%
3	Rusia	5%	**3**	Tailandia	5%
4	Canadá	5%	**4**	R. Unido	4%
5	Alemania	4%	**5**	Alemania	4%
6	Francia	3%	**6**	México	4%
7	Brasil	2%	**7**	Francia	3%
8	Australia	2%	**8**	Italia	3%
9	PP.BB	2%	**9**	Portugal	3%
10	España	2%	**10**	Indonesia	2%
11	India	1%	**11**	Brasil	2%
12	Ucrania	1%	**12**	Canadá	2%
Fuente: NOMADS.com *State of Digital Nomads 2024. (2024)*					

Para el caso de España, no contamos con estudios fiables sobre el número de nómadas digitales a pesar del interés que debería generar el fenómeno, por lo que hemos de recurrir a estimaciones muy básicas realizadas por portales de búsqueda de vivienda o espacios de trabajo compartido.[121] Los proveedores online Visa Guide Index (2024) y Planet-Nomad (2024) sitúan a España como el destino preferido para los nómadas digitales mientras que la plataforma Flatio (2024) de búsqueda de pisos, indica que España sería el tercer destino preferido en el mundo para los nómadas digitales, después de Portugal y Tailandia. En estas páginas web es habitual la mención a destinos como Málaga, Canarias, Valencia, Alicante, Madrid, Barcelona, entre otros. Otros estudios valoran el atractivo de

[121] Los resultados de estos estudios están basados en encuestas a suscriptores, lo que puede incorporar un sesgo según la procedencia de los usuarios de cada portal.

las diferentes ubicaciones, no mediante encuestas a usuarios, sino en función de los factores clave para la atracción del talento tecnológico como las infraestructuras digitales, la calidad y coste de la vida, la disponibilidad de alojamiento, etc. En estos rankings (GZS 2002; Nordlayer 2023) también figura España como uno de los destinos que ofrece mejores condiciones para los nómadas digitales.

España cuenta con una modalidad de visado específica para nómadas digitales a raíz de la *Ley de Startups* de 2022[122]. Esta modalidad se añade a otras previamente existentes, que ya se venían utilizando en situaciones de teletrabajo como es la autorización para trabajo por cuenta propia o la de desplazamiento intraempresarial. Ahora bien, el nuevo visado de nómadas digitales permite trabajar tanto por cuenta ajena como propia y faculta, además, para realizar actividades por cuenta propia con empresas españolas, hasta un 20% del total de actividad desarrollada en España.

La propia Ley de Startups introdujo un cambio tributario de gran interés para trabajadores procedentes del exterior, que también es de aplicación a los nómadas digitales. La norma rebajar los límites temporales para acogerse a la *Ley Beckham.* Así los nómadas digitales que operan en España pueden acogerse a la *Ley Beckham* si no han residido en España en los últimos 5 años y tributar durante cinco años al tipo del 24% del Impuesto sobre la Renta de No Residentes (para los primeros 600.000 euros de base imponible) y no a la tarifa progresiva del IRPF.

---

122 Formalmente denominado "autorización para teletrabajadores de carácter internacional", según la definición del artículo 74 bis de la Ley 14/2013, de 27 de septiembre, de apoyo a los emprendedores y su internacionalización. Este artículo fue introducido por la Ley 28/2022, de 21 de diciembre, de fomento del ecosistema de las empresas emergentes.

Medio centenar de países han introducido ya visados específicamente diseñados para nómadas digitales. Entre los pioneros, muchas islas del Caribe, que introdujeron elevados umbrales de renta para su concesión. Otros muchos países cuentan con modalidades genéricas que permiten cubrir situaciones de teletrabajo. En cualquier caso, todos los países de nuestro entorno establecen condiciones similares en cuanto al tipo de trabajo que se puede realizar, requisitos de cobertura sanitaria, así como una justificación de medios de subsistencia.

La mayor o menor facilidad de obtención del visado se deriva básicamente de los plazos necesarios para su tramitación, del tiempo de estancia permitido, del coste de cobertura sanitaria y del umbral para acreditar suficientes medios de subsistencia.

En España, por ejemplo, el umbral de renta mínima para el permiso de "teletrabajadores internacionales" se fija en una Instrucción Técnica de 2023 (conjunta de Asuntos Consulares y Migraciones) que establece el requisito de contar con medios mensuales por importe del doble del Salario Mínimo Interprofesional (lo que supondría estar en posesión de 31.752 €).

Portugal cuenta también con un visado específico para nómadas digitales desde 2022. Para obtenerlo se requiere demostrar en los últimos cuatro meses una media de ingresos mensuales de al menos 3,280 €. Por su parte, Francia y Alemania no cuentan con un visado específico para nómadas digitales, pero sí disponen de otras modalidades de visado que dan cabida a los teletrabajadores. En Francia, por ejemplo, el visado para ejercer profesiones liberales exige demostrar medios de subsistencia de al menos el salario mínimo (1.766 *12=21.203 € para un permiso de un año); en Alemania, al solicitante de visado no se le fija una cuantía exacta para subsistencia, pero sí los conceptos que debe cubrir (entre otros, como singularidad, los mayores de 45 años también han de contar con un plan de pensiones o similar).

Desgraciadamente, en España todavía no se han publicado estadísticas que nos permitan conocer cuántos visados de nómadas digitales se han tramitado o concedido desde su introducción a principios de 2023[123].

Dada la novedad del fenómeno y su difícil control, es probable que existan numerosos nómadas digitales en España que no sean captados por ningún tipo de registro porque accedan como turistas, trabajen en remoto, pero no lleguen a solicitar ningún permiso de trabajo, ni a realizar comunicación alguna a las autoridades fiscales o de la seguridad social.

La novedad del fenómeno también está generando dificultades para la aplicación de los convenios bilaterales de seguridad social. Resulta llamativo, por ejemplo, que EE.UU. no considere que el convenio bilateral de Seguridad Social con España cubra a los nómadas digitales, al entender que no son equiparables al personal desplazado. Esta interpretación supone un desincentivo a declarar la situación de teletrabajo de estos teletrabajadores pues, de hacerlo, dejarían de estar cubiertos por el sistema en origen y deberían ser comunicados a la seguridad social en destino, algo a lo que genera reticencias. El caso es significativo, dada la importancia de EEUU como *emisor* internacional de nómadas digitales.

---

123 Los datos recogidos por el Observatorio Permanente de la Inmigración, el Ministerio de Asuntos Exteriores o la Unidad de Grandes Empresas y Colectivos Estratégicos de la Secretaría de Estado de Migraciones, no reflejan el número de visados de nómadas digitales tramitados en España. En mayo de 2024, el portal de noticias público.es publicaba que en los diez primeros meses de la aplicación de la Ley de Startups se habían concedido 7.368 permisos de nómadas digitales, incluyendo familiares. Este dato no ha podido ser contrastado. https://www.publico.es/viajes/nomadas-digitales-espana-ya-es-el-tercer-pais-preferido-del-mundo/

5. Hubs digitales

Entremos por último a analizar un fenómeno adicional ligado a la movilidad internacional del talento digital, como es del hub digital. Estos hub*s* de empresas internacionales son muy diversos en cuanto a su alcance y contenido, pero comparten la dificultad de encontrar profesionales altamente cualificados.

¿Qué lleva a una empresa a abrir un hub digital separado de su sede? ¿Por qué no se prestan estos servicios directamente desde la matriz o se contratan con terceros en el mercado? Existen numerosas consultoras digitales especializadas que podrían realizar estos desarrollos digitales incluso desde ubicaciones más económicas.

Pues bien, cabe pensar que la creación de hubs digitales responde a la necesidad de desarrollar internamente servicios digitales de alto valor estratégico que no pueden delegarse en terceros. Se trata de explorar nuevas tecnologías, trasladar estas soluciones al negocio y, a la vez, minimizar el riesgo de rotación del personal tecnológico.

Por estos motivos, el emplazamiento del hub digital resulta clave para atraer talento. Se priorizan ubicaciones bien conectadas internacionalmente, con amplia oferta de actividades de ocio, culturales y educativas. De alguna manera, la empresa busca ofrecer a los trabajadores del hub unas condiciones de vida similares a las que buscan los nómadas digitales.

También resulta fundamental que el hub digital se organice de tal manera que fomente la interacción entre trabajadores de diversas procedencias y perfiles muy diversos, marcados todos ellos por un alto nivel de capacitación tecnológica. Los hubs digitales han de ser referencias tecnológicas para la compañía matriz, en sus respectivas áreas de competencia. Deben estar abiertos a las necesidades de toda la compañía; su valor como hub se incrementa en la medida en que sirvan para cubrir retos de cualquier área de la compañía. Es habitual, además, que los hubs digitales convivan con otros hubs digitales de la misma compañía, aunque con especializaciones diferentes.

No menos importantes son las condiciones laborales. Los hubs digitales de grandes empresas han de ofrecer remuneraciones competitivas para el talento local y con una adecuada combinación entre salario, coste de la vida y calidad de vida han de atraer también al internacional, incluso del personal ya contratado en otras sedes. Los hubs digitales son así organizaciones pensadas desde su origen para integrar plantillas de numerosas procedencias.

No se dispone de datos que permitan estudiar de manera sistemática el fenómeno de los hub*s digitales* en España. Pero una gran proliferación de noticias nos indica que estamos ante un fenómeno en auge en el que España cuenta con un especial atractivo. A modo de ejemplo, el cuadro 1 recoge titulares de apertura de nuevos hubs digitales en España.

Cuadro 1 **Ejemplos de anuncios de nuevos hubs digitales de empresas internacionales**
Mercedes-Benz abrirá en la calle Larios de Málaga una oficina tecnológica con 60 trabajadores El nuevo centro se inaugura el próximo 4 de julio. Esta nueva oficina desarrollará trabajos ligados a la innovación, el big data, la ciberseguridad, la inteligencia artificial o las finanzas. Málaga Hoy, 24 junio 2024
Revolut abre en Barcelona su primer 'tech hub' con 300 personas. El unicornio británico Revolut ha elegido Barcelona para abrir su primer tech hub y hacer de la capital catalana su principal centro de innovación y desarrollo de productos financieros en el suroeste de Europa. El neobanco, fundado en 2015 por Nikolái Storonski dentro de la incubadora de start up Level39 en Canary Wharf en Londres, aterrizó hace dos años en la ciudad, donde actualmente emplea a 300 personas, el 40% de los 750 trabajadores que tiene en España. Expansión, 14 abril 2024
El hub digital de **BASF** en España crecerá hasta las 500 personas. Pasará de 350 a 500 personas en los próximos dos años. BASF Digital Solutions nació en Madrid en 2019 y se convirtió en el primer hub digital global de la compañía en todo el mundo. BASF, 10 mayo 2022
L'Oréal abre en Madrid un 'hub' para gestionar su 'ecommerce' europeo. Estará situado en la nueva sede de la compañía en Madrid y creará 90 puestos de trabajo. Cinco Días, 21 marzo 2023

Cuadro 1 Ejemplos de anuncios de nuevos hubs digitales de empresas internacionales
Meta (Facebook) abrirá un 'hub' del metaverso en Madrid. La multinacional también abrirá un centro de datos e instalará un cable submarino en España. El fundador de Facebook, Mark Zuckerberg, va a apostar en la nueva realidad virtual inmersiva llamada "metaverso". La Vanguardia, 15 marzo 2022
La multinacional **Global Exchange** ha abierto un nuevo centro tecnológico de 5.000 metros cuadrados, ubicado en el polígono El Montalvo de Salamanca, desde donde trabajan unos 200 profesionales "altamente cualificados" en áreas como arquitectura de sistemas, aplicaciones, cloud, big data, analytics o inteligencia artificial. Europa Press, 22 marzo 2024
PepsiCo lanza su hub digital mundial en Barcelona para acelerar su transformación y apuesta por el talento femenino. El nuevo centro incorporará 400 personas hasta 2024 y será también motor de cambio para la cultura interna de la compañía. El 'hub' centralizará las habilidades y el desarrollo de las capacidades digitales emergentes, como el aprendizaje automático y la inteligencia artificial. Pepsico, 26 octubre 2021
AstraZeneca ubicará su hub europeo de innovación en el edificio Estel de Barcelona en 2025 Su objetivo es acelerar la llegada de la nueva generación de tratamientos en las cinco áreas terapéuticas clave de la compañía: Oncología, Enfermedades Raras, Cardiovascular, Renal y Metabolismo, Respiratorio e Inmunología y Vacunas e Inmunoterapias. El Economista, 21 enero 2024
Vodafone Innovation Hub inaugura su segunda sede en Málaga. Se ubica en las instalaciones de la UMA en Martiricos y albergará a más de 250 profesionales. idaeconomica.com 25 septiembre 2023.
Oracle abre en Barcelona un centro internacional de apoyo especializado en salud Prevé contratar a 60 profesionales en la primera fase. El Economista, 23 octubre 2023
Ricoh presenta su nueva Hyperautomation Factory para toda Europa en Madrid y la reciente adquisición de PFU. Ricoh ha adquirido PFU Unlimited de Fujitsu con el objetivo de expandir la cartera de servicios digitales y ofrecer a sus clientes una experiencia integral para optimizar sus flujos de trabajo y automatización de procesos. Ricoh, 26 abril 2023
GlobalLogic, del grupo Hitachi, abrirá un centro de ingeniería digital en Málaga Los planes de la empresa pasan por contratar a 3.000 ingenieros de alta cualificación entre sus sedes de la ciudad y Valencia este 2023. Málaga Hoy, 16 enero 2023
Ryanair duplica tamaño en su centro tecnológico de Madrid La 'low cost' irlandesa llegará a 5.000 metros cuadrados en la calle Orense y contratará a más de cien personas adicionales para el desarrollo digital. Expansión, 12 febrero 2024

La base de datos FDI Markets del Financial Times recoge 386 noticias de proyectos de inversión extranjera en España en el sector de Software/ IT entre enero de 2022 y julio de 2024.

Las cifras son muy reveladoras del atractivo de España. Según se muestra en la tabla 2, los proyectos captados por España entre enero de 2022 y julio de 2024 supusieron 4.083 empleos. La cifra no parece especialmente alta y probablemente no haya captado muchas operaciones. Lo llamativo es la favorable comparación con otros países de nuestro entorno o con destinos digitales reconocidos internacionalmente.

Tabla 2
Noticias de proyectos de inversión extranjera en el sector IT – sofware.
Enero 2022- julio 2024

País receptor de la inversión	Empleos estimados*	Inversión estimada* (Millones $) *
Estonia	38	11,2
Francia	1.785	291,8
Alemania	913	117,4
India	89.968	5.114,7
Italia	1.827	433,8
Letonia	658	120,9
Portugal	1479	175,0
España	4.083	363,7
Reino Unido	4.269	523,4

Fuente: FDI Markets.

* *Los datos de FDI Markets se estiman a partir de anuncios y noticias.*

Se observa que la creación de empleo y el nivel de inversión generado por estos proyectos en España es elevado en comparación con otros países de mayor peso económico como Francia y Alemania e, incluso con países internacionalmente reconocidos como potencias en el campo digital. Aunque estos datos no sean más que el reflejo de noticias y no puedan considerarse que tengan validez estadísticas, sí nos permiten constatar que España resulta un destino altamente atractivo para localizar proyectos de desarrollo digital.

¿Dónde se ubican en España estos hubs digitales internacionales? FDI Markets recoge como ubicaciones habituales a Barcelona (126 referencias de nuevas inversiones entre enero de 2022 y julio de 2024), Madrid (86), Málaga (44) y Valencia (20), entre otros. De la lectura de numerosas noticias de prensa, llama la atención la fuerte capacidad de creación de empleo y la concentración de hubs en zonas urbanas y de alto atractivo turístico, generalmente las mismas que las preferidas por los nómadas digitales.

Por su parte, la Fundación Barcelona Mobile World Capital ha realizado un interesante estudio titulado *Tech* Hub*s Overview 2024 (2024).* En él se identifican los hubs internacionales en Cataluña de naturaleza tecnológica, no exclusivamente digital. Se incluyen, por ejemplo, centros internacionales de investigación o ensayos médicos y de servicios comerciales. De los 120 hubs que han participado en la encuesta (sobre un universo de 140), se obtiene un patrón de comportamiento muy interesante. Destaca, por ejemplo que:

i) No es posible diferenciar entre un hub digital y un hub de desarrollo tecnológico. El desarrollo digital es ya parte del desarrollo de negocio, en cualquier sector.

ii) Los hubs digitales son multidisciplinares en cuanto a tecnologías que emplean, soluciones que ofrecen y composición de sus equipos.

iii) Los hubs digitales tienen vocación global. Más del 70% presta servicios fuera de Europa. El 55% trabaja con EEUU y el 50% con Asia.

iv) La procedencia geográfica de los equipos es particularmente amplia. La atracción de talento digital internacional es considerada tan importante como la del talento local.

v) 4/5 partes de los trabajadores se han incorporado en los últimos 5 años.

vi) Altísimo crecimiento de las plantillas en estos últimos años. En 2023 el número total de empleados de estos hubs digitales en Cataluña asciende a 26.000 personas, con un crecimiento del 23% respecto de 2022 y previsiones de crecimiento por encima del 20% para los próximos dos años.

vii) El 90% de los trabajadores combinan teletrabajo con presencialidad. Solo un 5% de los trabajadores trabajan permanentemente en régimen de teletrabajo.

Todas estas características encajan perfectamente con el modelo de hub digital que hemos presentado anteriormente y es muy probable que reflejen adecuadamente lo que está ocurriendo en el resto de hubs *digitales* que se están implantando en España.

6. Consideraciones finales

A la luz de lo analizado, podemos afirmar que España se está convirtiendo en un polo de atracción de talento digital internacional, que se manifiesta particularmente en el gran número de nómadas digitales y en la apertura de hubs digitales de empresas internacionales.

Estos fenómenos están interrelacionados porque se nutren de los mismos factores: buenas infraestructuras digitales, alta calidad de vida, moderación en el coste de la vida en comparación con otras ubicaciones y existencia de una amplia infraestructura turística.

En realidad, estos fenómenos han recibido hasta el momento insuficiente atención, tanto desde el punto de vista estadístico como en el análisis de sus efectos económicos, a pesar de las positivas externalidades que generan al conjunto de la sociedad. En especial, resulta urgente contar con datos estadísticos que permitan entender mejor el efecto de las reformas regulatorias de 2022.

Convendría igualmente tener en cuenta si estos fenómenos están excesivamente concentrados desde el punto de vista geográfico para evitar fenómenos de saturación. También deberían estudiarse fórmulas para que este talento internacional se integre con los centros tecnológicos locales, escuelas de formación digital y con el propio ecosistema de emprendimiento tecnológico.

Capítulo 5.

Protección de los datos y gestión de crisis

SEGURIDAD DE LOS DATOS

MOVILIDAD INTERNACIONAL DE TRABAJADORES Y TRANSFERENCIAS INTERNACIONALES DE DATOS DE CARÁCTER PERSONAL

ARANCHA REDONDO SAIZ
Delegada de Protección de Datos
Financiera El Corte Inglés
RODRIGO GONZÁLEZ RUIZ
Socio, Tax & Legal, Digital Law
Deloitte

1. Consideraciones previas

En la era de la globalización y la digitalización, la movilidad internacional de trabajadores y las transferencias internacionales de datos han adquirido una relevancia sin precedentes. Las empresas, en su búsqueda de competitividad y expansión, han adoptado estrategias que implican el desplazamiento de empleados entre países y la transferencia de información a través de fronteras. Este artículo se propone examinar detalladamente cómo estos fenómenos interactúan y los desafíos que enfrentan, especialmente en términos de protección de datos de carácter personal.

Como ya se ha analizado ampliamente en esta obra, la movilidad internacional de trabajadores se refiere al desplazamiento de empleados entre diferentes países por motivos laborales. Este fenómeno puede incluir desde expatriados y empleados temporales hasta trabajadores migrantes y consultores que viajan frecuentemente.

La movilidad internacional tiene grandes desafíos sobre políticas de inmigración, diferencias en las leyes laborales que pueden crear barreras significativas para la movilidad. Por ello, las empresas deben invertir en recursos legales para asegurarse de que todas las transferencias de empleados cumplan con las regulaciones locales.

Particularmente, la movilidad internacional implica también que existan transferencias internacionales de datos que implique el movimiento de información personal, comercial y financiera entre diferentes países. Esto es esencial para el funcionamiento de empresas multinacionales, plataformas de comercio electrónico y servicios digitales.

2. Importancia de las Transferencias Internacionales de Datos (TID)

Las transferencias de datos son esenciales para el funcionamiento de empresas multinacionales porque permiten la comunicación y coordinación entre oficinas en diferentes países. La capacidad de compartir información en tiempo real es crucial para mantener la eficiencia operativa y tomar decisiones informadas.

Por ejemplo, las plataformas en línea y los servicios en la nube dependen de la capacidad de transferir datos a través de fronteras. Esto permite a las empresas ofrecer servicios consistentes y de alta calidad a sus clientes, sin importar su ubicación geográfica.

La movilidad internacional de trabajadores y las transferencias internacionales de datos son pilares fundamentales de la economía global moderna. Ambos fenómenos permiten a las empresas aprovechar el talento global, mejorar la eficiencia operativa y fomentar la innovación.

Para maximizar los beneficios de la movilidad internacional y las transferencias de datos, las empresas y gobiernos deben colaborar estrechamente. Es crucial desarrollar políticas y regulaciones que faciliten estos procesos mientras se protegen los derechos de los individuos y se garantiza la seguridad de la información. La adopción de tecnologías avanzadas y la implementación de estrategias de cumplimiento robustas pueden ayudar a superar estos desafíos y permiten que la movilidad y la transferencia de datos sigan impulsando el crecimiento y la innovación a nivel global.

En última instancia, el equilibrio entre la eficiencia operativa y la protección de datos es esencial. Las empresas deben estar preparadas para adaptarse a un entorno regulatorio en constante evolución y ser proactivas en la implementación de medidas de seguridad y privacidad. Solo así podrán aprovechar plenamente las oportunidades que ofrece la globalización y la digitalización, fortaleciendo su posición en el mercado global y contribuyendo al desarrollo económico y social.

Finalmente, la innovación continua en tecnologías de seguridad y el desarrollo de políticas coherentes y justas serán cruciales para asegurar que estos procesos sigan siendo beneficiosos tanto para las empresas como para los individuos. La colaboración internacional y la creación de estándares globales pueden ser el camino hacia un futuro más seguro y eficiente en la gestión de la movilidad y los datos.

En este capítulo analizaremos el ámbito regulatorio en el tratamiento de los datos de carácter personal. Las transferencias de datos deben garantizar la confidencialidad, integridad y disponibilidad de la información para prevenir brechas de seguridad y ciberataques. Las empresas deben estar al tanto de las regulaciones locales e internacionales y asegurarse de cumplir con todas las leyes aplicables.

El tratamiento de datos por parte de empleados desplazados en un país fuera de la Unión Europea (UE) puede suponer una Transferencia Internacional de Datos (TID) o una aplicación extraterritorial de la normativa Europea. Esas cuestiones son las que analizaremos en el presente capítulo.

3. Régimen general de las Transferencias Internacionales de Datos en la UE

3.1. ¿Qué es una Transferencia Internacional de Datos?

Una Transferencia Internacional de Datos (TID) es un tratamiento de datos que supone una transmisión o un acceso a los mismos por parte de una entidad localizada fuera del territorio del Espacio Económico Europeo (EEE).

Este tratamiento podrá constituir, bien una comunicación de datos, bien un tratamiento que tenga por objeto la prestación de un servicio. En este sentido, dos son las figuras principales que intervienen en relación con una TID:

(i) Un exportador de datos, que será aquella persona física o jurídica, pública o privada, u órgano administrativo que realiza una transferencia internacional de datos de carácter personal a un tercer país fuera del EEE.

(ii) Un importador de datos, que será la persona física o jurídica, pública o privada, u organización internacional receptor de los datos, con ocasión de la realización de la transferencia internacional de datos.

De conformidad con lo dispuesto en el artículo 44 del Reglamento (UE) 2016/679 del Parlamento Europeo y del Consejo, de 27 de abril de 2016, relativo a la protección de las personas físicas en lo que respecta al tratamiento de datos personales y a la libre circulación de estos datos y por el que se deroga la Directiva 95/46/CE (en adelante, RGPD), no podrán realizarse transferencias internacionales de datos a terceros países u organizaciones internacionales en aquellos casos en los que el exportador de datos no pueda garantizar el cumplimiento de las obligaciones recogidas en la norma.

En este sentido, solo se realizarán transferencias internacionales de datos en los casos permitidos por la norma, que se enumerarán a continuación, y se expondrán con detalle en los siguientes apartados:

i) Transferencias internacionales de datos basadas en una decisión de adecuación de un país por parte de la Comisión Europea.

ii) Transferencias internacionales de datos mediante la adopción de garantías adecuadas.

iii) Determinados supuestos que se configuran como alternativas o excepciones a la adopción de garantías adecuadas.

3.2. Transferencias Internacionales de Datos basadas en una decisión de adecuación

En aquellos casos en que la Comisión Europea haya decidido que un tercer país, un territorio o uno o varios sectores de dicho tercer país, así como una organización internacional, ofrecen garantías adecuadas y permiten garantizar un nivel de protección adecuado para un tratamiento de datos de carácter personal de esta naturaleza, la Compañía, actuando en tanto que exportador de datos, podrá llevar a cabo una TID sin requerir para ello ninguna autorización específica.

Hasta el momento, la Comisión Europea ha declarado que los siguientes países cuentan con un nivel de protección adecuado, y ofrece unas garantías adecuadas cuando se ceden datos a estos territorios:

i) Suiza. Decisión 2000/518/CE de la Comisión, de 26 de julio de 2000.

ii) Canadá. Decisión 2002/2/CE de la Comisión, de 20 de diciembre de 2001, respecto de las entidades sujetas al ámbito de aplicación de la ley canadiense de protección de datos.

iii) Argentina. Decisión 2003/490/CE de la Comisión, de 30 de junio de 2003.

iv) Guernsey. Decisión 2003/821/CE de la Comisión, de 21 de noviembre de 2003.

v) Isla de Man. Decisión 2004/411/CE de la Comisión, de 28 de abril de 2004.

vi) Jersey. Decisión 2008/393/CE de la Comisión, de 8 de mayo 2008.

vii) Islas Feroe. Decisión 2010/146/UE de la Comisión, de 5 de marzo de 2010.

viii) Andorra. Decisión 2010/625/UE de la Comisión, de 19 de octubre de 2010.

ix) Israel. Decisión 2011/61/UE de la Comisión, de 31 de enero de 2011.

x) Uruguay. Decisión 2012/484/UE de la Comisión, de 21 de agosto de 2012.

xi) Nueva Zelanda. Decisión 2013/65/UE de la Comisión, de 19 de diciembre de 2012.

xii) Japón. Decisión de 23 de enero de 2019.

Hasta el 17 de julio de 2020 a estas decisiones de adecuación se le sumaba la Decisión (UE) 2016/1250 de la Comisión, de 12 de julio de 2016, sobre la adecuación de la protección conferida por el Escudo de la privacidad UE-EE.UU., o *Privacy Shield.*

Mediante la Sentencia del TJUE en el asunto C-311/18 – "Data Protection Commissioner contra Facebook Ireland Ltd y Maximillian Schrems", se ha dejado sin efecto la Decisión de la Comisión Europea 2016/1250, que venía legitimando la transferencia de datos personales desde Europa a aquellas sociedades de Estados Unidos que se hubieran adherido al programa de certificación incluido en el propio acuerdo.

En la sentencia publicada por el TJUE, se ha mantenido la validez de la aplicación de garantías adecuadas que prevé el RGPD, destacando las cláusulas contractuales tipo aprobadas por la Comisión Europea.

Adicionalmente, el TJUE concreta en su sentencia que, si bien estas cláusulas contractuales tipo son válidas para legitimar las transferencias internacionales, en ocasiones será necesario aportar garantías adicionales para asegurar la protección de los datos personales en el marco de la transferencia internacional.

Según las últimas publicaciones del Comité Europeo de Protección de Datos (CEPD), estas medidas adicionales pueden consistir en la realización de una evaluación por parte del exportador de: (i) el contenido de las cláusulas contractuales tipo; (ii) las circunstancias específicas de las transferencias; (iii) el régimen jurídico aplicable en el país del importador[124]–

---

124 Al evaluar la adecuación del nivel de protección se tendrá en cuenta, al menos, los siguientes elementos: (i) el Estado de Derecho, el respeto de los derechos humanos y las libertades fundamentales, la legislación general como sectorial, incluida la relativa a la seguridad pública; (ii) la existencia y el funcionamiento efectivo de autoridades de control que tengan la responsabilidad de garantizar y hacer cumplir las normas en materia de protección de datos; (iii) los compromisos internacionales asumidos por el tercer país u organización internacional u otras

teniendo en cuenta el contexto del *Privacy Shield*, aparentemente, EE.UU. no cumpliría con los requisitos que se exigen a tales efectos.

Si el resultado de la evaluación concluye que el importador no proporciona un nivel de protección adecuado, el exportador debe adoptar determinadas medidas adicionales. Estas medidas no han sido especificadas por el CEPD, pero preferiblemente deben tender a reforzar la protección de los datos con medidas de seguridad técnicas y organizativas que permitan tener un control más cercano de lo que hace el importador con los datos personales.

3.3. Transferencias Internacionales de Datos basadas en la adopción de garantías adecuadas

En aquellos casos en que la Comisión Europea no hubiera adoptado una decisión sobre el nivel adecuado de la protección de datos en un tercer país, las entidades obligadas arbitrarán soluciones que garanticen a los interesados derechos exigibles y efectivos con respecto al tratamiento de sus datos en la Unión Europea y los países del EEE.

El Artículo 46 del RGPD establece una lista de garantías adecuadas, que podrán ser aportadas sin que se requiera autorización expresa de una Autoridad de Control, e incluye las siguientes garantías, que se enunciarán a continuación:

i) Acuerdos legalmente vinculantes entre las autoridades u organismos públicos.

ii) Normas corporativas vinculantes o BCRs.

---

obligaciones derivadas de acuerdos o instrumentos jurídicamente vinculantes, así como de su participación en sistemas multilaterales o regionales, en particular en relación con la protección de los datos personales (Art 45.2 GDPR).

iii) Cláusulas tipo de protección de datos aprobadas por la Comisión Europea a través del procedimiento de examen.

iv) Cláusulas tipo de protección de datos adoptadas por una Autoridad de Control y aprobadas por la Comisión Europea a través del procedimiento de examen.

v) Cumplimiento de un código de conducta aprobado por una Autoridad de control competente, en el que se recojan obligaciones del responsable del Tratamiento y garantías de los derechos del interesado.

vi) Adopción de un mecanismo de certificación que contenga compromisos vinculantes, en virtud de lo dispuesto en el RGPD.

A los efectos de la presente nota legal, y por su relevancia y por la frecuencia con que estas herramientas son empleadas, nos referiremos a continuación a las "garantías adecuadas" más importantes y, en particular:

i) Transferencias internacionales de datos entre responsables del tratamiento (comunicaciones de datos)

- Decisión de la Comisión 2001/497/CE, de 15 de junio de 2001, relativa a cláusulas contractuales tipo para la transferencia de datos personales a un tercer país previstas en la Directiva 95/46/CE (en adelante, "Decisión 2001/497/CE").
- Decisión de la Comisión 2004/915/CE, de 27 de diciembre de 2004, por la que se modifica la Decisión 2001/497/CE en lo relativo a la introducción de un conjunto alternativo de cláusulas contractuales tipo para la

transferencia de datos personales a terceros países[125] (en adelante, "Decisión 2004/915/CE").

(ii) Transferencias internacionales de datos entre un responsable y un encargado del tratamiento (acceso a datos por cuenta de terceros)

- Decisión de la Comisión 2010/87/CE, de 5 de febrero de 2010, relativa a las cláusulas contractuales tipo para la transferencia de datos personales a los encargados del tratamiento establecidos en terceros países, de conformidad con la Directiva 95/46/CE del Parlamento Europeo y del Consejo[126] (en adelante, "Decisión 2010/87/CE").
- Esta Decisión deroga expresamente la Decisión de la Comisión 2002/16/CE, de 27 de diciembre de 2001, relativa a las cláusulas contractuales tipo para la transferencia de datos personales a los encargados del tratamiento en terceros países, de conformidad con la Directiva 95/46/CE.

(iii) Normas corporativas vinculantes o "BCRs"

Las normas corporativas vinculantes se utilizan para la transferencia internacional de datos entre compañías de un mismo grupo empresarial y crean un marco común de principios y deberes en materia de protección de datos extensible a todas las compañías del grupo mediante la implantación, cuando proceda, de requerimientos concretos que excedan las disposiciones de la normativa local de cada país.

Por todo ello, la implantación de las BCRs en determinados países (cuyo nivel de protección no es equiparable al europeo) supondría elevar las exigencias en materia de

---

125 http://eur-lex.europa.eu/LexUriServ/LexUriServ.do?uri=OJ:L:2004:385:0074:0084:es:PDF

126 http://ec.europa.eu/justice/data-protection/document/international-transfers/transfer/index_en.htm

protección de datos frente a las exigencias que requiera su normativa local.

3.4. Transferencias Internacionales de Datos basadas en las excepciones a las garantías adecuadas

En aquellos casos en los que la Comisión no hubiera adoptado una decisión de adecuación, el RGPD establece una serie de situaciones en las que no resultará necesario que el exportador de datos adopte garantías adecuadas.

En particular, el exportador de datos no deberá adoptar garantías adecuadas cuando el interesado haya dado explícitamente su consentimiento a la transferencia internacional de datos propuesta. Del mismo modo, en aquellos casos en los que una TID resulte necesaria para la ejecución de un contrato entre el interesado y el responsable del tratamiento, o en interés de este y el contrato sea celebrado entre la compañía y un tercero, así como para la gestión de una misión en interés público, en interés vital del interesado, o para la formulación, ejercicio o defensa de reclamaciones.

4. Aplicación extraterritorial del RGPD

El RGPD introduce reglas específicas de extraterritorialidad en su aplicación. En particular, estas reglas se encuentran recogidas en su artículo 3.2., tal y como citamos a continuación:

"El presente Reglamento se aplica al tratamiento de datos personales de interesados que residan en la Unión por parte de un responsable o encargado no establecido en la Unión, cuando las actividades de tratamiento estén relacionadas con: a) la oferta de bienes o servicios a dichos interesados en la Unión, independientemente de si a estos se les requiere su pago, o b) el control de su comportamiento, en la medida en que este tenga lugar en la Unión".

Así, este artículo establece dos supuestos en los que los responsables y encargados del tratamiento ubicados fuera de la Unión Europea (y del EEE, si interpretamos el RGPD en su literalidad) quedan sometidos a las disposiciones recogidas en la normativa comunitaria en materia de protección de datos y a su régimen sancionador.

La interpretación de este artículo debe complementarse con la de los Considerandos 23 y 24 del RGPD, que arrojan cierta luz sobre cómo debe entenderse a estos efectos la oferta de bienes, la prestación de servicios y el control del comportamiento de los interesados.

A los efectos de la presente nota legal, y en relación con la actividad principal de las Compañías (la oferta de servicios formativos), podemos determinar que existe una oferta de servicios a interesados establecidos en territorio del EEE, de acuerdo con los siguientes argumentos:

i) La oferta de servicios va dirigida a interesados establecidos en uno o varios de los Estados miembros de la Unión Europea.

ii) Las Compañías han habilitado sitios web, direcciones de correo electrónico y otros datos de contacto en uno o más idiomas de los oficiales en territorio europeo.

iii) Los servicios podrán contratarse en euros.

A mayor abundamiento, y más allá de la mera prestación de servicios, las compañías podrán tratar los datos de los interesados ubicados o establecidos en territorio europeo para fines de mercadotecnia que, en algunos casos, implicarán el uso de técnicas de tratamiento de datos personales que consistan en la elaboración de un perfil de una persona física con el fin de analizar o predecir sus preferencias personales, comportamientos y actitudes.

Dando esto por supuesto, las compañías no solo prestarán servicios a interesados establecidos en territorio europeo, sino que además no puede descartarse que en determinadas circunstancias lleven a cabo tratamientos de datos que impliquen un análisis de su comportamiento.

En virtud de todo lo anterior, podemos determinar que aquellas compañías del grupo empresarial que contraten con ciudadanos establecidos en territorio europeo y que se encuentren fuera del EEE deberán aplicar el RGPD en lo concerniente a sus tratamientos de datos de carácter personal. Quedaría, por tanto, determinar cómo afecta esta aplicación extraterritorial del RGPD a los movimientos internacionales de datos que realizan las compañías.

5. Escenarios relevantes

En relación con los diferentes escenarios que pudieran resultar relevantes en la operativa diaria de las compañías, a propósito de la realización de movimientos internacionales de datos, procederemos a detallar las implicaciones que pudieran derivarse de cada uno de ellos.

Por supuesto, lo dispuesto en este apartado resultará de aplicación de forma estricta en aquellos supuestos en los que se lleve a cabo una transferencia internacional de datos que se refiera a interesados que residan en la Unión Europea a los que se preste servicio, o cuyo comportamiento sea objeto de análisis, con independencia del soporte o del sistema empleado para el correcto desarrollo del tratamiento. En particular, nos enfrentaremos, fundamentalmente, ante los siguientes escenarios:

i) Contratación de servicios realizada por un interesado desde territorio europeo con una compañía establecida fuera del EEE.

ii) Comunicación de datos realizada desde una compañía establecida en el EEE a una entidad establecida en un Estado que se encuentre fuera del EEE.

iii) Comunicación de datos realizada desde una compañía establecida fuera del EEE a otra entidad establecida en un Estado fuera del EEE.

iv) Comunicación de datos realizada desde una compañía establecida fuera del EEE a otra entidad establecida en un Estado del EEE.

v) Encargo de tratamiento contratado por una compañía establecida en el EEE con un proveedor establecido en un Estado que se encuentre fuera del EEE.

vi) Encargo de tratamiento contratado por una compañía establecida fuera del EEE con un proveedor establecido en un Estado que se encuentre fuera del EEE.

Sin perjuicio del análisis que incluimos a continuación, es importante tomar en consideración que cada caso particular deberá ser objeto de un estudio pormenorizado atendiendo a las circunstancias que rodean al movimiento internacional de datos en cuestión.

5.1. Contratación de servicios realizada por un interesado desde territorio europeo con una compañía establecida fuera del EEE

Supuesto: Un interesado, persona física, residente o establecido en territorio europeo, entra en contacto con una compañía establecida fuera del EEE para la contratación de sus servicios.

i) ¿Se produce una transferencia internacional de datos?

No. El interesado comunica su información personal a la compañía actuando a título individual, en el contexto de su actividad personal y doméstica, para la contratación de los servicios, por lo que el movimiento internacional de datos no tendría por qué encajar en la definición de TID. El interesado que contrata con la compañía no actúa como responsable ni como encargado del tratamiento.

ii) ¿Cómo se debe proceder en este escenario?

La compañía no tendrá por qué regularizar este movimiento internacional de datos como TID. No obstante, deberá dar correcto cumplimiento a los deberes de información, y cualesquiera otros recogidos en la normativa europea de protección de datos, a partir del momento en que reciba la información por parte del interesado y comience a actuar como responsable del tratamiento.

5.2. Comunicación de datos desde una compañía establecida en el EEE a una entidad establecida en un Estado fuera del EEE

Supuesto: Una compañía establecida en el territorio del EEE comunica datos personales a una tercera entidad establecida en un Estado fuera del EEE. Estos datos personales se refieren a interesados que residen o se encuentren en la Unión Europea.

i) ¿Se produce una transferencia internacional de datos?

Sí. Se produce un movimiento de datos personales desde un Estado miembro de la UE, o del EEE, a destinatarios establecidos en países que se encuentren fuera del EEE. Ambas partes actúan como responsables del tratamiento, y se puede identificar un exportador de datos y un importador de datos.

(ii) ¿Cómo se debe proceder en este escenario?

Sin perjuicio de que las recomendaciones concretas podrán variar en función de determinadas circunstancias (el contenido y características de la comunicación de datos, la naturaleza del destinatario, la base jurídica sobre la que se legitima el tratamiento, etc.) la opción más apropiada en la mayoría de los casos será regularizar dicha TID a través de un instrumento jurídico vinculante, es decir, mediante garantías adecuadas y, en particular, mediante el empleo de cláusulas contractuales tipo para la relación entre dos responsables de tratamiento.

5.3. Comunicación de datos desde una compañía establecida en un Estado fuera del EEE a una entidad establecida en un Estado fuera del EEE

Supuesto: Una compañía establecida en un Estado fuera del EEE comunica datos personales a una tercera entidad establecida en un Estado fuera del EEE. Estos datos personales se refieren a interesados que residen o se encuentren en la Unión Europea.

i) ¿Se produce una transferencia internacional de datos?

Sí. Se produce un movimiento de datos personales a destinatarios establecidos en países que se encuentren fuera del EEE. Ambas partes actúan como responsables del tratamiento, y se puede identificar un exportador de datos y un importador de datos.

Si bien el exportador de datos no es una entidad que se encuentre establecida en territorio del EEE, toda vez que los datos personales se refieren a ciudadanos establecidos en territorio europeo, y por aplicación extraterritorial del RGPD, identificamos que podría existir una transferencia internacional de datos.

ii) ¿Cómo se debe proceder en este escenario?

Sin perjuicio de que las recomendaciones concretas podrán variar en función de determinadas circunstancias (el contenido y características de la comunicación de datos, la naturaleza del destinatario, la base jurídica sobre la que se legitima el tratamiento, etc.) la opción más apropiada en la mayoría de los casos será regularizar dicha TID a través de un instrumento jurídico vinculante entre las partes.

5.4. Comunicación de datos desde una compañía establecida en el EEE a una entidad establecida en un Estado fuera del EEE

Supuesto: Una compañía establecida en un Estado fuera del EEE comunica datos personales a una tercera entidad establecida en un Estado en el EEE. Estos datos personales se refieren a interesados que residen o se encuentren en la Unión Europea.

i) ¿Se produce una transferencia internacional de datos?

No. En el presente caso no se cumplirían ninguna de las condiciones señaladas para ajustarse a la definición.

Sin embargo, en la medida en que la transferencia se refiere a la oferta de servicios a interesados establecidos en territorio europeo, a la entidad exportadora de datos le resulta de aplicación el RGPD, como consecuencia del principio de aplicación extraterritorial.

ii) ¿Cómo se debe proceder en este escenario?

Si bien no existe una TID, sí que existe una comunicación de datos.

Es altamente recomendable que esta comunicación de datos se regularice mediante la suscripción de un instrumento jurídico vinculante entre las partes, que regule cuestiones tales como el contenido y características de la comunicación de datos, la naturaleza del destinatario, la base jurídica sobre la que se legitima el tratamiento, etc.

5.5. Encargo de tratamiento contratado por una compañía establecida en el EEE con un proveedor que se encuentra establecido en un Estado fuera del EEE

Supuesto: Una compañía establecida en el territorio del EEE contrata una prestación de servicios con un proveedor establecido en un Estado fuera del EEE. Estos datos personales se refieren a interesados que residen o se encuentren en la Unión Europea.

i) ¿Se produce una transferencia internacional de datos?

Sí. Se produce un movimiento de datos personales desde un Estado miembro de la UE, o del EEE, a destinatarios establecidos en países que se encuentren fuera del EEE. Una de las partes actúa como responsable del tratamiento y otra como encargado del tratamiento, y se puede identificar un exportador de datos y un importador de datos.

ii) ¿Cómo se debe proceder en este escenario?

Sin perjuicio de que las recomendaciones concretas podrán variar en función de determinadas circunstancias (el contenido y características de la comunicación de datos, la naturaleza del destinatario, la base jurídica sobre la que se legitima el tratamiento, etc.) la opción más apropiada en la mayoría de los casos será regularizar dicha TID a través de un instrumento jurídico vinculante, es decir, mediante garantías adecuadas y, en particular, mediante el empleo de cláusulas contractuales tipo para la relación entre un responsable y un encargado de tratamiento.

5.6. Encargo de tratamiento contratado por una compañía establecida en el EEE con un proveedor que se encuentra establecido en un Estado fuera del EEE

Supuesto: Una compañía establecida en un Estado del EEE contrata una prestación de servicios con un proveedor establecido en un Estado fuera del EEE. Estos datos personales se refieren a interesados que residen o se encuentren en la Unión Europea.

i) ¿Se produce una transferencia internacional de datos?

No. En el presente caso no se cumpliría ninguna de las condiciones señaladas para ajustarse a la definición.

Sin embargo, en la medida en que la transferencia se refiere a la oferta de servicios a interesados establecidos en territorio europeo, a la entidad exportadora de datos le resulta de aplicación el RGPD, como consecuencia del principio de aplicación extraterritorial.

ii) ¿Cómo se debe proceder en este escenario?

Si bien no existe una TID, sí que existe un acceso a datos de carácter personal, entre un responsable del tratamiento y un encargado del tratamiento.

Es altamente recomendable que esta comunicación de datos se regularice mediante la suscripción de un instrumento jurídico vinculante entre las partes, que regule cuestiones tales como el contenido y características de la comunicación de datos, la naturaleza del destinatario, la base jurídica sobre la que se legitima el tratamiento, etc., y que recoja los extremos recogidos en el artículo 28 del RGPD, en lo concerniente a la relación entre un responsable y un encargado del tratamiento.

6. Conclusiones

i) A los efectos de poder articular correctamente el régimen aplicable en materia de transferencias internacionales de datos, se debe identificar en primer lugar los diferentes flujos y movimientos internacionales de datos que se producen con ocasión de las actividades de tratamiento que realiza.

ii) Una vez identificados dichos flujos o movimientos de datos personales, resultará preciso determinar qué entidades actúan como exportadores de datos, y cuáles como importadores de datos.

iii) En este mismo sentido, deberá determinarse si el movimiento internacional de datos afecta a datos personales de interesados establecidos o ubicados en territorio del Espacio Económico Europeo o no, y si los datos se comunican o son accedidos por una entidad establecida en un territorio que ofrece o no garantías adecuadas con respecto de la seguridad, integridad y confidencialidad de esta información.

iv) Habida cuenta de la situación presente de la compañía, en un período transicional puede dar cobertura a las transferencias internacionales de datos que realiza mediante la articulación de cláusulas contractuales tipo o la suscripción de unas BCRs.

Gestión de crisis

GESTIÓN DE CRISIS EN EL ENTORNO DE LA MOVILIDAD INTERNACIONAL

BORJA ÁLVARO
Socio, Technology & Transformation, Finance Transformation
Deloitte

Recuerdo como si fuese ayer una noche cualquiera de frío invierno a pies del puerto de Navacerrada. El sonido de unos pasos y la apertura de la puerta de mi dormitorio, algo desengrasada, en plena madrugada. *"Vamos, que empieza"*–susurraba mi padre al pie de mi cama. Un niño que rondaba la decena de otoños se levantaba ilusionado y con su manta se dirigía al salón de piedra alumbrado con los rescoldos de una chimenea que había trabajado arduamente durante el día. La televisión estaba encendida y comenzaba la pegadiza canción de George Michael que aquellos locos bajitos escuchábamos antes de poder ver la NBA en directo la madrugada de los sábados. La ilusión de muchos de nosotros era poder ver a esos magos del balón: Dominique Wilkins, Spud Web, Isiah Thomas, el gran Michael Jordan y Larry Bird.

Bird, un rubio espigado de más de 2 metros y con el 33 a la espalda, no se cansaba de ganar y raro era el triple que se le escapaba. No en vano, tenía un porcentaje de acierto de más del 40% en triples. Inmortalizaba con una icónica frase su acierto justificándolo con la suerte: "Es curioso, cuanto más entrenamos, más suerte tenemos". Icónica porque también Thomas Jefferson creía en la misma tipología de suerte y en la providencia "*I am a great believer in luck, and I find the harder I work, the more I have of it*" – decía.

El innegable éxito de personas y compañías gestionando crisis, se asemeja mucho a este tipo de "suerte". La preparación, la estrategia, las pruebas, la comunicación, la práctica y la mejora continua constante son factores, entre otros, que ligan directamente con salir airosos de una situación de crisis. Lo primero que se debe acotar es algo tan elemental como ¿qué es una crisis para una compañía? Se debe estar en la misma página para que haya una respuesta unánime, uniforme y homogénea en esos momentos de tensión. No se trata únicamente de circunscribirlo a tener un problema financiero, ni tampoco de todos los retos a los que se enfrentan las organizaciones. Se trata de situaciones de alta complejidad, alto impacto y deseablemente, baja probabilidad. Los llamados históricamente cisnes negros y actualmente, rinocerontes grises. Si bien, los primeros destacan por su baja probabilidad, los últimos son eventos con una mayor probabilidad, que somos conscientes que existen, los conocemos, somos capaces de verlos, pero no percibimos de manera concreta el tamaño del problema. Volviendo a los queridos recuerdos de la infancia, se visualiza magníficamente en las películas de Johnny Weissmüller protagonizando a un Tarzán en blanco y negro y las innumerables ocasiones donde cualquier actor secundario, estaba en peligro por el impacto de un rinoceronte. Sabían que estaba, que se movía, pero no eran capaces de anticipar cuándo llegaría, ni el impacto del mamífero. Cuando llegaba, ya era demasiado tarde para actuar.

Uno de los grandes retos que tienen las compañías es que su capital humano, responda en tiempo y forma. Será clave para incluso, poder salir fortalecidos. Adicionalmente a ser parte de la solución, el capital humano se convierte en el 100% de los casos en el primer activo a proteger. Cobra especial importancia en un entorno que hace unas décadas se bautizó con el acrónimo VUCA. Si bien no es un término de reciente creación, Estados Unidos ya hacía referencia a este concepto finalizada la Guerra Fría, ha cobrado especial relevancia en estos últimos años. Es cierto que vivimos tiempos Volátiles, Inciertos (del inglés *uncertain*), Complejos y Ambiguos, que ponen a prueba la respuesta o resiliencia de propios y extraños. La realidad es que vivimos en un mundo hiperconectado, con inmensas dependencias entre terceros, una complejidad geopolítica significativa, aumento de la internacionalización de empresas, gran dispersión del capital humano y con eventos disruptivos cada vez más frecuentes. Esta realidad hace que las organizaciones deban *"buscar sin descanso esa suerte"*.

Esta globalización, convierte a la movilidad en uno de los elementos importantes que debemos tener en cuenta en la gestión de crisis. Acorde al informe de Naciones Unidas, "International Migration 2020 Highlights", cerca de 280 millones de personas viven fuera de sus países origen. Si bien es cierto que no hay un censo oficial donde poder analizar cuántos de ellos son expatriados, existen diversas estimaciones que lo cifran en cerca de los 90 millones de personas. Cabe destacar que en este informe ya estaba descontado el efecto de la pandemia en la movilidad internacional. El citado informe estima que el crecimiento esperado de la movilidad, se pudo reducir un 27% tras la pandemia. Igualmente, no se contemplan los numerosos viajes de corta o media duración en estas cifras.

Tiempos complejos, inciertos, ambiguos, volátiles y un número relevante de nuestro capital humano en movilidad constante. Tenemos los ingredientes necesarios para la tormenta perfecta. Distintas instituciones de reconocido prestigio recogen en sus recientes informes de riesgos eventos que atan o involucran directamente a las personas en las organizaciones.

World Economic Forum
(Global Risks Report 2024)
(Top Risks by Severity of Impacts)

2 years

1st	Misinformation and disinformation
2nd	Extreme weather events
3rd	Societal polarization
4th	Cyber insecurity
5th	Interstate armed conflict
6th	Lack of economic opportunity
7th	Inflation
8th	Involuntary migration
9th	Economic downturn
10th	Pollution

Business Continuity Institute
(Horizon Scan Report 2023)
(Top 10 Expected Risks for 2024)

Rank	Event	Risk Index
1	Cyber-attacks	6.92
2	Extreme weather events (e.g. floods, storms, freeze, etc.)	6.26
3	IT and telecom outage	5.93
4	Increased cost of living	5.50
5	Interruption to energy supply	5.49
6	Supply chain disruption	5.42
7	Natural disasters (earthquakes, tsunamis, etc.)	5.34
8	Data breaches	5.31
9	Critical infrastructure failure	5.14
10	Introduction of new technology (IoT, AI, Big data)	4.93

Existen dos factores clave para favorecer la respuesta en estos casos:

i) La tecnología.

ii) La preparación.

En el primero de los elementos, afortunadamente hemos evolucionado de manera sideral desde los tiempos de Larry Bird y Johnny Weissmüller. Más de la mitad de la población mundial dispone de un dispositivo móvil inteligente según un informe publicado por la GSMA, la asociación que representa a los operadores móviles globales. Disponer de información en la nube y poder acceder a ella en cada momento, es una realidad de cada vez más empresas. Fabricantes de Software especializados en soluciones concretas para gestionar una crisis, seguir procedimientos, escalados, comunicación de alertas en tiempo real y que facilitan la recuperación en caso de crisis. Sin duda estamos en una posición ventajosa para poder ejecutar nuestros planes de manera eficiente y poder, no solo proteger a nuestro capital humano que debe ser la prioridad, sino también contar con la intervención clave de distintos miembros de la organización para poder afrontar las distintas disrupciones. Existen un sinfín de soluciones tecnológicas que pueden desde geolocalizarnos para prevenir un evento, guiarnos sobre las pautas de actuación, hasta testar la capacidad de respuesta de las organizaciones por medio de sus equipos.

En el segundo ámbito, el tiempo no ha modificado patrón ni comportamiento, dudo que lo haga a futuro. Debemos seguir practicando, aprendiendo y mejorando de manera continua para que, en caso de una disrupción no deseada, podamos responder con frialdad y con planes eficaces ya probados. Edgar Dale lo explicaba en el cono de la experiencia donde representaba la profundidad del aprendizaje. Dale situaba como base del aprendizaje la experiencia simulada y la experiencia directa. Son las personas las que deben actuar y reaccionar en situaciones de crisis y son las personas las que tienen que afrontar estos retos. El objetivo de practicar no es otro que el mismo que tiene una orquesta al ensayar: Cada miembro de la orquesta debe saber en qué momento entrar, con qué intensidad, con que tempo y estar muy pendiente de su director para poder cambiar el paso. En definitiva:

i) Practicar los principales roles y responsabilidades de los encargados de identificar, gestionar, y resolver las crisis en la Organización.

ii) Testar el grado de tolerancia y agilidad de los responsables de gestionar las crisis para responder y tomar decisiones bajo condiciones de información imperfecta.

iii) Poner a prueba la capacidad de coordinación y comunicación en respuesta a los múltiples impactos que podrían acontecer.

iv) Permitir adquirir una mayor concienciación y un mejor conocimiento de los protocolos y planes de respuesta.

v) Extraer lecciones aprendidas prácticas en términos de fortalezas y oportunidades de mejora para adquirir resiliencia.

La figura de la compañía y también de los líderes que la conforman, se ve fortalecida y refrendada en estas situaciones. Detrás de toda amenaza y riesgo, hay una oportunidad de crecimiento e impactar en la sociedad y en el negocio. Tomémoslo como una inversión que nos repercutirá directamente y de manera genuina en nuestros negocios y en nuestro talento.

Epílogo

Cuando decidimos emprender este proyecto en homenaje a Diego y Álex siempre creímos que una de las mejores maneras de hacer perdurar su impronta era recoger en una misma obra la visión de compañeros, profesionales y académicos sobre la movilidad internacional, un aspecto muy vinculado a ellos dos.

Una movilidad internacional cuya relevancia está presente en la actualidad en multitud de compañías y directivos, pero que también seguirá siendo un elemento esencial de futuro como es el legado de Diego y Álex.

Cuestiones como el impacto estratégico que tendrá la movilidad internacional para las empresas y trabajadores, sus aspectos jurídicos, fiscales o laborales, su repercusión sobre la diversidad y el talento o la importancia de los datos en este ámbito, dan cabida a lo largo de este libro que ha contado con numerosas voces. Un trabajo colectivo que ha sido posible gracias a la inestimable ayuda de clientes, profesores de universidad y de nuestros compañeros de Deloitte. A todos ellos, mi más sincero agradecimiento.

Gracias por todo el cariño y dedicación que habéis puesto en esta obra que representa fielmente el espíritu colaborativo e integrador con el que trabajamos en Deloitte y que, como no podía ser de otra manera, se ve reflejado en cada capítulo desde la primera hasta la última página.

Gracias por ser partícipes de una obra que pretende ofrecer una perspectiva panorámica sobre la movilidad internacional sin perder un ápice de cercanía y calidez, algo que se desprende de cada una de las reflexiones que han aportado los más de cuarenta autores que han colaborado en este libro con tanto esmero y profundidad.

Gracias, en definitiva, por sumar vuestro granito de arena a este ilusionante proyecto que culmina con la edición de un libro físico, pero que guarda intacto entre sus páginas el recuerdo de Diego y Álex, en el que el futuro de la movilidad y el de ellos mismos siempre irán de la mano.

ENRIQUE GUTIÉRREZ DE LA ROCHA
Socio responsable de Tax & Legal de Deloitte

Referencias bibliográficas

Asociación Internacional de Seguridad Social (AISS). *Prevention through pictures in construction.* https://www.issa.int/sites/default/files/documents/prevention/wcms_383797-3-160736.pdf.

Carrascosa Bermejo, D. (2017). «Los Reglamentos de la Unión Europea sobre coordinación de los sistemas de Seguridad Social (Rgtos CE/883/2004 y CE/987/2009): propuesta de modificación de 13-12-2016 y tendencias interpretativas en la reciente jurisprudencia del Tribunal de Justicia». *Actum Social,* 119. Lefebvre-El Derecho.

Carrascosa Bermejo, D. (2019). «Desplazamiento en la UE y dumping social en el mercado único: estado de la cuestión y perspectivas». *Revista del Ministerio de Trabajo, Migraciones y Seguridad Social,* 142/2019, 37-70.

Carrascosa Bermejo, D. (2022). "Teletrabajo internacional y legislación de Seguridad Social aplicable: estado de la cuestión y perspectivas en los Reglamentos de coordinación de la UE." *Revista Internacional y Comparada de Relaciones Laborales y Derecho del Empleo,* 10, 217–249. https://ejcls.adapt.it/index.php/rlde_adapt/article/view/1153.

Carrascosa Bermejo, D. (2023). "Seguridad Social aplicable en el teletrabajo internacional post pandémico y en el caso específico del nomadismo digital." *LABOS Revista de Derecho del Trabajo y Protección Social,* Vol. 4 Núm. 1/2023. https://doi.org/10.20318/labos.2023.7639.

Carrascosa Bermejo, D., & Contreras Hernández, O. (2022). *Desplazamiento intracomunitario de trabajadores desde y hacia España. Hechos y cifras.* Lovaina: Proyecto POSTING.STAT VS/2020/0499. https://zenodo.org/record/6543222#.Y0xs4XZBw2x.

Carrascosa Bermejo, D., & Molina Millán, J. (2023). "The binding nature of posting PDA1 issued under EU social security Coordination Regulations and the possible role of national courts." *ERA Forum,* 24, 69–103. https://doi.org/10.1007/s12027-023-00749-6.

Comité Económico y Social Europeo. (2024). *Dictamen del Comité Económico y Social Europeo sobre «Fiscalidad de los teletrabajadores transfronterizos en todo el mundo e impacto en la UE».* Aprobado en pleno: 14 de febrero de 2024.

Comité Europeo de Altos Responsables de la Inspección de Trabajo (SLIC). *Principios para los inspectores de trabajo en relación con las evaluaciones de riesgos teniendo en cuenta la diversidad, especialmente en lo relativo a la edad, el sexo y otras características demográficas.* https://circabc.europa.eu/ui/

group/fea534f4-2590-4490-bca6-504782b47c79/library/e9ec023f-cb5f-4e09-ac6a-6b5ffe05e729?p=1&n=10&sort=modified_DESC.

Comité Europeo de Altos Responsables de la Inspección de Trabajo (SLIC). *Guía para evaluar la calidad de las evaluaciones de los riesgos y las medidas de gestión del riesgo con respecto a la prevención de los riesgos psicosociales.* https://circabc.europa.eu/ui/group/fea534f4-2590-4490-bca6-504782b47c79/library/22e5a918-47d6-4646-93f3-ebd341f6c571?p=1&n=10&sort=modified_DESC.

Costa Blasco, F. J. (2014). "Nuevos riesgos psicosociales: expatriación y choque cultural." *Prevención Integral & ORP Conference.*

De Pauw, B., & Verschueren, H. (2023). "The Framework Agreement on the applicable social security law in case of habitual cross-border telework after the pandemic." *ERA Forum,* 24, 467–480. https://doi.org/10.1007/s12027-023-00766-5.

De Wispelaere, F., De Smedt, L., & Pacolet, J. (2024). *Posting of workers. Report on A1 Portable documents issued in 2022.* Publications Office of the European Union, Luxembourg. https://doi.org/10.2767/327721.

Deloitte. (2020). *Diversity and Inclusion Report.* Deloitte Insights. https://www2.deloitte.com/global/en/pages/about-deloitte/articles/global-diversity-inclusion-report.html.

Deloitte. (2020). *Diversity and Inclusion Report.* Deloitte Insights. https://www2.deloitte.com/global/en/pages/about-deloitte/articles/global-diversity-inclusion-report.html.

Deloitte. (2021). *Global Mobility Trends 2021.* Deloitte Insights.

Deloitte. (2021). *How mobility programs can power your talent strategy.* Deloitte Insights. https://www2.deloitte.com/us/en/insights/focus/technology-and-the-future-of-work/employee-mobility-global-talent-strategy.html.

Deloitte. (2021). *How mobility programs can power your talent strategy.* Deloitte Insights. https://www2.deloitte.com/us/en/insights/focus/technology-and-the-future-of-work/employee-mobility-global-talent-strategy.html.

Deloitte. (2022). *The future of work: Accelerating talent mobility and skills development.* Deloitte Insights. https://www2.deloitte.com/global/en/pages/human-capital/articles/future-of-work-talent-mobility.html.

Deloitte. (2022). *The future of work: Accelerating talent mobility and skills development.* Deloitte Insights. https://www2.deloitte.com/global/en/pages/human-capital/articles/future-of-work-talent-mobility.html.

Deloitte. (2023). *Artificial Intelligence and Global Mobility: The Case for Cautious Optimism.* https://www.deloitte.com/uk/en/services/tax/

perspectives/artificial-intelligence-and-global-mobility-the-case-for-cautious-optimism.html.

Deloitte. (2023). *Global Human Capital Trends Report.* Deloitte Insights. https://www2.deloitte.com/global/en/pages/human-capital/articles/introduction-human-capital-trends.html.

Deloitte. (2023). *Global Human Capital Trends Report.* Deloitte Insights. https://www2.deloitte.com/global/en/pages/human-capital/articles/introduction-human-capital-trends.html.

Deloitte. (2024). *Global Tax Policy Survey. The future in focus.*

Deloitte. (2024). *Tendencias Globales de Capital Humano y la Encuesta Global de Trabajo Remoto de Deloitte 2024.*

Deloitte. *Global Mobility.* DTTL HC Chapter17 8092013 | PDF | Talent Management | Economies. https://www.scribd.com.

Deloitte. *Mobility cost optimization. Managing the whole mobility investment.* deloitte-uk-tax-mobility-cost.pdf.

Deloitte. *Transforming Global Mobility Management.* https://www.deloitte.com/an/en/services/tax/services/deloitte-equus-global-mobility-software.html.

Ernst & Young. (2023). *Transforming Global Mobility: Trends and Future Directions.* EY Mobility Insights.

Ernst & Young. (2024). *How Mobility functions can evolve and thrive with a workforce in flux.* https://www.ey.com/en_gl/insights/workforce/mobility-reimagined-survey.

Esri. (2023). *How GIS is Transforming Transportation Planning.* https://www.gispeople.com.au/gis-and-transportation-planning/.

European Agency for Safety and Health at Work. *Occupational safety and health in Europe: state and trends 2023.* https://osha.europa.eu/en/publications/occupational-safety-and-health-europe-state-and-trends-2023.

European Agency for Safety and Health at Work. *Second European Survey of Enterprises on New and Emerging Risks (ESENER-2).* https://osha.europa.eu/sites/default/files/esener-ii-summary-en.PDF.

European Commission. Draghi, M. (2024). *The future of European competitiveness. Part B | In-depth analysis and recommendations.* https://commission.europa.eu/document/download/ec1409c1-d4b4-4882-8bdd-3519f86bbb92_en?filename=The%20future%20of%20European%20competitiveness_%20In-depth%20analysis%20and%20recommendations_0.pdf.

Eurostat. (2023). *Enterprises that recruited or tried to recruit ICT specialists by size class of enterprise.* https://ec.europa.eu/eurostat/databrowser/view/isoc_ske_itrcrs__custom_12726500/default/table?lang=en.

Flatio. (2023). *Flatio Digital Nomad Report 2023.* https://www.flatio.com/blog/flatio-launches-its-first-digital-nomad-report-2023.

Fondo Monetario Internacional. *Informe de perspectivas de la economía mundial.*

Global Citizens Solutions. (2022). *Global Digital Nomad Report.* https://www.globalcitizensolutions.com/intelligence-unit/reports/global-digital-nomad-report/.

Harvard Business Review. "The Work from Anywhere Future."

IBFD EU Tax Law Study Group. Comité Económico y Social Europeo. (2022). *Dictamen de Iniciativa. Fiscalidad de los teletrabajadores transfronterizos y sus empleadores.* Aprobado en el pleno: 13 de julio de 2022.

Jorens, Y., Lhernould, J.-P., Fillon, J.-C., Roberts, S., & Spiegel, B. (2008). *Towards a new framework for applicable legislation, TreSs.* http://www.tressnetwork.org/TRESS/EUROPEAN%20RESOURCES/EUROPEANREPORT/ThinkTank_Mobility.pdf.

KPMG. (2020). *Digital Tools for Global Mobility.* https://kpmg.com/xx/en/home/insights/2020/11/digital-adoption-and-transformation-global-mobility.html.

KPMG. (2023). *Global Mobility in the Post-Pandemic World.* KPMG International.

Lhernould, J.-P. (2021). *Les enjeux juridiques du télétravail transfrontalier. Revue de Jurisprudence Sociale*, nª. 7.

Localyze. (2023). *The ROI of Global Mobility.* The_ROI_of_Global_Mobility_Report_Localyze.pdf.

López Cumbre, L. (2018). "Prevención laboral y protección social de los trabajadores expatriados." *Revista del Ministerio de Trabajo, Migraciones y Seguridad Social,* Nº 138, 335-364.

MAPFRE. (2023). *Informe Integrado 2023.* https://www.mapfre.com/media/accionistas/2023/informe-integrado-mapfre-2023.pdf.

Marín Arce, J. I. (2010). "El derecho de información de los trabajadores en materia de prevención de riesgos laborales y los derechos lingüísticos." *Revista de Llengua i Dret,* n.º 53, 163-185.

Martín-Pozuelo López, A. (2022). *El teletrabajo transnacional en la Unión Europea: competencia internacional y ley aplicable.* Valencia, Tirant lo Blanch.

MBO Partners. (2024). *Digital Nomads Report. August 2024.* https://info.mbopartners.com/rs/mbo/images/2024_Digital_Nomads_Report.pdf.

McKinsey & Company. (2023). *Global Talent Mobility and Workforce Strategies.* McKinsey Quarterly.

Mercer. (2023). *Global Mobility Cost Analysis.* Mercer Insights.

Mobile World Capital Barcelona. (2024). *Digital Talent Overview 2024.* https://mobileworldcapital.com/app/uploads/2024/07/Digital_Talent_Overview_2024_ENG.pdf.

Mobile World Capital Barcelona. (2024). *Tech Hubs Overview 2024.* https://mobileworldcapital.com/trends/tech-hubs-overview-2024/.

Nomads.com. (2024). *State of Digital Nomads 2024.* https://nomads.com/digital-nomad-statistics.

Nordlayer. (2023). *Global Remote Work Index 2023.* https://nordlayer.com/global-remote-work-index/.

OECD. (2017). *Model Tax Convention on Income and Capital 2017.*

OECD. *Updated guidance on tax treaties and the impact of the COVID-19 pandemic.*

Organismo Estatal Inspección de Trabajo y Seguridad Social (OEITSS). (2021). *Criterio Técnico 104/2021 sobre actuaciones de la Inspección de Trabajo y Seguridad Social en riesgos psicosociales.* https://www.mites.gob.es/itss/ITSS/ITSS_Descargas/Atencion_ciudadano/Criterios_tecnicos/CT_104_21.pdf.

Peyró, M. *El modelo del choque cultural de Oberg.* Textos | Miguel Peyró. https://miguelpeyro.wordpress.com/textos/.

PwC. (2022). *The Future of Global Mobility: Virtual Assignments and Remote Work.* PwC Global Mobility Report.

Schoeffel, V., & Thompson, P. (2007). "Communication Interculturelle I." *Cinfo,* 3-15.

Strban, G., Carrascosa Bermejo, D., Schoukens, P., & Vukorepa, I. (2018). *Social Security coordination and non-standard forms of employment and self-employment: Interrelation, challenges, and prospects.* Brussels, EC. https://op.europa.eu/en/publication-detail/-/publication/d5ae78c2-c578-11ea-b3a4-01aa75ed71a1/language-en.

Verschueren, H. (2022). "The application of the conflict rules of the European social security coordination to telework during and after the Covid-19 pandemic." *European Journal of Social Security,* 24, 79–94.

Visa Guide. (2024). *Digital Nomad Index 2024.* https://visaguide.world/digital-nomad-visa/digital-nomad-index/.

Work-from-anywhere: The productivity effects of all geographic flexibility.

Zólyomi, E., & Danaj, S. (2019). *Language barriers and the occupational safety and health of posted workers.* Policy Brief 2019/4. Vienna: European Centre. https://www.euro.centre.org/publications/detail/3474.